浙江省普通高校"十三五"新形态教材

浙江省优势专业建设财会类系列教材

U0647020

财务管理

（第二版）

主　编　仲春梅　陈　宏

副主编　姚鸟儿　高　雯　任黛藤

FINANCIAL

MANAGEMENT

ZHEJIANG UNIVERSITY PRESS

浙江大学出版社

·杭州·

图书在版编目(CIP)数据

财务管理 / 仲春梅,陈宏主编. — 2 版. — 杭州:
浙江大学出版社,2024.6
ISBN 978-7-308-24706-1

Ⅰ. ①财… Ⅱ. ①仲… ②陈… Ⅲ. ①财务管理
Ⅳ. ①F275

中国国家版本馆 CIP 数据核字(2024)第 046657 号

财务管理(第二版)

CAIWU GUANLI

主　编　仲春梅　陈　宏
副主编　姚鸟儿　高　雯　任黛藤

策划编辑	朱　玲
责任编辑	朱　玲
责任校对	傅宏梁
封面设计	春天书装
出版发行	浙江大学出版社
	(杭州市天目山路 148 号　邮政编码 310007)
	(网址:http://www.zjupress.com)
排　版	杭州朝曦图文设计有限公司
印　刷	杭州高腾印务有限公司
开　本	787mm×1092mm　1/16
印　张	15.75
字　数	355 千
版 印 次	2024 年 6 月第 2 版　2024 年 6 月第 1 次印刷
书　号	ISBN 978-7-308-24706-1
定　价	49.00 元

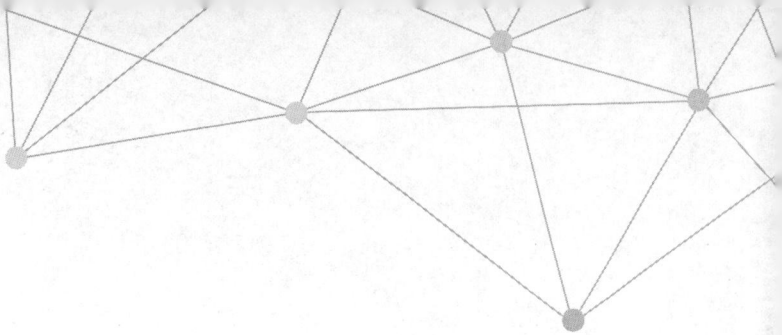

　　网络信息技术的发展使社会的运行方式以及我们的生活方式、学习方式发生了前所未有的变化。伴随着"互联网＋"时代的到来以及高等教育改革的不断发展，教材转型迫在眉睫。党的二十大报告提出要"全面贯彻党的教育方针，落实立德树人根本任务，培养德智体美劳全面发展的社会主义建设者和接班人"。新时代的高等院校需要积极利用信息网络技术，探索教学资源的数字化呈现方式，坚持将立德树人作为教育教学的中心环节，将课程思政贯穿教育教学的全过程，实现全程育人、全方位育人，以更好地培养遵纪守法、诚实守信、心系祖国、责任担当的新时代人才。

　　本教材是浙江省普通高校"十三五"新形态教材及浙江省优势专业教材建设项目，由财务管理专业一线教师根据应用型本科经管类专业人才的培养目标、财务管理专业的课程标准，应用翻转课堂教学实践编写而成，适用于应用型本科院校财务管理、会计学、审计学以及工商管理类专业财务管理课程的线上线下混合式教学，满足移动互联时代学生随时随地学习的需要。本教材也可以作为企业财务管理人员的培训用书。结合 2019 年 8 月第 1 版用书的反馈意见，本教材进行了修订。

　　修订后的教材特色如下：

　　(1)教材以财务管理专业知识为依托，力求在案例导入的素材选取、知识点的内容设计以及复习思考题等方面全方位体现思政育人。

　　(2)教材内容遵循由浅入深、循序渐进的原则，用通俗易懂的语言讲解知识点，所举案例典型性强、数据新，突出对学生应用能力的培养。

（3）教材在线视频着重讲解重点、难点；知识拓展开阔学生视野；在线测试及时检测学习效果，帮助学生课前自主学习、课中吸收内化、课后拓展提升。

（4）教材配套有课程平台学习网站。学习网站提供了丰富的教学资源，涵盖课程标准、教学日历、翻转课堂导学单、教学视频、教学案例、作业库以及财务管理研究动态等内容，并且实时更新、与时俱进，既深化财务管理的学习内容，又强化学习内容的理论性和前沿性。

本教材比较详细地介绍了企业财务管理的基本理论和基本方法。全书共分六个单元 13 章内容，具体包括财务管理基础、筹资管理、投资管理、营运资金管理、利润分配管理、财务分析等。

本教材由宁波财经学院、铜陵学院财务管理专业教师共同编写完成。仲春梅、陈宏担任教材主编并负责全书的审稿和统稿工作；姚鸟儿、高雯、任黛藤担任副主编。各章具体分工如下：第一章、第二章、第三章由陈宏编写；第四章、第五章由姚鸟儿编写；第六章、第七章由仲春梅编写；第八章、第九章由任黛藤编写；第十章、第十一章、第十二章、第十三章由高雯编写。

本教材在编写过程中参阅了国内外财务专家、学者的研究成果，引用了大量的相关文献，并得到了宁波财经学院领导和吉博教育科技有限公司的大力支持和帮助，在此深表感谢。

由于作者水平有限，书中难免存在不足之处，恳请读者批评指正。

编者

2024 年 1 月

CONTENTS 目 录

第一单元

财务管理
基础

第一章

财务管理概述

■■■ 学习目标

通过本章学习,学生应能准确把握财务管理的内容,识别不同财务管理目标的优劣,熟悉财务管理的环境及其影响因素。

■■■ 关键知识点

财务管理的含义和内容,财务活动及财务关系,各种财务管理目标的优缺点,财务管理的环境及其影响因素。

■■■ 案例导入

党的二十大报告指出,广大青年要坚定不移听党话、跟党走,怀抱梦想又脚踏实地,敢想敢为又善作善成,立志做有理想、敢担当、能吃苦、肯奋斗的新时代好青年,让青春在全面建设社会主义现代化国家的火热实践中绽放绚丽之花。党的二十大报告深刻阐明了把马克思主义基本原理同中国具体实际相结合、同中华优秀传统文化相结合的基本内涵和实践意义,系统阐述了新时代中国特色社会主义思想的世界观、方法论和贯穿其中的立场观点方法,强调以必须坚持人民至上、坚持自信自立、坚持守正创新、坚持问题导向、坚持系统观念、坚持胸怀天下来继续推进实践基础上的理论创新。只有深刻领会"两个结合""六个必须坚持",才能深刻理解党的二十大精神,在面对各种矛盾问题和重大风险挑战时始终做到方向明确、头脑清醒、应对有方、行动有力。[①]

■■■ 思 考

1.假如你是一名企业财务人员,你如何将党的二十大精神融入日常工作中?

2.如何做一名新时代的好青年?

[①] 习近平:在二十届中央政治局第一次集体学习时的讲话[EB/OL].(2022-10-25)[2024-01-20]. https://www.gov.cn/xinwen/2023-01/15/content_5737079.htm.

第一节　财务管理的内容

一、财务管理的基本概念

（一）财务管理

　　财务管理是企业组织财务活动，处理财务关系，以实现企业价值最大化的一项经济管理工作。企业财务管理的主要目的就是以最少的资金占用和消耗获得最大的经济利益，并使企业保持良好的财务状况。

　　企业财务活动就是企业再生产过程中的资金运动，即有关资金的筹集、运用和分配等方面的活动。资金是企业再生产过程中财产物资的货币表现。企业在生产经营过程中，在解决应通过哪些渠道筹集资金，需要筹集多少资金，筹集资金的最佳时间是什么，筹集到的资金怎样使用、具体运用到哪些方面、运用多少、什么时间用以及资金运用后获得的收益如何进行分配等问题时，必然会与有关方面发生一定的经济关系，这些经济关系称为财务关系。因此，企业财务就是指企业在再生产过程中的资金运动及其与有关方面发生的财务关系。

　　财务管理作为企业经营管理的重要组成部分，其实质是利用价值形式组织、监督和调节企业财务活动，处理企业与各方面的财务关系，它是现代企业管理的核心工作，在企业管理中占有重要地位。

■■■ **思考 1-1**　财务管理与会计有什么区别和联系？

■■■ **解析**　主要区别有三点，即职能作用不同、目的和结论不同、影响其结果的因素不同。

　　二者存在内在联系：一是会计是财务管理的基础，财务管理离不开会计；二是财务管理与会计在机构和岗位设置上有交叉，在内容上没有明确的界限，除不相容职务以外，财务管理与会计岗位可以重叠。同时，财务管理人员必须懂会计，能熟练分析和运用相关会计信息资料。

（二）财务活动

　　企业的财务活动是指企业生产经营过程中的资金运动。而资金运动是企业资金从货币资金形态开始，依次转化为储备资金、生产资金、成品资金形态，最后又回到货币资金形态的过程。企业财务活动具体表现为资金的筹集、资金的运用和资金的分配等一系列行为。

1. 资金筹集

　　资金筹集可简称筹资，是指企业为了满足投资和用资的需要，筹措和集中所需资金的过程，如发行股票、发行债券、取得借款等都属于筹资。企业从各种渠道以不同的方式筹集资金,是资金运用的起点。

可供企业选择的资金来源(即筹资渠道)有许多,但就其途径而言不外乎以下两种:第一种是所有者权益资金,或称权益资金,它包括投资者投入的资金,如企业资本金和资本公积金,以及企业在生产经营中形成的积累,如盈余公积和未分配利润;第二种是负债资金,它是由负债形成的,如银行借款、发行债券、应付款项等。企业从投资者、债权人那里筹集的资金,一般是货币形态,也可以是实物形态和无形资产形态。

2. 资金运用

资金运用就是把通过不同渠道筹集到的资金投放于生产经营的过程。筹资的目的就是使用,以获取最大的经济利益;否则,筹资就失去了意义。

企业为了进行生产经营活动,一方面要使用货币资金购建房屋、建筑物和生产设备、运输工具等固定资产;另一方面要使用货币资金购入原材料、低值易耗品、包装物和支付各种费用,将货币资金投放到流动资产上。此外,企业还可以购买或创立无形资产,形成无形资产投资;也可以用现金购买股票、债券进行对外投资,以取得投资收益或取得对其他单位的控制权。

3. 资金分配

资金分配通常是指对企业所取得的投资成果进行的分配。投资成果在数量上表现为取得的各种收入扣除发生的各种成本费用后的差额,即获得的利润。

企业在投资活动中形成的利润总额是由营业利润、投资净收益和营业外收入等内容构成的。利润总额首先要按规定向国家缴纳所得税,税后利润要提取公益金和公积金,满足扩大积累、弥补亏损和职工集体福利设施等方面的需要,其余作为投资收益分配给投资者或暂时留存企业,抑或作为投资者的追加投资。随着分配过程的进行,企业用于归还借款、收益分配的资金,则从企业的资金运动过程中退出。

资金的筹集、运用和分配三个方面的财务活动是相互联系、相互依存的有机整体,它们构成了企业财务活动的完整过程,同时也是财务管理的基本内容。

■■■ **思考 1-2** 企业财务活动具体表现为资金的( )一系列活动。

　　　　A.筹集、使用和收回　　　　　　　　B.使用、耗费和分配

　　　　C.使用、收回和分配　　　　　　　　D.筹集、运用和分配

■■■ **解析** 正确答案是 D。企业的财务活动也就是通常所说的资金运动,企业的资金如何取得、怎么运用以及如何分配所形成的利润,就是资金的筹集、运用和分配。

(三)财务关系

企业在生产经营过程中,资金的筹集、运用和分配等财务活动,使企业与有关方面发生了广泛的经济联系,如与政府、投资者、受资者、债权人、债务人、企业内部各单位、职工、供货商、客户的经济联系。这种在企业财务活动过程中与有关方面所发生的经济利益关系,称为

企业财务关系。企业与有关方面的财务关系可以概括为以下几种。

1. 企业与政府之间的财务关系

企业与政府之间的财务关系,是指企业依法向国家税务机关缴纳各种税款所形成的经济利益关系。国家各级政府部门以社会管理者的身份向企业征收的有关税金,如流转税、所得税和其他各种税款,是国家各级政府财政收入的主要来源。及时、足额纳税,是每个生产经营者对国家应尽的义务,企业必须认真履行。这种企业与政府之间的财务关系,体现着一种缴纳税款与征收税款的财务关系。

2. 企业与投资者之间的财务关系

企业与投资者之间的财务关系,是指企业投资者向企业投入资金,企业向其投资者支付投资报酬所形成的经济利益关系。根据《中华人民共和国公司法》(以下简称《公司法》)等有关法规的规定,企业从事生产经营活动必须筹集资本金,资金的投资者成为企业的所有者。企业的所有者主要包括国家、法人和个人。所有者对企业投资后,有权参与企业经营管理,参加利润分配。同时,所有者应当对企业的生产经营活动承担经济责任。一般来说,所有者出资的多少,决定了其对企业承担的责任以及享有的权利的多少。这种企业与投资者之间的财务关系,体现着所有权的性质,反映了受资与投资的关系。

3. 企业与受资者之间的财务关系

企业与受资者之间的财务关系,是指企业以购买股票或直接投资的形式向其他企业(受资者)投资,受资者按照规定分配给企业投资报酬所形成的经济利益关系。企业向其他单位投资,应按规定履行出资义务,并依据出资的份额参与受资企业的管理和利润分配。这种企业与受资者之间的财务关系,体现着所有权的性质,反映了投资与受资的关系。

4. 企业与债权人之间的财务关系

企业与债权人之间的财务关系,是指企业向债权人借入资金,并按规定按时归还借款本金和支付借款利息所形成的经济利益关系。企业从事生产经营活动,除了向投资者筹集资本金外,往往还要向债权人筹集部分资金,如从银行和非银行金融机构取得借款,向企业债券投资者借入资金,从商品和劳务的供应单位获得商业信用,等等。企业使用债权人的资金,必须按照约定按时还本付息。这种企业与债权人之间的财务关系,在性质上属于债务债权关系。

5. 企业与债务人之间的财务关系

企业与债务人之间的财务关系,是指企业购买其他企业发行的债券或者向商品、劳务求购单位提供商业信用所形成的经济利益关系。企业用资金购买债券后,有权按规定时间向债务人要回本金,并按约定利息率收取利息。企业以赊销商品的方式向购货方提供商业信用后,有权按信用条件规定的日期向债务人收取账款。这种企业与债务人之间的财务关系,体现着债权债务关系。

6. 企业内部各单位之间的财务关系

企业内部各单位之间的财务关系,是指企业内部各单位之间在生产经营活动过程中相互提供商品或劳务所形成的经济利益关系。在实行内部经营责任制和经济核算制的条件下,企业的供、产、销各个部门以及各个生产单位之间相互提供商品或劳务都要进行计价结算,以明确相互间的经济责任。这种企业内部各单位之间的财务关系,体现着企业内部各单位之间的经济利益关系。

7. 企业与职工之间的财务关系

企业与职工之间的财务关系,是指企业根据按劳分配的原则在向职工支付劳动报酬的过程中所形成的经济利益关系。职工是企业的劳动者,企业要根据每个职工提供的劳动数量和质量,将生产经营中取得的部分收入用于向职工支付工资、津贴和奖金,并按规定提取公益金等。这种企业与职工之间的财务关系,体现着企业与职工在劳动成果上的分配关系。

8. 企业与供货商、客户之间的财务关系

企业与供货商、客户之间的财务关系,主要是指企业购买供货商的商品或接受其服务,以及企业向客户销售商品或提供服务的过程中形成的经济关系。

企业在生产经营活动中,正确地认识和处理好与有关方面的财务关系,就可以更好地把握和完善企业与有关方面的经济利益关系,从而为企业的形象、信誉和发展奠定良好的基础;反之,企业对财务关系的重要性认识不足,将会使企业的生产经营活动陷于被动境地。

■■■ **思考 1-3** 在下列经济活动中,能够体现企业与投资者之间财务关系的是( )。

    A.企业向职工支付工资

    B.企业向其他企业支付货款

    C.企业向国家税务机关缴纳税款

    D.某企业向国有资产投资公司支付股利

■■■ **解析** 正确答案是 D。A 体现的是企业与职工之间的财务关系;B 体现的是企业与其他企业之间的财务关系;C 体现的是企业与政府之间的财务关系。

二、财务管理的主要内容

与企业财务活动相对应,财务管理的内容主要包括筹资管理、投资管理、资金营运管理和利润分配管理等。

在线视频 1-1

(一)筹资管理

筹资管理是企业财务管理的首要环节,是企业投资活动的基础。企业在筹资时,不仅要考虑满足企业生产经营活动对资金的需要,而且还要考虑和决策筹资的时机、筹资的渠道和筹资的方式,以降低筹资的代价和筹资的风险。

（二）投资管理

投资是企业财务管理的重要环节,投资决策的成败对企业未来经营成败具有根本性的影响。企业在投资过程中,必须考虑投资规模;同时,还要通过选择投资方向和投资方式,合理安排投资结构,以降低投资风险,提高投资效益。

（三）资金营运管理

企业应对营运过程中占用的资金进行有效的管理,如对固定资产、流动资产、无形资产等的管理。在一定时期内资金周转越快,相同数量的资金就能生产出更多的产品,取得更多的收入。资金营运管理的目的是合理使用资金,加速资金周转,提高资金利用效果。

（四）利润分配管理

利润分配管理就是要解决企业取得的利润,按国家规定上缴企业所得税后,多少留在企业作为再投资之用,多少分配给投资者的问题,即合理确定利润支付率。

三、财务管理的环节

财务管理的环节是指财务管理所包含的各个工作阶段,如图 1-1 所示。

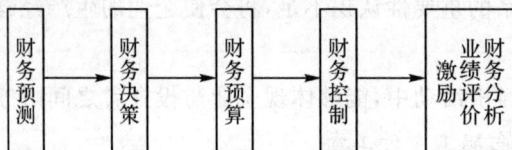

图 1-1　财务管理的基本环节示意

（一）财务预测

财务预测就是要从全局出发,根据企业整体战略目标和规划,结合对未来宏观、微观形势的预测,建立企业财务的战略目标和规划。企业战略目标的实现需要确定与之相匹配的财务战略目标,因此财务战略目标是企业战略目标的具体体现。财务战略规划也就是企业整体战略规划的具体化。

在财务战略的指导下,企业财务人员要根据财务活动的历史资料,考虑现实的要求和条件,对企业未来的财务成果做出科学的预计和测算。其作用在于:测算各项生产经营方案的经济效益,为财务决策提供可靠依据;预计财务收支变化情况,以确定经营目标;测定各项定额和标准,为编制计划、分解计划指标服务。

（二）财务决策

财务决策是指财务人员在财务管理目标的总体要求下,采用专门的方法,从多个备选方案中筛选出最佳方案。它是财务管理的核心。

（三）财务预算

财务预算是指以财务预测提供的信息和财务决策确立的方案为依据,运用科学的技术手段和数学方法,对目标进行综合评价,制定主要计划指标,拟订增产节约的措施,协调各项计划指标。它是财务预测和财务决策的具体化,是组织和控制企业财务活动的依据。

（四）财务控制

财务控制是指在财务管理的过程中,利用有关信息和特定手段,对企业的财务活动加以影响或调节,防止超支、浪费和损失现象的发生,以保证财务预算的实现。

（五）财务分析、业绩评价与激励

财务分析主要是指根据财务报表等有关资料,运用特定方法,对企业的财务活动过程及其结果进行分析和评价的一项工作。财务分析既是对已完成的财务活动的总结,也是财务预测的前提,在财务管理的循环中起着承上启下的作用。

在财务分析的基础上建立的业绩评价体系是企业建立激励机制和发挥激励作用的依据和前提,而激励机制的有效性又是企业目标实现的动力和保证。一般来说,业绩评价体系应该是一个以财务指标为基础,包括非财务指标的完整体系。非财务指标主要包括企业的战略驱动因素,如客户关系、学习和成长能力、内部经营过程等。一个完善的业绩评价体系应该力求达到内部与外部的平衡和长期与短期的平衡。

第二节 财务管理目标

一、财务管理目标的含义和种类

财务管理目标又称理财目标,是指企业进行财务活动所要达到的最终目的。它是企业财务活动的出发点和归宿,决定着企业财务管理的方向。由于财务管理是企业管理的一个组成部分,所以财务管理的目标取决于企业管理的总目标。企业作为营利性的经济组织,其最终目的就是盈利。但在激烈的市场竞争中,企业只有生存下去才可能获利,只有不断发展才能求得生存。因此,企业管理的目标可以概括为生存、发展、获利三个方面。确定合理的财务管理目标,对优化理财行为、改善经营管理、提高经济效益具有重要的意义。

关于企业的财务管理目标的表达,有以下三种主要观点。

（一）利润最大化

这种观点认为,利润代表了企业新创造的财富,利润越多,说明企业的财富增加得越多,越符合企业的目标。但它也有以下缺陷:一是利润最大化没有考虑取得利润的时间,忽略了货币时间价值这一重要因素。如今年获利 100 万元同明年获利 100 万元是不等值的,若不考虑货币时间价值的影响,就不能正确判断哪种获利方式更符合企业目标。二是利润最大化没有考虑获得利润与投入资本之间的关系。如两个企业同样都获利 100 万元,但一个企业投入资本 500 万元,另一个企业投入资本 600 万元,若不将获得利润与投入资本联系起来分析,也不能正确判断哪种获利方式更符合企业目标。三是利润最大化容易使企业忽略风险。如两个企业都投资 500 万元,本年均获利 100 万元,一个企业的获利全部转化为现款,另一个企业的获利全部是应收账款,而这极有可能产生坏账并带来坏账损失。因此若不考虑风险大小,也不能正确判断哪种获利方式更符合企业目标。四是利润最大化往往会使企业财务决策产生过多的短期行为,只追求眼前利润最大,而不顾企业的长远发展,使企业缺乏后劲,忽视新产品开发、人才开发、生产安全、生活福利设施和技术装备水平等。

(二)每股盈余最大化

每股盈余最大化也称为每股收益最大化,该目标是把公司利润和股东投入的资本联系起来考察,用每股盈余来概括公司的财务管理目标,以克服利润最大化目标的局限性。这种观点认为,企业财务管理的目的,是要使每股盈余达到最大化。

每股盈余最大化是利润最大化的改进,其主要改进在于:每股盈余是相对指标,消除了不同企业在规模上的差异,可以用来比较不同企业之间的财务管理效率。每股盈余有多个层次概念,每个层次概念都很明确,投资者可以根据不同层次概念,发现企业盈余构成的差别,从而进一步了解企业盈余质量。然而,每股盈余最大化并没有消除其出自利润的本质特点,仍然忽视了利润或每股盈余的取得时间(货币时间价值)和风险因素。

■■■ **思考 1-4** 以每股盈余最大化作为企业财务管理的目标,有什么优缺点?
■■■ **解析** 其优点是考虑了所获利润与投入资本额或普通股股数之间的关系,能够说明企业的盈利水平,并可以在不同期之间进行最大化比较。投资者可据以评价企业的经营效果,确定投资方向。其缺点是没有考虑货币的时间价值和风险因素,不能避免企业的短期行为。

(三)股东财富最大化

股东财富最大化是指通过财务上的合理经营,为股东带来最多的财富。股东财富由其所拥有的股票数量和股票市场价格两方面决定,在股票数量一定的前提下,当股票价格达到最高时,则股东财富也达到最大,所以股东财富最大化又称为股票价格最大化。持这种观点的学者认为,股东创办企业的目的是增长财富。股东是企业的所有者,是企业资本的提供者,其投资的价值在于未来可获得报酬,包括获得股利和出售股权获取现金。

股东财富最大化是目前财务学界最被广泛接受的观点,其主要原因在于它具有如下优点:

首先,股东财富最大化充分考虑了货币时间价值和投资风险这两个现代财务管理的基本理念。股东的财富由股票的价格来衡量,投资者在购买某公司股票时,不仅要看公司过去的经营状况,还要看其将来的业绩和风险,以及未来现金流量的分布状况,这就使得股价能充分反映该公司的未来现金流量分布和风险。

其次,股东财富最大化不仅考虑了公司过去的经营成果,还考虑了公司未来的发展趋势。在证券市场上,投资者总是根据其对未来各公司价值的预测,买入价值上升的公司的股票而卖出价值下降的公司的股票,这就使得财务管理人员在做决策时,不仅要注重短期收益,更要注重长期收益,使企业行为合理化,避免短期行为。

再次,股东财富最大化的目标比较容易量化,便于考核和奖惩。所以股东财富最大化被广泛接受。

追求股东财富最大化也存在一些缺点。

追求股东财富最大化只适用于上市公司,对非上市公司很难适用。就中国目前的国情而言,上市公司并不是中国企业的主体,因此在现实中,股东财富最大化尚不适合作为中国企业财务管理的目标。

股东财富最大化要求金融市场是有效的。由于股票的分散和信息的不对称,经理人员为实现自身利益的最大化,有可能以损失股东的利益为代价做出逆向选择。股票价格除了受财务因素的影响之外,还受其他因素的影响,股票价格并不能准确反映企业的经营业绩。所以,股东财富最大化目标受到了理论界的质疑。

股东财富最大化的最主要缺陷在于其概念上的不完整性,有以点代面、以偏概全之嫌。在中国,目前股份制企业所占比例不大,不具有普遍性,不足以代表中国企业的整体特征。仅提股东财富最大化,就不能概括大量非股份制企业的财务管理目标,这显然是不合适的。即使在西方发达资本主义国家,也存在着许多非股份制企业。因此,股东财富最大化没有广泛的适用性,兼容性较小。

(四)企业价值最大化

党的二十大报告指出,从现在起,中国共产党的中心任务就是团结带领全国各族人民全面建成社会主义现代化强国、实现第二个百年奋斗目标,以中国式现代化全面推进中华民族伟大复兴。中国式现代化是全体人民共同富裕的现代化。共同富裕是中国特色社会主义的本质要求,也是一个长期的历史过程。基于共同富裕的目标,企业价值最大化就要将长期稳定发展放在首位,协调处理好股东、债权人、员工、政府、社会等多方利益,推进高质量发展,实现共同富裕。

■■■ **思考 1-5**　企业的价值是否等于其账面资产的总价值?

■■■ **解析**　企业价值不等于其账面资产的总价值。理由是:许多资产的账面价值都是按历史成本计价的,不能代表市场价值,而且商誉等无形资产在账面上也不能反映出来。因此,企业价值应通过市场评价来决定,其价值不等于账面资产的总价值。

二、财务管理目标的协调

将企业价值最大化目标作为企业财务管理目标的首要任务就是协调相关利益群体的关系，化解他们之间的利益冲突。

（一）所有者与经营者的矛盾与协调

企业经营者一般不拥有占支配权地位的股权，他们只是所有者的代理人。所有者期望经营者代表他们的利益工作，实现所有者财富最大化；而经营者则有其自身的利益考虑。对经营者来讲，他们所得到的利益来自所有者。因而，经营者和所有者的主要矛盾就是经营者希望在提高企业价值、增加股东财富的同时，更多地增加享受成本；而所有者则希望以较小的享受成本支出带来更高的企业价值和更多的股东财富。为了解决这一矛盾，应采取让经营者的报酬与绩效相联系的办法，并辅之以一定的监督措施。

1.解聘

所有者对经营者予以监督，如果经营者未能使企业价值达到最大，就解聘经营者，经营者害怕被解聘而被迫实现财务管理目标。

2.接收

如果经营者经营决策失误、经营不力，未能采取一切有效措施使企业价值提高，该公司就可能被其他公司强行接收或吞并，相应地，经营者也会被解聘。为此，经营者为了避免这种接收，必须采取一切措施提高企业价值，增加股东财富。

3.激励

将经营者的报酬与其绩效挂钩，以使经营者自觉采取提高企业价值、增加股东财富的措施。激励通常有以下两种基本方式。

（1）"股票期权"方式，即允许经营者以固定的价格购买一定数量的公司股票，当股票的市场价格高于固定价格时，经营者所得的报酬就越多。

（2）"绩效股"方式，即公司运用每股收益、资产收益率等指标来评价经营者的业绩，视其业绩大小给予经营者数量不等的股票作为报酬。

（二）所有者与债权人的矛盾与协调

所有者有可能要求经营者改变举债资金的原定用途，将其用于风险更高的项目，这会增大偿债的风险。若成功，额外的利润就会被所有者独享；若失败，债权人与所有者共同负担由此造成的损失。所有者也可能未征得现有债权人同意，而要求经营者发行新债券或举借新债，致使旧债券或老债券的价值降低。为协调所有者与债权人的上述矛盾，通常可采用以下方式。

1.限制性借债

在借款合同中加入某些限制性条款，如规定借款的用途、借款的担保条款和借款的信用条件等。

2.收回借款或停止借款

当债权人发现公司有侵蚀其债权价值的意图时,采取收回债权和不给予公司增加放款的措施。

■■■ **思考 1-6** 下列各项中,不能协调所有者与债权人之间矛盾的是(　　)。

　　A.股票期权

　　B.债权人通过合同实施限制性借款

　　C.债权人停止借款

　　D.债权人收回借款

■■■ **解析** 正确答案是 A。

第三节　财务管理的环境

财务管理是在一定的环境中进行的,必然受到环境的影响。财务管理环境是指企业在财务管理过程中所面对的各种客观条件或因素。环境对财务管理的影响是多方面的,归纳起来主要包括以下几个方面的内容。

一、经济环境

财务活动是经济活动的组成部分,经济环境是财务管理的重要环境。经济环境一般包括经济体制、经济周期、经济政策、通货膨胀和市场竞争等。

(一)经济体制

在计划经济体制下,国家统筹企业资本,统一投资,统负盈亏,企业利润统一上缴,亏损全部由国家补贴,企业无独立的理财权力。因此,财务管理活动的内容比较单一,财务管理方法比较简单。在市场经济体制下,企业成为"自主经营、自负盈亏"的经济实体,拥有独立的理财权。企业可以从自身需要出发,合理确定资本需要量,然后到市场上筹集资本,再把筹集到的资本投放到高效益的项目上,获取更大的收益,最后根据需要和可能对收益进行分配。因此,财务管理活动的内容比较丰富,方法也复杂多样。

(二)经济周期

经济的周期性波动对财务管理有着重要的影响。在不同的发展时期,企业的生产规模、销售能力、获利能力以及由此产生的资本需求都会出现重大差异。例如,在萧条阶段,企业产量和销售量下降,投资锐减,企业应建立投资标准,保持市场份额,压缩管理费用,裁减雇员;在衰退阶段,企业应停止扩张,出售多余设备,停产不利产品;在繁荣阶段,企业应扩充厂房设备,增加劳动力。财务人员必须预测经济变化情况,适当调整财务政策。

■■■ **思考 1-7** 在经济繁荣期,不应选择的财务管理策略是( )。

        A. 扩充厂房设备

        B. 继续建立存货

        C. 裁减雇员

        D. 提高产品价格

■■■ **解析** 正确答案是 C。在经济复苏期和繁荣期,企业应增加厂房,建立存货,引入新产品,增加劳动力,实行长期租赁,为"负债经营"提供条件。

(三)经济政策

经济政策是国家进行宏观经济调控的重要手段。国家的产业政策、金融政策、财税政策对企业的筹资活动、投资活动和分配活动都会产生重要影响。如金融政策中的货币发行量、信贷规模会影响企业的资本结构和投资项目的选择,价格政策会影响资本的投向、投资回收期及预期收益等。财务管理人员应当深刻领会国家的经济政策,研究经济政策的调整可能对财务管理活动造成的影响。

(四)通货膨胀

通货膨胀不仅对消费者不利,对企业财务活动的影响更为严重。大规模的通货膨胀会引起资本占用的迅速增加;通货膨胀会引起利率的上升,增加企业筹资成本;通货膨胀时期有价证券价格的不断下降,会给投资带来较大的困难;通货膨胀会引起利润的虚增,造成企业的资本流失。

为减轻通货膨胀对企业造成的不利影响,财务人员应采取措施予以防范。在通货膨胀初期,货币面临着贬值的风险,这时企业进行投资可以规避风险,实现资本保值;应与客户签订长期购货合同,以减少物价上涨造成的损失;取得长期负债,保持资本成本的稳定。在通货膨胀持续期,企业可以采用比较严格的信用条件,减少企业的债权;调整财务政策,防止和减少企业资本流失。

(五)市场竞争

企业的一切生产经营活动都发生在一定的市场环境中,财务管理行为的选择在很大程度上取决于企业的市场环境。不了解企业所处的市场环境,就不可能深入地了解企业的运行状态,也就很难做出科学的财务决策。

企业所处的市场环境通常包括以下四种:完全垄断市场、完全竞争市场、不完全竞争市场和寡头垄断市场。不同的市场环境对财务管理有不同影响。处于完全垄断市场的企业,销售一般都不成问题,产品销售价格波动不大,利润稳中有升,经营风险较小,企业可运用较多的债务资本。处于完全竞争市场的企业,产品销售价格完全由市场决定,利润随价格波动而波动,企业不宜过多地采用负债方式去筹集资本。处于不完全竞争市场和寡头垄断市场的企业,关键是要使企业的产品具有优势,具有特色,具有品牌效应,这就要在研究与开发上投入大量资本,研制出新的优势产品,做好售后服务,并给予优惠的信用条件。

二、法律环境

市场经济是以法律规范和市场规则为依据的经济制度。企业是市场经济的载体,企业的财务活动应遵守各种法律、法规。企业财务管理中涉及的法律、法规主要包括以下几方面。

(一)企业组织法

企业组织法主要包括《中华人民共和国公司法》《中华人民共和国外资企业法》《中华人民共和国中外合资经营企业法》《中华人民共和国企业破产法》《中华人民共和国合伙企业法》《中华人民共和国个人独资企业法》等。企业的组织运行和理财活动,必须依法进行。

(二)税收法规

税种的设置、税率的高低、征收范围、减免规定、优惠政策等必然影响企业的财务管理活动。影响企业财务管理的税收法规主要包括《中华人民共和国税收征收管理法》《中华人民共和国个人所得税法》《中华人民共和国企业所得税法》《中华人民共和国增值税暂行条例》《中华人民共和国消费税暂行条例》《中华人民共和国营业税暂行条例》等。企业的财务决策都直接或间接受到税收法规的影响。财务管理人员应当精通税法,自觉按照税法的规定开展经营活动和财务管理活动。

(三)证券法规

《中华人民共和国证券法》规定了证券上市规则和交易规则,其中涉及许多财务方面的要求。《中华人民共和国证券法》对企业财务管理的影响主要表现在企业内部财务制度如何体现这些要求,企业如何根据这些要求规范自身财务行为。一般来讲,这些要求可以作为企业财务制度的内容,以促进企业按上市公司的标准来强化财务管理。

(四)财务法规

财务法规主要包括《中华人民共和国会计法》《企业会计准则》《企业财务通则》和企业会计制度等。财务法规是规范企业财务活动、协调企业财务关系的行为准则。财务管理人员应认真领会并贯彻财务法规,确保企业理财活动规范、合法。

三、金融环境

企业筹资和投资活动是在一定的环境约束下进行的,这一环境称为金融环境,主要包括金融市场和金融工具。金融环境是企业财务管理的重要环境。它不仅为企业筹资和投资提供了场所和方式,而且促进了资本的合理流动和优化配置。

(一)金融市场

金融市场是实现货币借贷和资本融通、进行各种票据和有价证券交易活动的场所。金融市场可分为资金市场、外汇市场和黄金市场。与企业财务活动最为密切的是资金市场,一般可分为短期资金市场和长期资金市场。

1.短期资金市场

短期资金市场又称货币市场,是指进行融资期限在一年以内的资金交易活动的场所。其可分为以下三种。

(1)短期债券市场,主要是发行和转让一年期以内的企业债券和国库券的市场。

(2)票据贴现市场,即商业汇票的贴现市场。商业汇票的持有者在汇票到期前需用资金时,可凭汇票到金融机构申请贴现,取得短期资金的融通。

(3)可转让大额定期存单市场。可转让大额定期存单是指银行向单位和个人发行的大额定期存单,持有人可依法转让交易,以取得短期资金融通。

2.长期资金市场

长期资金市场是指进行融资期限在一年以上的资金交易活动的场所。其可分为以下两种。

(1)长期借贷市场,即取得一年期以上贷款的市场。

(2)长期证券市场,即取得一年期以上长期债券和股票的市场。长期债券是企业为筹集长期资金而发行的债券,有一定期限,到期还本付息。发行股票是股份有限公司筹集长期资金的手段,可供企业长期使用,不需要归还。

长期证券市场可分为一级市场和二级市场。一级市场又称为发行市场,其活动围绕有价证券的发行而展开。参加者主要是发行人和认购人,中介人作为包销者或受托人参与活动。二级市场又称为流通市场,其活动围绕有价证券的转让流通而展开。流通市场上各种证券的转让流通,仅仅是为投资人和筹资人提供融资便利,并不能直接为筹资人筹集新的资本。

(二)金融工具

在线视频 1-2

金融工具是能够证明债权债务关系或所有权关系并据以进行货币资金交易的合法凭证,它对交易双方所应承担的义务与享有的权利均具有法律效力。金融工具一般具有期限性、流动性、风险性和收益性等四个基本特征。若按期限不同,金融工具可分为货币市场工具和资本市场工具,前者主要有商业票据、国库券(国债)、可转让大额定期存单、回购协议等,后者主要是股票和债券等。

金融工具是金融市场的交易对象。资本供求者对借贷资本数量、期限和利率多样化的要求,决定了金融市场上金融工具的多样化,而多样化的金融工具不仅满足了资本供求者的不同需要,而且也由此形成了金融市场的各类子市场。

■■■ **思考 1-8** 下列属于资本市场工具的是哪个？ （ ）

    A. 国库券   B. 债券

    C. 商业票据   D. 大额定期存单

■■■ **解析** 正确答案是 B。A、C、D 属于货币市场工具。

■■■ **思考 1-9** 金融环境对企业财务管理有什么影响？

■■■ **解析** 金融环境决定着企业融资方式、融资渠道和资金的成本；同时，金融市场中各种资金的利率、价格对企业生产和经营成果起调节和控制作用。

【复习思考题】

1. 什么是财务管理？简述财务管理的内容。

2. 什么是共同富裕？企业价值最大化与共同富裕有何联系？

3. 什么是财务关系？财务关系包括哪些方面？

4. 简述财务管理的目标，并比较其优劣。

5. 党的二十大报告中提出的五个"必由之路"是什么？结合财务管理环境和目标谈谈你的想法。

【自测题】

在线测试

第二章

资金时间价值和风险报酬

■■■ 学习目标

通过本章学习,学生应能正确计算资金时间价值,尤其是复利终值、现值和年金终值、现值,正确计算风险报酬率。

■■■ 关键知识点

资金时间价值与风险报酬的含义,资金时间价值的计算方法,风险价值的计量方法及分析。

■■■ 案例导入

随着网络信息技术的快速发展,网络诈骗、电信诈骗时有发生,一些犯罪分子通过各种手段骗取大学师生的钱财。其中,P2P网络借贷平台就把业务的触角伸向了大学校园,人们把这种现象俗称为"校园贷"。网络借贷以借款速度快、无须抵押等特点,通过各种手段诱导校园学生过度消费、超前消费,导致部分大学生陷入了"高利贷"的泥潭。不合规的网络借贷侵害了大学生的合法权益,给学生和家长带来了巨大的经济负担和精神伤害,严重影响了校园安全和社会稳定。

针对"校园贷"带来的一系列危害,作为大学生的我们应该养成良好文明的生活习惯,树立正确的消费观念,同时也要维护好个人的信息安全。

■■■ 思 考

1.请结合"校园贷"谈谈其危害除了案例中提到的之外还有哪些。

2.作为一名大学生,应如何树立良好的消费观念?

第一节 资金时间价值

一、资金时间价值的含义与表示方式

（一）资金时间价值的含义

资金时间价值是指资金随着时间的推移而发生的增值，即资金在不同时点上的不同价值。如果银行存款利率为 5％，年初将 10 000 元存入银行，1 年后可从银行取得 10 500 元，增值的 500 元就是资金时间价值，或者叫作利息。

资金之所以具有时间价值，是因为资金持有者将资金用于投资，资金必须经历一定时间的投资和再投资，才会产生时间价值。资金时间价值的实质是资金周转使用后的增加额。如果不存在风险和通货膨胀，投资收益就是资金时间价值。由于企业投资至少要取得社会平均利润率，因此，资金时间价值通常是指没有风险和没有通货膨胀条件下的社会平均资金利润率。

■■□■ **思考 2-1** 资金时间价值就是银行利息，这一说法正确吗？

■■□■ **解析** 不正确。二者计算方法相同，但内涵不同。一般的利息除了受资金时间价值因素影响以外，还受风险价值和通货膨胀因素影响。而资金时间价值是指没有风险和没有通货膨胀条件下的社会平均资金利润率。通货膨胀率很低时，政府债券的利率可用来表示资金时间价值。

（二）资金时间价值的表示方式

资金时间价值有两种表示方式：一种是绝对数，即资金在周转使用中的增加额，也就是利息；另一种是相对数，即增加额占投入资金的比例，也就是利率。通常人们习惯用相对数来表示资金时间价值。

知识拓展

二、资金时间价值的计算

（一）单利与复利

资金时间价值的计算一般采用复利方法。而复利是在单利基础上产生的，因此，要了解复利计算方法，首先要了解单利计算方法。

单利，又称单利计息，是指按本金计算利息，在贷款期限内获得的利息均不加本金重复计算利息，每期利息相等。

复利，就是按照一定的期限和利率，将本金所产生的利息转化为本金，同原来的本金一起作为计算下期利息的一种计息方法。在这种计息方法下，既要计算本金的利息，又要计算利息的利息，即所谓的"利滚利"。

■■■ **思考 2-2**　本金为 100 元，年利率为 5％，2 年后，单利计算的利息是多少？若复利计算，利息是多少？

■■■ **解析**　2 年后，单利计算利息＝100×5％×2＝10(元)。

复利计算利息＝100×5％＋[100＋100×5％]×5％＝10.25(元)。

（二）一次性（收）付款项终值与现值的计算

一次性（收）付款项是指在某一特定时点上一次性支付（或收取），经过一段时间后再相应地一次性收取（或支付）的款项。如年初存入银行 10 000 元，定期 1 年，年利率为 10％，年末取出 11 000 元，即一次性（收）付款项。

资金时间价值的计算涉及两个重要的概念，即现值与终值。

现值（present value）又称本金，是指资金现在的价值，也是未来某一时点上的一定量资金折算到现在的价值。

终值（future value）又称将来值，是指现在一定量资金在未来某一时点上的价值量，通常称为本利和。

1. 单利终值与现值的计算

（1）单利终值的计算

单利终值即按单利计算的本金及利息之和。计算公式为

$$F = P \cdot (1 + i \cdot n)$$

式中，F 为终值，即第 n 年年末的价值；P 为现值，即本金，又称期初金额；i 为利率；n 为计息期数，常以年为单位。

【**例 2-1**】　某人将 10 000 元存入银行，存期为 2 年，年利率为 2.5％，在单利计息条件下，2 年后的终值为多少？

【**解析**】　2 年后的终值＝10 000×(1＋2.5％×2)＝10 500(元)。

（2）单利现值的计算

单利现值是指在单利计息条件下，将来年份收到或付出的某笔资金折算到现在的价值。在已知利率和终值的情况下，单利现值可用上述单利终值计算公式倒求，即由终值求现值，也叫贴现。计算公式为

$$P = F \div (1 + i \cdot n)$$

【**例 2-2**】　某人欲在 3 年后从银行取出 30 000 元，若银行年利率为 5％，在单利计息条件下，现在应存入多少？

【**解析**】　现在应存入银行的款项＝30 000÷(1＋5％×3)≈26 086.96(元)。

2. 复利终值与现值的计算

（1）复利终值的计算

复利终值是指一定量资金按复利计算若干期的本利和。计算公式为

$$F = P \cdot (1+i)^n = P \cdot (F/P, i, n)$$

式中，F 为终值，即第 n 年年末的价值；P 为现值，即本金；i 为利率；n 为计息期数；$(1+i)^n$ 称为复利终值系数，记作 $(F/P, i, n)$。

复利终值系数可以直接查阅"复利终值系数表"（见附表1）获得。

【例 2-3】　某人将现有资金 10 000 元存入银行，若存款利率为 3%，5 年后可取出多少钱？

【解析】　查复利终值系数表，$(F/P, 3\%, 5) = 1.1593$，$F = 10\ 000 \times 1.1593 = 11\ 593$（元），即 5 年后可取出 11 593 元。

（2）复利现值的计算

复利现值是复利终值的对应概念，是指未来一定时间的特定资金按复利计算的现在价值，或者说是为了取得将来一定本利和，现在所需要的本金。根据复利终值计算公式，推导复利现值计算公式为

$$P = F \div (1+i)^n = F \cdot \frac{1}{(1+i)^n} = F \cdot (P/F, i, n)$$

式中，$\dfrac{1}{(1+i)^n}$ 称为复利现值系数，记作 $(P/F, i, n)$。

复利现值系数可以直接查阅"复利现值系数表"（见附表2）获得。

【例 2-4】　某人欲在 5 年后得到 10 000 元，若存款利率为 3%，现在应存入多少钱？

【解析】　查复利现值系数表，$(P/F, 3\%, 5) = 0.8626$，$P = 10\ 000 \times 0.8626 = 8\ 626$（元），即现在应存入 8 626 元。

（三）年金终值与年金现值的计算

年金（annuity），是指在一定期间内每期等额收付的系列款项，通常以符号 A 表示，如折旧、定期支付的租金、保险费、养老金、分期付款、分期偿还贷款等。

年金按其收付款的次数和时间可分为普通年金、预付年金、递延年金和永续年金等。

1. 普通年金终值与现值的计算

普通年金又称后付年金，是指发生在每期期末的等额收付款项。普通年金的计算有终值与现值两种。

（1）普通年金终值的计算

普通年金终值是指一定时期内每期期末等额收付款项的复利终值之和，犹如零存整取的本利和。

普通年金终值可以用复利终值推导计算，如果用 A 表示每年收付的等额款项，即年金，i 表示利率，n 表示计息期数，F 表示普通年金终值，则普通年金终值推导计算过程如图 2-1 所示。

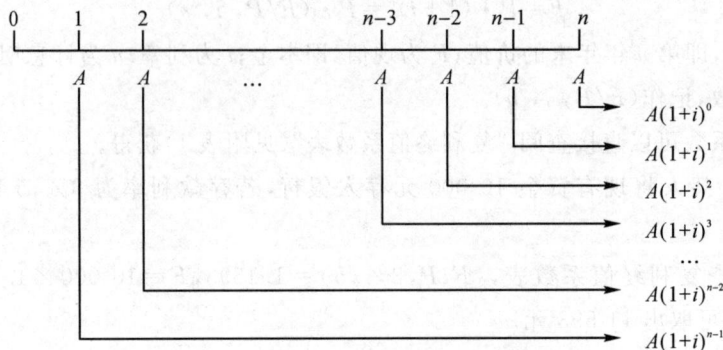

图 2-1 普通年金终值推导计算过程示意

由图 2-1 可知,普通年金终值的一般计算公式为

$$F=A(1+i)^0+A(1+i)^1+A(1+i)^2+A(1+i)^3+\cdots+A(1+i)^{n-2}+A(1+i)^{n-1}$$

根据等比数列前 n 项和公式,上式简化后为

$$F=A\cdot\frac{(1+i)^n-1}{i}=A\cdot(F/A,i,n)$$

式中,$\frac{(1+i)^n-1}{i}$ 称为普通年金终值系数,记作 $(F/A,i,n)$,可以直接查阅"年金终值系数表"(见附表3)获得。

上式中,如果已知终值 F,求年金 A,就是偿债基金要计算的,即使年金终值达到既定金额每年应支付的年金数额。

【例 2-5】 某项目 10 年建设期内每年年末向银行贷款 100 万元,贷款年利率为 8%,该项目竣工时应付本息的总额是多少?

【解析】 查年金终值系数表,$(F/A,8\%,10)=14.4866$。

$F=100\times14.4866=1\ 448.66$(万元),即 10 年后应还本息总额为 1 448.66 万元。

■■■ **思考 2-3** 某企业欲在 5 年后偿还 10 万元债务,现在起每年等额存入银行一笔存款,如果银行存款利率为 3%,若按复利计算,每年应存多少钱?

■■■ **解析** 由 $F=A\cdot(F/A,3\%,5)=10$,推出 $A=10\div(F/A,3\%,5)$。

查年金终值系数表,$(F/A,3\%,5)=5.3091$。

$A=10\div5.3091\approx1.8836$(万元),即每年应存约 1.8836 万元。

(2)普通年金现值的计算

普通年金现值是指一定时期内每期期末等额收付款项的复利现值之和,通常表现为每年等额投资收益的现值总和。如果用 P 表示普通年金现值,其推导计算过程如图 2-2 所示。

由图 2-2 可知,普通年金现值的一般计算公式为

$$P=A(1+i)^{-1}+A(1+i)^{-2}+\cdots+A(1+i)^{-(n-1)}+A(1+i)^{-n}$$

根据等比数列前 n 项和公式,上式简化后为

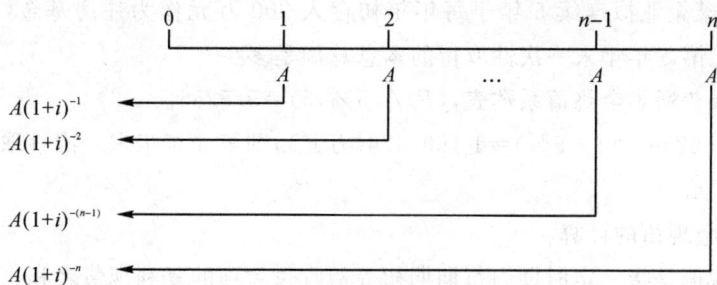

图 2-2　普通年金现值计算过程示意

$$P = A \cdot \frac{1-(1+i)^{-n}}{i} = A \cdot (P/A, i, n)$$

式中，$\dfrac{1-(1+i)^{-n}}{i}$ 称为普通年金现值系数，记作 $(P/A, i, n)$，可以直接查阅"年金现值系数表"（见附表 4）获得。

上式中，如果已知现值 P，求年金 A，即计算年资本回收额，其是指在一定年限内等额回收初始投资成本或清偿所欠债务的价值指标。

【例 2-6】　某企业租入设备，每年年末需要支付租金 30 000 元，年复利率为 8％，5 年内应支付的租金总额的现值是多少？

【解析】　查年金现值系数表，$(P/A, 8\%, 5) = 3.9927$。

$P = 30\ 000 \times 3.9927 = 119\ 781$（元），即 5 年内应支付的租金总额的现值为 119 781 元。

■■■ **思考 2-4**　某企业投资某项目的资金为 1 000 万元，该项目寿命为 10 年，若年利率为 8％，要想在 10 年内收回全部投资，则每年年末应收回的金额为多少？

■■■ **解析**　$P = A \cdot (P/A, 8\%, 10) = 1\ 000$，则 $A = 1\ 000 \div (P/A, 8\%, 10)$。

查年金现值系数表，$(P/A, 8\%, 10) = 6.7101$。

$A = 1\ 000 \div 6.7101 \approx 149.0291$（万元），即每年年末应收回约 149.0291 万元。

2．预付年金终值与现值的计算

预付年金又称先付年金，是指发生在每期期初的等额收付款项。其与普通年金的区别仅在于收付款时间的不同，它是在每期期初收付款项。预付年金的计算有终值和现值两种。

（1）预付年金终值的计算

预付年金终值是指一定时期内每期期初等额收付款项的复利终值之和。

在一定期限内，预付年金与普通年金的付款次数相同，但由于付款时间不同，预付年金终值比普通年金终值多计算一期利息。因此，在普通年金终值基础上乘以 $(1+i)$ 即为预付年金终值。计算公式为

$$F = A \cdot (F/A, i, n) \cdot (1+i)$$

【**例 2-7**】 某企业拟连续 5 年于每年年初存入 200 万元作为住房基金,若存款利率为 5%,则该公司在第 5 年年末一次性取得的本息总额是多少?

【**解析**】 查普通年金终值系数表,(F/A,5%,5)=5.5256。

$F=200×5.5256×(1+5\%)=1\,160.376$(万元),即第 5 年年末一次性取得的本息总额为 1 160.376 万元。

(2)预付年金现值的计算

预付年金现值是指一定时期内每期期初等额收付款项的复利现值之和。

在一定期限内,由于预付年金现值与普通年金现值期限相同,但其收付款时间不同,预付年金现值比普通年金现值少贴现一期。因此,在普通年金现值基础上乘以$(1+i)$,便可求出预付年金现值。计算公式为

$$P=A·(P/A,i,n)·(1+i)$$

【**例 2-8**】 某人分期付款购房,每年年初支付 3 万元,连续支付 10 年,如果贷款年利率为 10%,则该项分期付款相当于现在一次性支付多少现金?

【**解析**】 查普通年金现值系数表,(P/A,10%,10)=6.1446。

$P=3×6.1446×(1+10\%)≈20.2772$(万元),即该项分期付款相当于现在一次性支付 20.2772 万元。

3. 递延年金终值与现值的计算

递延年金是普通年金的特殊形式,是指第一次收付款发生的时间不在第一期期末,而是间隔若干期后才发生的系列等额收付款项。

如果以 m 表示递延期数,n 为年金期数,i 为利率,则递延年金形式如图 2-3 所示。

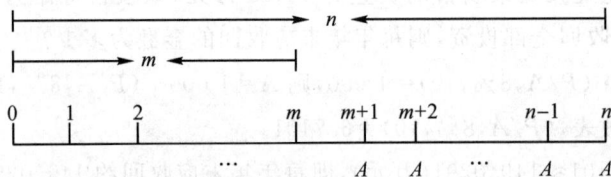

图 2-3 递延年金形式示意

从图 2-3 中可见,前 m 期没有收付款发生,为递延期数,而后面 $n-m$ 期为每期期末发生收入或支出等额款项的年金项数。

(1)递延年金终值的计算

由图 2-3 可知,递延年金的终值大小与递延期无关,故计算方法和普通年金终值相同,其计算公式为

$$F=A·(F/A,i,n-m)$$

(2)递延年金现值的计算

递延年金现值的计算有两种方法。

方法一:先计算出全部 n 期的后付年金现值,然后减去前 m 期的后付年金现值。其计算

公式为

$$P = A \cdot (P/A, i, n) - A \cdot (P/A, i, m)$$

方法二:先将递延年金视为 $n-m$ 期的普通年金,按普通年金现值法求出在第 $n-m$ 期期初(即第 m 期期末)的现值,然后按复利折现到第一期期初的现值。其计算公式为

$$P = A \cdot (P/A, i, n-m) \cdot (P/F, i, m)$$

【例2-9】　某人拟在年初存入一笔资金,以便能够在第5年年末起每年取出 1 000 元,至第10年年末取完,在银行存款利率为5%的情况下,此人最初一次性存入银行的资金金额应是多少?

在线视频2-1

【解析】　$P = 1\ 000 \times (P/A, 5\%, 10-4) \times (P/F, 5\%, 4)$
$\qquad = 1\ 000 \times 5.0757 \times 0.8227 \approx 4\ 175.78$(元)

或 $P = 1\ 000 \times (P/A, 5\%, 10) - 1\ 000 \times (P/A, 5\%, 4)$
$\qquad = 1\ 000 \times 7.7217 - 1\ 000 \times 3.546 = 4\ 175.7$(元)

4. 永续年金现值的计算

永续年金是指无限期等额收付的特种年金。永续年金无终止时间,故无终值。如公司发行的优先股,有固定的股利而无到期日,其股利可视为永续年金。永续年金现值的计算公式也是通过普通年金现值的计算公式推导的。

普通年金现值公式为 $P = A \cdot \dfrac{1-(1+i)^{-n}}{i}$,当 $n \rightarrow \infty$ 时,分子趋于1,可推导出永续年金现值计算公式为 $P = A/i$。

【例2-10】　某人持有甲公司的优先股 10 000 股,每年可获得固定红利1 200元,若利息率为10%,则该优先股年股利现值为多少?

【解析】　$P = 1\ 200 \div 10\% = 12\ 000$(元)

(四)利率的计算

1. 复利计息方式的利率计算

复利计息方式下,利率与现值(或终值)系数之间存在一定的数量关系。已知现值或终值系数,则可以通过内插法计算对应的利率,即有

$$i = i_1 + \frac{B - B_1}{B_2 - B_1} \times (i_2 - i_1)$$

式中,所求利率为 i,i 对应的现值(或终值)系数为 B,B_1、B_2 为现值(或终值)系数表中与 B 相邻的系数,i_1、i_2 为 B_1、B_2 对应的利率。

若已知复利现值(或者终值)系数 B 以及期数 n,可以查"复利现值(或终值)系数表",找出与已知复利现值(或终值)系数最接近的两个系数及其对应的利率,按内插法公式计算利率。

【例2-11】　王先生下岗后获得5万元的现金补助,他决定用这笔钱购买理财产品。王先生期望20年后这笔钱连本带利达到25万元,这样就能解决自己将来的养老问题。则该

理财产品的年利率为多少时,王先生的愿望才能实现?

【解析】 $50\,000 \times (F/P, i, 20) = 250\,000$

$(F/P, i, 20) = 5$,即 $(1+i)^{20} = 5$

可采用逐次测试法计算:

当 $i = 8\%$ 时,$(1+8\%)^{20} = 4.661$

当 $i = 9\%$ 时,$(1+9\%)^{20} = 5.604$

因此,i 在 8% 和 9% 之间。

$$i = i_1 + \frac{B - B_1}{B_2 - B_1} \times (i_2 - i_1)$$

$i = 8\% + (5 - 4.661) \times (9\% - 8\%)/(5.604 - 4.661) = 8.359\%$

若已知年金现值(或者终值)系数以及期数 n,可以查"年金现值(或终值)系数表",找出与已知年金现值(或终值)系数最接近的两个系数及其对应的利率,按内插法公式计算利率。

【例 2-12】 张先生今年年初因买房,向银行借款 20 万元,每年年末还本付息额均为 4 万元,连续 9 年付清。请计算借款利率。

【解析】 根据题意,已知 $P = 200\,000$,$A = 40\,000$,$n = 9$,则

$(P/A, i, 9) = P/A = 200\,000/40\,000 = 5$

查表年金现值系数表,可得

$i = 12\%$ 时,$(P/A, 12\%, 9) = 5.3282$;$i = 14\%$ 时,$(P/A, 13\%, 9) = 5.1317$

所以,$i = 12\% + (5.3282 - 5) \times (13\% - 12\%)/(5.3282 - 5.1317) = 13.67\%$

2. 名义利率与实际利率

如果以"年"作为基本计算期,每年计算一次复利,这种情况下的年利率是名义利率。如果按照短于一年的计息期数计算复利,并将全年利息额除以年初的本金,此时得到的利率是实际利率。名义利率与实际利率之间的换算关系如下:

$$i = (1 + r/m)^m - 1$$

式中,i 为实际利率,r 为名义利率,m 为每年复利计息次数。

【例 2-13】 李先生年初购买了一项 10 万元的理财产品,该产品约定年利率为 10%,每半年复利计息一次,期限 10 年。请帮李先生计算一下该理财产品年实际利率以及到期后能得到的本利和是多少?

【解析】 根据名义利率与实际利率的换算公式 $i = (1 + r/m)^m - 1$,本题中 $r = 10\%$,$m = 2$,有

$i = (1 + 10\%/2)^2 - 1 = 10.25\%$

$F = 10 \times (1 + 10.25\%)^{10} = 26.53$(万元)

本题也可以先计算出期利率 r/m,以及计息期数 $m \times n$ 进行计算。具体计算过程为

$F = P \cdot (1 + r/m)^{m \times n} = 10 \times (1 + 10\%/2)^{20} = 26.53$(万元)

第二节　风险报酬

一、风险概述

（一）风险的含义

风险是指对企业目标产生负面影响的事件发生的可能性。从财务管理角度来说,风险就是指企业在各项财务活动过程中,由于各种难以预料或者无法控制的因素作用,其实际收益与预计收益发生背离,从而蒙受经济损失的可能性。例如,企业开发一种新产品,如果销路好可能盈利,如果销路不好可能亏损,这种投资结果的不确定性,就是风险。

（二）风险的分类

从个别投资主体的角度看,风险分为企业特有风险和市场风险两类。

1. 企业特有风险

企业特有风险是指只影响到个别企业的一些因素,它是由某个企业的特有事件造成的,如工人罢工、新产品开发失败、管理不善等。这类风险可以通过多元化投资组合来分散或消除,因此,其又称为可分散风险或非系统风险。

企业特有风险又分为经营风险和财务风险。

(1)经营风险

经营风险是指生产经营方面的原因给企业盈利带来的不确定性,如原材料价格变动、市场份额变化、生产成本变化等,使企业的收益变得不确定。经营风险是不可避免的。

(2)财务风险

财务风险是指举债给企业财务成果带来的不确定性,如借款过多可能到期无法偿还的风险。财务风险是可避免的,如果企业不举债,则企业就没有财务风险。

2. 市场风险

市场风险是指交易者因市场条件的不利变动而蒙受损失的风险,如战争、通货膨胀、经济衰退、税收政策等。市场风险对任何企业来说都是不可避免的,这类风险不能通过多元化投资组合来分散或消除。所以,市场风险也称为不可分散风险或系统风险。

（三）风险与收益的关系

风险性是现代企业财务管理环境的一个重要特征,企业财务管理的每个环节都不可避免地要面对风险。一般来说,未来事件的持续时间越长,涉及的未知因素越多或人们对其把握越小,风险就越大。冒风险是为了得到额外的收益,否则就不值得去冒险。风险和收益的关系十分密切,要取得收益就会有风险;想要的收益越高,风险就越大。

二、风险的衡量

风险基本上是不可避免的,正视风险并将风险程度予以量化,进行较为准确的衡量,是企业财务管理工作中的重要部分。风险与概率直接相关,并由此与期望值、标准差、标准离差率等发生联系,对风险进行衡量时应着重考虑这几方面的因素。通常按以下步骤衡量风险。

(一)确定概率分布

在现实生活中,某一事件可能发生也可能不发生,既可能出现这种结果又可能出现那种结果,我们称这类事件为随机事件。概率就是用百分数或小数来表示随机事件发生可能性及出现某种结果可能性大小的数值。通常,把必然发生的事件的概率定为 1,把不可能发生的事件的概率定为 0,而一般随机事件的概率是介于 0 与 1 之间的一个数。概率越大就表示该事件发生的可能性越大。通常用 P_i 表示出现第 i 种结果的概率。概率分布必须满足以下两个条件:

(1)所有的概率都在 0 与 1 之间,即 $0 \leqslant P_i \leqslant 1$;

(2)所有概率之和应等于 1,即 $\sum_{i=1}^{n} P_i = 1$。

(二)确定期望收益

期望收益是某一方案各种可能的收益,是以其相应的概率为权数进行加权平均所得到的数值,也称预期收益,它反映随机变量取值的平均化。一般用 $\overline{K}$ 表示,计算公式如下:

$$\overline{K} = \sum_{i=1}^{n} P_i K_i$$

式中,$\overline{K}$ 为预期收益期望值;P_i 为第 i 种可能结果的概率;K_i 为第 i 种可能结果的收益;n 为可能结果的个数。

【例 2-14】 A 公司现有甲、乙两个投资方案,经预测两个方案可能实现的投资收益及概率如表 2-1 所示。试计算两个方案的期望收益。

表 2-1　甲、乙两个投资方案情况

经济情况	甲方案		乙方案	
	投资收益/万元	概　率	投资收益/万元	概　率
繁　荣	1 000	0.25	900	0.30
正　常	800	0.50	800	0.50
衰　退	600	0.25	700	0.20

【解析】 $K_{甲} = 1\,000 \times 0.25 + 800 \times 0.50 + 600 \times 0.25 = 800$(万元)

$$K_z = 900 \times 0.30 + 800 \times 0.50 + 700 \times 0.20 = 810（万元）$$

（三）确定标准差

标准差也叫均方差，反映各种概率下报酬或报酬率偏离期望值的综合差异，是反映离散程度的一种量度。通常以符号 σ 表示，计算公式为

$$\sigma = \sqrt{\sum_{i=1}^{n}(K_i - \overline{K})^2 \cdot P_i}$$

【例 2-15】 承例 2-11，试计算甲、乙两个方案的标准差。

【解析】 $\sigma_甲 = \sqrt{(1\,000-800)^2 \times 0.25 + (800-800)^2 \times 0.50 + (600-800)^2 \times 0.25} \approx 141.42$

$\sigma_乙 = \sqrt{(900-810)^2 \times 0.30 + (800-810)^2 \times 0.50 + (700-810)^2 \times 0.20} = 70$

■■■ **思考 2-5** 标准差与风险有什么关系？

■■■ **解析** 标准差反映不同概率下报酬或报酬率偏离期望值的程度；标准差越大，表明离散程度越大，风险越大；标准差越小，表明离散程度越小，风险也就越小。

值得注意的是，标准差的大小会因期望值的不同而发生变化，只能用于期望值相同时不同方案的决策。如果各方案期望值不同，标准差指标则失去可比基础。为克服这一缺陷，当各方案期望值不同时，可通过计算各方案标准离差率来进行比较。

（四）确定标准离差率

标准离差率是标准差与期望值的比值，用于期望值不同的各投资项目风险程度的评价。通常用符号 V 表示，计算公式为

$$V = \frac{\sigma}{\overline{K}} \times 100\%$$

标准离差率越大，表明离散程度越大，风险越大；反之，标准离差率越小，风险越小。无论备选方案期望收益是否相同，均可采用标准离差率来衡量风险，进行决策。

【例 2-16】 承例 2-12，试计算甲、乙两个方案的标准离差率。

【解析】 $V_甲 = 141.42 \div 800 \times 100\% \approx 17.68\%$

$V_乙 = 70 \div 810 \times 100\% \approx 8.64\%$

可见方案甲的风险大于方案乙。

■■■ **思考 2-6** 如何运用标准差与标准离差率对投资方案进行选择？

■■■ **解析** 对于单个方案，决策者可计算其标准差或标准离差率的大小，并将其同设定的可接受的此项指标最高值进行对比，看前者是否低于后者，然后做出取舍。对于多方案择优，决策者的行动准则应是选择低风险高收益的方案，即选择标准差最低、期望值最高的方案。但是，高收益往往伴随着高风险，低收益方案的风险往往也较小。因此，选择投资方案时，不仅要权衡期望值与风险，还要考虑决策者对待风险的态度。喜欢冒险的人可能选择高

风险高收益的方案,谨慎的人可能选择低风险低收益的方案。

三、风险报酬的计算

(一)风险报酬的含义

企业进行投资活动会取得一定的投资报酬。一般而言,投资报酬包括两部分:一是资金时间价值;二是风险价值。其中资金时间价值前已述及,它是在没有风险和通货膨胀条件下的社会平均资金利润率;而风险价值则是指由于冒风险进行投资而获得的额外报酬,又称为投资风险收益或投资风险报酬。

风险报酬有两种表示方式:一种是绝对数,即风险报酬额,是指由于冒风险进行投资而获得的超过时间价值的额外报酬;另一种是相对数,即风险报酬率,是指额外报酬占原投资额的百分比。通常用风险报酬率来表示风险报酬。

(二)风险报酬的计量

标准离差率仅反映一个投资项目的风险程度,并未反映真正的风险报酬,要将其换算为风险报酬率,通常用 R_r 来表示,但必须借助于一个转换系数——风险价值系数(b)。风险报酬率的计算公式为

$$R_r = b \cdot V$$

式中,R_r 为风险报酬率;b 为风险价值系数;V 为标准离差率。

可见,事先不确定风险价值系数就无法将标准离差率转化为风险报酬率。风险价值系数的确定可采用统计回归方法,对历史数据进行分析得出估计值,也可结合管理人员的经验分析得出。

风险价值系数取决于投资者对风险的偏好。投资者对风险的态度越是回避,要求的补偿也就越高,因而要求的风险报酬就越高,所以风险价值系数的值也就越大;反之,投资者对风险的容忍程度越高,说明其风险承受能力越强,那么其要求的风险补偿也就没那么高,所以风险价值系数的值就会越小。

(三)投资报酬率的计量

投资报酬率由无风险报酬率和风险报酬率组成,其中无风险报酬率(通常用 R_f 表示)是纯粹利率与通货膨胀补偿率之和。通常,把国家发行的公债或国库券的利率称为无风险报酬率。投资报酬率的计算公式为

$$R = R_f + R_r = R_f + b \cdot V$$

式中,R 为投资报酬率;R_f 为无风险报酬率;R_r 为风险报酬率。

【例2-17】 承例2-13,若甲、乙两个方案的风险价值系数分别为 11%、13%,无风险报酬率为 10%,试计算甲、乙两个方案的风险报酬率与投资报酬率。

【解析】 甲方案的风险报酬率 $R_r = 11\% \times 17.68\% \approx 1.94\%$

甲方案的投资报酬率 $R_甲=10\%+1.94\%=11.94\%$

乙方案的风险报酬率 $R_r=13\%\times8.64\%\approx1.12\%$

乙方案的投资报酬率 $R_乙=10\%+1.12\%=11.12\%$

在线视频 2-2

（四）预测风险收益率的计算

按上述方法计算出的风险收益率，是指在现有的风险程度下与之相当的风险报酬率，对投资者而言，它只是衡量一个投资项目是否值得投资的依据。为了确定某一方案是否可取，可以计算预测风险收益率，并将其与风险报酬率比较，当预测风险收益率大于风险报酬率时，说明该投资的预测风险收益高，其所冒的风险相对较小，该方案可取；反之，该方案不可取。预测风险收益率的计算公式为

$$预测投资收益率=\frac{收益期望值}{投资额}\times100\%$$

$$预测风险收益率=预测投资收益率-无风险报酬率$$

【例 2-18】　承例 2-11、例 2-14，若甲、乙两个方案的投资额分别为 7 000 万元、6 000 万元，试计算经济情况正常时甲、乙两个方案的预测风险收益率。

【解析】　甲方案的预测投资收益率＝800÷7 000×100%≈11.43%

甲方案的预测风险收益率＝11.43%−10%＝1.43%，小于风险报酬率 1.94%，甲方案不可取。

乙方案的预测投资收益率＝810÷6 000×100%≈13.50%

乙方案的预测风险收益率＝13.50%−10%＝3.50%，大于风险报酬率 1.12%，乙方案可取。

【复习思考题】

1. 什么是资金时间价值？资金时间价值如何计算？

2. 什么是风险价值？风险价值如何计量？

3. 请结合当前社会情况，谈谈如何理解"君子爱财取之有道"这句警世名言。

4. 结合资金时间价值观，谈谈如何推进美丽中国建设。

【自测题】

在线测试

第三章

期权估价

■■■ 学习目标

通过本章学习,学生应能理解期权的基本含义,掌握期权的种类、特点及价值,能正确运用估价原理、复制原理、风险中性原理对股票期权进行合理估价。

■■■ 关键知识点

期权的含义,期权投资策略的运用,复制原理、风险中性原理等期权价格的估价方法。

■■■ 案例导入

在青山事件爆发之前,很少会有人关注位于浙江温州的"隐形巨头"——青山集团。近些年来,青山集团成绩斐然,连续获得"世界500强企业""浙江省百强企业"等荣誉称号。青山集团不仅是全球不锈钢龙头企业,也是生产高冰镍和镍铁的主力军。青山集团的不锈钢年产出突破千万吨,拥有国际市场份额的近20%。2020年,青山集团掌握着全世界18%的镍市场份额,是当之无愧的世界镍王。2021年,青山集团位列《财富》世界500强企业第279位。青山事件是指青山集团在LME挂了20万吨的空单后,遭受外资狙击,面临期货到期无法交割的风险,成了外资砧板上的"肥肉"。

继中行原油宝"负油价"、株冶集团锌"透支交易"和中储粮棉花"火灾事件"等遭海外资本在期货市场中的狙击之后,青山镍危机期货事件再次暴雷。

■■■ 思 考

1.青山集团为什么会掉入期货市场的陷阱?

2.青山镍事情留给我们的启示是什么?

第一节　期权与期权投资策略

一、期权概述

（一）期权

期权是指一种合约，该合约赋予持有人在某一特定日期或该日之前的任何时间以固定价格购进或售出一种资产的权利。

期权是一种权利，期权赋予持有人做某件事的权利，但他不承担必须履行的义务，可以选择执行或者不执行该权利。持有人只享有权利而不承担相应的义务。

期权的标的物是指选择购买或出售的资产。它包括股票、政府债券、货币、股票指数、商品期货等。期权是这些标的物"衍生"的，因此称为衍生金融工具。值得注意的是，期权出售人不一定拥有标的资产。期权是可以"卖空"的。期权购买人也不一定真的想购买资产标的物。因此，期权到期时双方不一定进行标的物的实物交割，而只需按价差补足价款。

（二）期权的种类

1. 按照期权执行时间划分

按照执行时间不同，期权可分为欧式期权和美式期权。其中欧式期权只能在到期日执行，但是美式期权可以在到期日或到期日之前的任何时间执行。

2. 按照合约授予期权持有人权利的类别划分

按照合约授予期权持有人权利的类别不同，期权可分为看涨期权和看跌期权。看涨期权是指期权赋予持有人在到期日或到期日之前，以固定价格购买标的资产的权利。其授予权利的特征是"购买"，因此也可以称为"择购期权""买进期权"或"买权"。看跌期权是指期权赋予持有人在到期日或到期日前，以固定价格出售标的资产的权利。其授予权利的特征是"出售"，因此也可以称为"择售期权""卖出期权"或"卖权"。

3. 按照期权的交割内容划分

按照期权的交割内容不同，期权可分为指数期权、外币期权、利率期权和期货期权。

指数期权是以各种指数变动为对象的期权，主要是股票价格的变动指数。1983年，美国芝加哥期权交易所最先创立指数期权，推出了普尔100指数期权（普尔100指数是由普尔500股票指数中最热门的股票构成的）。随后，又出现了纽约证券交易所综合指数期权。

外币期权是以外币为基础对象的期权，交易双方按约定的汇价，就未来某一时期购买或售出某种外汇选择权而进行交易。外币期权是防止外汇风险的一种重要手段，外币期权合约在执行时，以外币实物交割，也可以交割价差。1988年在全世界交易上市的外币期权合约有 1800 万个，期权合约成为灵活的防止外汇风险和套期保值的金融工具。

利率期权是以国库券、政府中长期债券、大额可转让存单等为基础证券的期权。利率期权以标准化的金融凭证为交易对象，交易双方以协议价格就未来是否购买或出售该金融凭证选择权而进行交易。金融凭证也称为债券，包括国库券、政府中长期债券、大额可转让存单等，是一种生息资产，可以在市场上出售，与利率水平的高低密切相关，因此称为利率期货，相应的期权交易称为利率期权交易。

期货期权是以期货合约买卖权为对象的期权，也称期货合约期权，包括商品期货期权和金融期权。1984 年 10 月，美国芝加哥期货交易所首次成功地将期权交易方式应用于政府长期国库券期货合约的买卖，从此产生了期货期权。期货期权的交易对象是商品期货合约，它赋予期权购买人在规定时间选择是否买卖期货合约的权利。期货期权在实施时，要求交割的并不是期货合约所代表的商品，而是期货合约本身，但实际上很少交割期货合约，而是由期权交易双方结算期货市价与该期货期权协议价之间的价差。

期权还可以按照交易所是否集中及合约是否标准化分为场内期权和场外期权，按期权合约标的物的不同分为现货期权和期货期权。

（三）期权的到期日价值（执行净收入）

1. 看涨期权

看涨期权是指在协议规定的有效期内，协议持有人按规定的价格和数量购进股票的权利。期权购买者持有看涨期权，是因为他看涨股票价格，认为将来可获利。购进期权后，当股票市价高于协议价格加期权费用之和时（未含佣金），期权购买者可按协议规定的价格和数量购买股票，然后按市价出售，或转让买进期权，获取利润；当股票市价在协议价格加期权费用之和之间波动时，期权购买者将会受一定损失；当股票市价低于协议价格时，期权购买者的期权费用将全部消失，并将放弃买进期权。因此，期权购买者的最大损失不过是期权费用加佣金。看涨期权是指期权的购买者拥有在期权合约有效期内按执行价格买进一定数量标的物的权利。看涨期权价值计算如表 3-1 所示。

表 3-1　看涨期权价值计算

类　型	项　目	计算公式
看涨期权	到期日价值（执行净收入）	多头看涨期权到期日价值＝Max(股票市价－执行价格,0)
		空头看涨期权到期日价值＝－Max(股票市价－执行价格,0)
	净损益	多头看涨期权净损益＝多头看涨期权到期日价值－期权价格
		空头看涨期权净损益＝空头看涨期权到期日价值＋期权价格

看涨期权到期损益有以下几个特点：若市价大于执行价格，多头与空头价值金额绝对值相等，符号相反；若市价小于等于执行价格，多头与空头价值均为零；多头净损失有限（最大值为期权价格），净收益却潜力巨大；空头净收益有限（最大值为期权价格），净损失

不确定。

【例 3-1】　某期权交易所 2012 年 1 月 20 日对中金黄金公司的期权报价如表 3-2 所示。

表 3-2　期权报价

到期日和执行价格		看涨期权价格	看跌期权价格
4 月 30 日	37.00 元	3.80 元	5.25 元

要求：回答以下几个互不相干的问题。

（1）若甲投资人购买一项看涨期权，标的股票的到期日市价为 45 元，此时期权到期价值为多少？投资净损益为多少？

（2）若乙投资人卖出看涨期权，标的股票的到期日市价为 45 元，此时空头看涨期权到期价值为多少？投资净损益为多少？

（3）若甲投资人购买一项看涨期权，标的股票的到期日市价为 35 元，此时期权到期价值为多少？投资净损益为多少？

（4）若乙投资人卖出看涨期权，标的股票的到期日市价为 35 元，此时空头看涨期权到期价值为多少？投资净损益为多少？

【解析】　（1）甲投资人购买看涨期权到期价值＝45.00－37.00＝8.00（元）

甲投资人投资净损益＝8.00－3.80＝4.20（元）

（2）乙投资人空头看涨期权到期价值＝－8.00（元）

乙投资人投资净损益＝－8.00＋3.80＝－4.20（元）

（3）甲投资人购买看涨期权到期价值＝0（元）

甲投资人投资净损益＝0－3.80＝－3.80（元）

（4）乙投资人空头看涨期权到期价值＝0（元）

乙投资人投资净损益＝0＋3.80＝3.80（元）

2．看跌期权

看跌期权是指在协议规定的有效期内，协议持有人按规定的价格和数量卖出股票的权利。期权持有者购进这种卖出期权，是因为他认为将来股票市价会低于看跌期权的行权价格，可以获利。购进期权后，当股票市价低于协议价格加期权费用之和时（未含佣金），期权购买者可按协议规定的价格和数量卖出股票，获取利润；当股票市价高于协议价格时，期权购买者将放弃行使卖出股票的权利。因此，期权购买者的最大损失不过是期权费用加佣金。看跌期权是指期权的购买者拥有在期权合约有效期内按执行价格卖出一定数量标的物的权利。看跌期权价值计算如表 3-3 所示。

表 3-3　看跌期权价值计算

类型	项目	计算公式
看跌期权	到期日价值（执行净收入）	多头看跌期权到期日价值＝Max(执行价格－股票市价,0)
		空头看跌期权到期日价值＝－Max(执行价格－股票市价,0)
	净损益	多头看跌期权净损益＝多头看跌期权到期日价值－期权价格
		空头看跌期权净损益＝空头看跌期权到期日价值＋期权价格

看跌期权到期损益有以下几个特点：若市价小于执行价格，多头与空头价值金额绝对值相等，符号相反；若市价大于执行价格，多头与空头价值均为零；多头净损失有限（最大值为期权价格），净收益不确定；空头净收益有限（最大值为期权价格），净损失不确定。

【例 3-2】　承例 3-1,请回答以下几个互不相干的问题。

(1)若丙投资人购买一项看跌期权，标的股票的到期日市价为 45 元，此时期权到期价值为多少？投资净损益为多少？

(2)若丁投资人卖出看跌期权，标的股票的到期日市价为 45 元，此时空头看跌期权到期价值为多少？投资净损益为多少？

(3)若丙投资人购买一项看跌期权，标的股票的到期日市价为 35 元，此时期权到期价值为多少？投资净损益为多少？

(4)若丁投资人卖出看跌期权，标的股票的到期日市价为 35 元，此时空头看跌期权到期价值为多少？投资净损益为多少？

【解析】　(1)丙投资人购买看跌期权到期价值＝0(元)

丙投资人投资净损益＝0－5.25＝－5.25(元)

(2)丁投资人空头看跌期权到期价值＝0(元)

丁投资人投资净损益＝0＋5.25＝5.25(元)

(3)丙投资人购买看跌期权到期价值＝37.00－35.00＝2.00(元)

丙投资人投资净损益＝2.00－5.25＝－3.25(元)

(4)丁投资人空头看跌期权到期价值＝－2.00(元)

丁投资人投资净损益＝－2.00＋5.25＝3.25(元)

■■■ **思考**　在看涨期权和看跌期权中，多头与空头有何区别和联系？

■■■ **解析**　多头和空头彼此是零和博弈，即"空头期权到期日价值＝－多头期权到期日价值""空头期权净损益＝－多头期权净损益"。多头是期权的购买者，其净损失有限（最大值为期权价格）；空头是期权的出售者，收取期权费，成为或有负债的持有人，负债的金额不确定。

二、期权投资策略

（一）保护性看跌期权

股票加看跌期权组合，称为保护性看跌期权，是指购买 1 份股票，同时购买该股票 1 份看跌期权。

假设 S_t 表示股票价格，X 表示期权执行价格。

保护性看跌期权策略下，持有的股票收益与股票价格成正比，看跌期权的收益与股票价格成反比。当股价小于期权执行价格，即 $S_t < X$ 时，该组合中持有股票的收益为 S_t，看跌期权的收益为 $X - S_t$，二者的组合收益 $= S_t + (X - S_t) = X$；当股价大于期权执行价格，即 $S_t > X$ 时，该组合中持有股票的收益仍为 S_t，看跌期权的收益为 0，二者的组合收益就是 S_t。具体如图 3-1 所示。

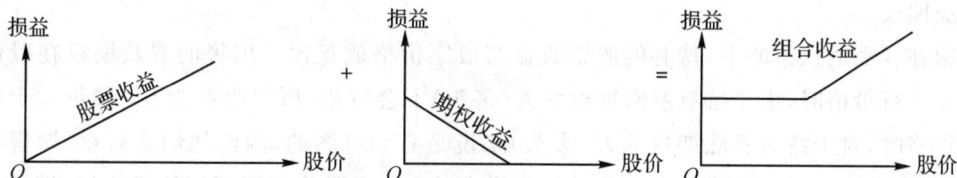

图 3-1　保护性看跌期权组合收入

【例 3-3】　某投资人购入 1 份 ABC 公司的股票，购入时价格为 40 元；同时购入该股票 1 份看跌期权，执行价格为 40 元，期权费为 2 元，1 年后到期。该投资人预测 1 年后股票市价变动情况如表 3-4 所示。

表 3-4　股票市价变动情况

股价变动幅度	−20%	−5%	5%	20%
概　率	0.1	0.2	0.3	0.4

（1）判断该投资人采取的是哪种投资策略，其目的是什么？

（2）确定该投资人的预期投资组合收益为多少？

【解析】　（1）该投资人采取的投资策略是股票加看跌期权组合，称为保护性看跌期权。单独投资于股票风险很大，同时增加 1 份看跌期权，情况就会有变化，可以降低投资的风险。

（2）该投资人的预期投资组合损益如表 3-5 所示。

表 3-5　预期投资组合损益

股价变动幅度	−20%	−5%	5%	20%
概　率	0.1	0.2	0.3	0.4

续表

股票收入	32 元	38 元	42 元	48 元
期权收入	8 元	2 元	0	0
组合收入	40 元	40 元	42 元	48 元
股票净损益	32−40＝−8 元	38−40＝−2 元	42−40＝2 元	48−40＝8 元
期权净损益	8−2＝6 元	2−2＝0 元	0−2＝−2 元	0−2＝−2 元
组合净损益	−2 元	−2 元	0	6 元

预期投资组合收益＝0.1×(−2)+0.2×(−2)+0.3×0+0.4×6＝1.8(元)。

(二)抛补看涨期权

股票加空头看涨期权组合,称为抛补看涨期权,是指购买 1 份股票,同时出售该股票 1 份看涨期权。

抛补看涨期权策略下,持有的股票收益与股票价格成正比。出售的看跌期权在股价小于期权执行价格时,由于持有看涨期权的人(多头)不会行权,所以收益为 0。股价大于期权执行价格时,对于持有看涨期权的人(多头)来说是有利可图的,因此他们会行权,抛售看涨期权的人会亏损,所以此时的期权收益与股价成反比。当股价小于期权执行价格,即 $S_t < X$ 时,该组合中持有股票的收益为 S_t,出售的看涨期权收益为 0,二者的组合收益就是 S_t;当股价大于期权执行价格,即 $S_t > X$ 时,该组合中持有股票的收益为 S_t,出售的看涨期权收益为 $X - S_t$,二者的组合收益＝$S_t + (X - S_t) = X$。具体如图 3-2 所示。

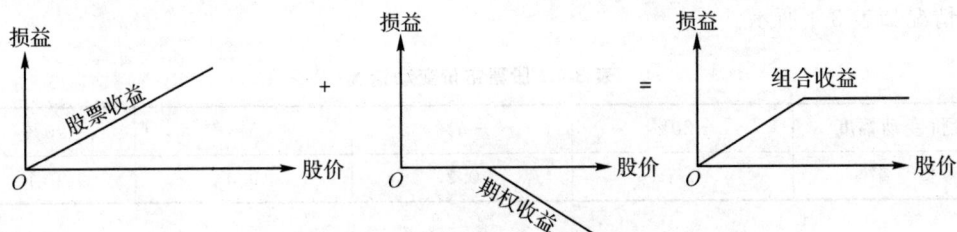

图 3-2　抛补看涨期权组合收入

(三)多头对敲

多头对敲是同时买进 1 只股票的看涨期权和看跌期权,它们的执行价格、到期日都相同。

多头对敲策略下,买进的看涨期权收益与股票价格成正比,买进的看跌期权收益与股票价格成反比。当股价小于期权执行价格,即 $S_t < X$ 时,该组合中看涨期权的收益为 0,看跌期权的收益为 $X - S_t$,二者的组合收益就是 $X - S_t$;当股价大于期权执行价格,即 $S_t > X$ 时,该组合中看涨期权的收益为 $S_t - X$,看跌期权的收益为 0,二者的组合收益就是 $S_t - X$。具体如图 3-3 所示。

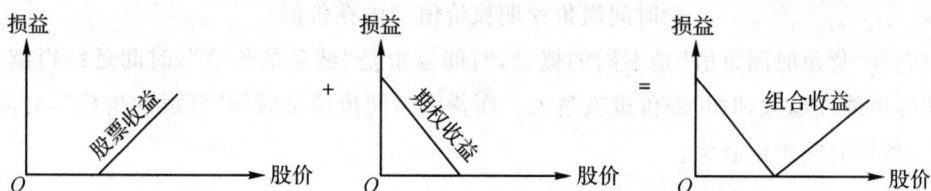

图 3-3　多头对敲收入

第二节　期权估价的主要内容

一、期权的价值及其影响因素

（一）期权的内在价值和时间价值

期权价值的计算公式为

$$期权价值＝内在价值＋时间溢价$$

期权的内在价值，是指期权立即执行产生的经济价值。内在价值的大小，取决于期权标的资产的现行市价与期权执行价格的高低。期权按执行价格与标的物市价的关系不同可分为实值期权、平价期权和虚值期权（见表 3-6）。期权交易过程中，期权的实、平、虚状态是在不断变化的，也就是随实物标的资产的市价变化而变化。

表 3-6　执行价格与标的物价格关系

状　态	看涨期权	看跌期权	执行状况
实值期权	标的资产现行市价高于执行价格时	标的资产现行市价低于执行价格时	可能被执行，但也不一定被执行
虚值期权	标的资产现行市价低于执行价格时	标的资产现行市价高于执行价格时	不会被执行
平价期权	标的资产现行市价等于执行价格时	标的资产现行市价等于执行价格时	不会被执行

【例 3-4】　某看涨期权，标的股票当前市价为 10 元，期权执行价格为 11 元，则（　　）。
　　A. 该期权处于虚值状态，其内在价值为零　　B. 该期权处于实值状态，其内在价值大于零
　　C. 该期权处于平价状态，其内在价值为零　　D. 该期权当前的价值为零

【解析】　看涨期权标的资产的现行市价低于执行价格时，该期权为虚值期权，其内在价值为零，所以选 A。虽然其内在价值为零，但仍有"时间溢价"，因此仍可以按正的价格出售，其价值大于零。

期权的时间溢价是指期权价值超过内在价值的部分。它是"波动的价值"，而不是时间"延续的价值"。

$$时间溢价＝期权价值－内在价值$$

但它和"货币时间价值"是不同的概念,时间溢价是"波动的价值",时间延续得越长,出现波动的可能性越大,时间溢价也就越大。而货币时间价值是时间"延续的价值",时间延续得越长,货币时间价值越大。

(二)影响期权价值的因素

期权价值的大小主要受以下几个方面因素的影响(以看涨期权为例)。

第一,执行价格对看涨期权价值有负面效应。因为期权到期时,看涨期权的持有者会在股票价格超过执行价格的情况下执行期权。因此,执行价格越低,看涨期权价值越高。

第二,股票当前价格对看涨期权有正面效应。看涨期权的持有者希望股票价格上涨,因为股票价格越高,期权到期行权的概率就越大,看涨期权的持有者到期股价行权后,就能够获得更高的收益。

第三,股票收益率的方差对看涨期权价值有正面效应。股票价格的下降风险所带来的损失是有限的(最大损失也就是期权费用),这就控制了股价下降的风险;若股票价格上涨,超过行权价格,所超过的部分就会直接转为利润。也就是说,期权价格的波动率越大,期权价值越高。

第四,到期期限对期权的影响。对于欧式看涨期权来说,较长的时间并不一定能增加期权的价值。虽然较长的时间可以降低执行价格的现值,但并不能增加执行的机会,到期日价格的降低可能超过时间价值的差额。对于美式期权来说,较长的时间,能增加看涨期权的执行价值。到期日离现在越远,发生不可预知事件的可能性就越大,股价变动的范围就越大。

第五,无风险利率对期权价值有正面效应。期权赋予持有者未来获得一定股票的权利。期权持有者只需在执行期权的时候支付购买股票的价格。所以,无风险利率越高,期权持有期越长,延迟支付就越有价值。

第六,期权有效期内预计发放的红利对期权价值的影响。红利支付会使股票价格下跌,股票价格下跌,对看涨期权的持有者来说,其获得的收益就会减少。

以上变量对期权价格的影响如表 3-7 所示。

表 3-7   一个变量增加(其他变量不变)对期权价格的影响

变 量	欧式看涨期权	欧式看跌期权	美式看涨期权	美式看跌期权
执行价格	－	＋	－	＋
股票价格	＋	－	＋	－
股价收益率	＋	＋	＋	＋
到期期限	不一定	不一定	＋	＋
无风险利率	＋	－	＋	－
红利	－	＋	－	＋

注:"＋"代表正面效应,"－"代表负面效应。

二、期权估价原理

在线视频 3-2

（一）复制原理

复制原理的基本思想是:构造一个股票和借款的适当组合,使得无论股价如何变动,投资组合的损益都与期权相同,那么创建该投资组合的成本就是期权的价值。

假如某人借钱买若干股股票,令其组合收益能与每份期权收入相同,具体步骤如下:

第一步,投资一份看涨期权的收益。

$$股价上涨时看涨期权收益(C_u) = 市价 - 执行价格$$

$$股价下跌时看涨期权收益 = 0$$

第二步,计算借钱买若干股股票的收益。

$$借钱买若干股股票的收益 = 套期保值比率 \times 每股股票售价 - 借款本利和$$

$$股价上涨时的收益 = 若干股上行市价 - 借款本利和$$

$$股价下跌时的收益 = 若干股下行市价 - 借款本利和$$

第三步,计算每份期权的价格。

$$每份期权的价格(买价) = 借钱买若干股股票的投资支出$$

$$= 套期保值比率 \times 每股买价 - 借款额$$

第四步,关键指标确定。

(1)套期保值比率(H)的确定

$$H = \frac{期权价值变化}{股价变化}$$

(2)借款额的确定

$$借款额 = \frac{H \times 下行股价}{1 + 每期利率}$$

【例 3-5】 假设甲公司的股票现在的市价为 20 元。有 1 份以该股票为标的资产的看涨期权,执行价格为 21 元,到期时间是 1 年。1 年以后股价有两种可能:上升 40% 或者降低 30%。无风险利率为 4%。求该股票期权的价格。

【解析】 (1)股价上升 40%,即股票价格为 28 元时的投资组合收益 $= 28H - (28 - 21) = 28H - 7$。

(2)股价降低 30%,即股票价格为 21 元时的投资组合收益 $= 14H$。

(3)不考虑风险的情况下上述收益相等,即 $28H - 7 = 14H$,得出 $H = 0.5$。

(4)1 年后 $H \cdot S_0 - C$ 的价值为 $14H/(1+4\%)$,也就是 $H \cdot S_0 - C = 14H/(1+4\%)$,把 $H = 0.5$ 代入本式,得出 $0.5 \times 20 - C = 14 \times 0.5 \div (1+4\%)$,得出 $C \approx 3.27$ 元(其中 S_0 表示现在的股票市价)。

（二）风险中性原理

所谓风险中性原理,是指假设投资者对待风险的态度是中性的,所有证券的预期收益率都应当是无风险利率。风险中性的投资者不需要额外的收益补偿其承担的风险。在风险中性的世界里,将期望值用无风险利率折现,可以获得现金流量的现值。

假设股票不派发红利,股票价格上升百分比就是股票投资的收益率,因此:

期望报酬率(无风险收益率)=上行概率×股价上升时股价变动百分比+下行概率
×(-股价下降时股价变动百分比)

计算期权价值的具体步骤如下:

第一步,确定可能的到期日股票价格(同复制原理)。

第二步,根据执行价格计算确定到期日期权价值(同复制原理)。

第三步,计算上行概率和下行概率。

第四步,计算期权价值。

期权价值=(上行概率×上行期权价值+下行概率×下行期权价值)
÷(1+持有期无风险利率)
=(上行概率×C_u+下行概率×C_d)/(1+r)

【例 3-6】 D公司是一家上市公司,其股票 2012 年 8 月 1 日的收盘价为每股 40 元。有一种以该股票为标的资产的看涨期权,执行价格为 42 元,到期时间是 3 个月。3 个月以内公司不会派发股利,3 个月以后股价有两种变动的可能:上升到 46 元或者下降到 30 元。3 个月到期的国库券利率为 4%(年名义利率)。

要求:

(1)利用风险中性原理,计算 D 公司股价的上行概率和下行概率以及看涨期权的价值。

(2)如果该看涨期权的现行价格为 2.5 元,请根据套利原理,构建一个投资组合进行套利。

【解析】 (1)股价上升百分比$=\dfrac{46-40}{40}=15\%$

股价下降变动率$=\dfrac{30-40}{40}=-25\%$

期望报酬率$=\dfrac{4\%}{4}=1\%$

$1\%=P\times15\%+(1-P)\times(-25\%)$

上行概率 $P=0.65$,下行概率$(1-P)=0.35$

$C_u=46-42=4,C_d=0$

看涨期权价值$=\dfrac{4\times0.65}{1+1\%}\approx2.57$(元)

(2)购买股票的股数 $H=\dfrac{4-0}{46-30}=0.25$(股)

借款额$=\dfrac{0.25\times30}{1+1\%}=7.43$(元)

按照复制原理,看涨期权的内在价值＝0.25×40－7.43＝2.57(元)。

由于目前看涨期权价值为 2.5 元,低于 2.57 元,所以存在套利空间。

套利组合应为:卖空 0.25 股股票,买入无风险债券 7.43 元,买入 1 份看涨期权进行套利,可套利 0.07 元。

【复习思考题】

1. 什么是期权? 简述不同期权的内容和特点。

2. 什么是看涨期权和看跌期权? 它们有何区别?

3. 期权投资一定没有风险吗? 请说明你的观点。

4. 简述期权估价原理,其与期权投策略有何联系?

5. 结合党的二十大提出的"三个务必"谈谈如何实施期权策略。

【自测题】

在线测试

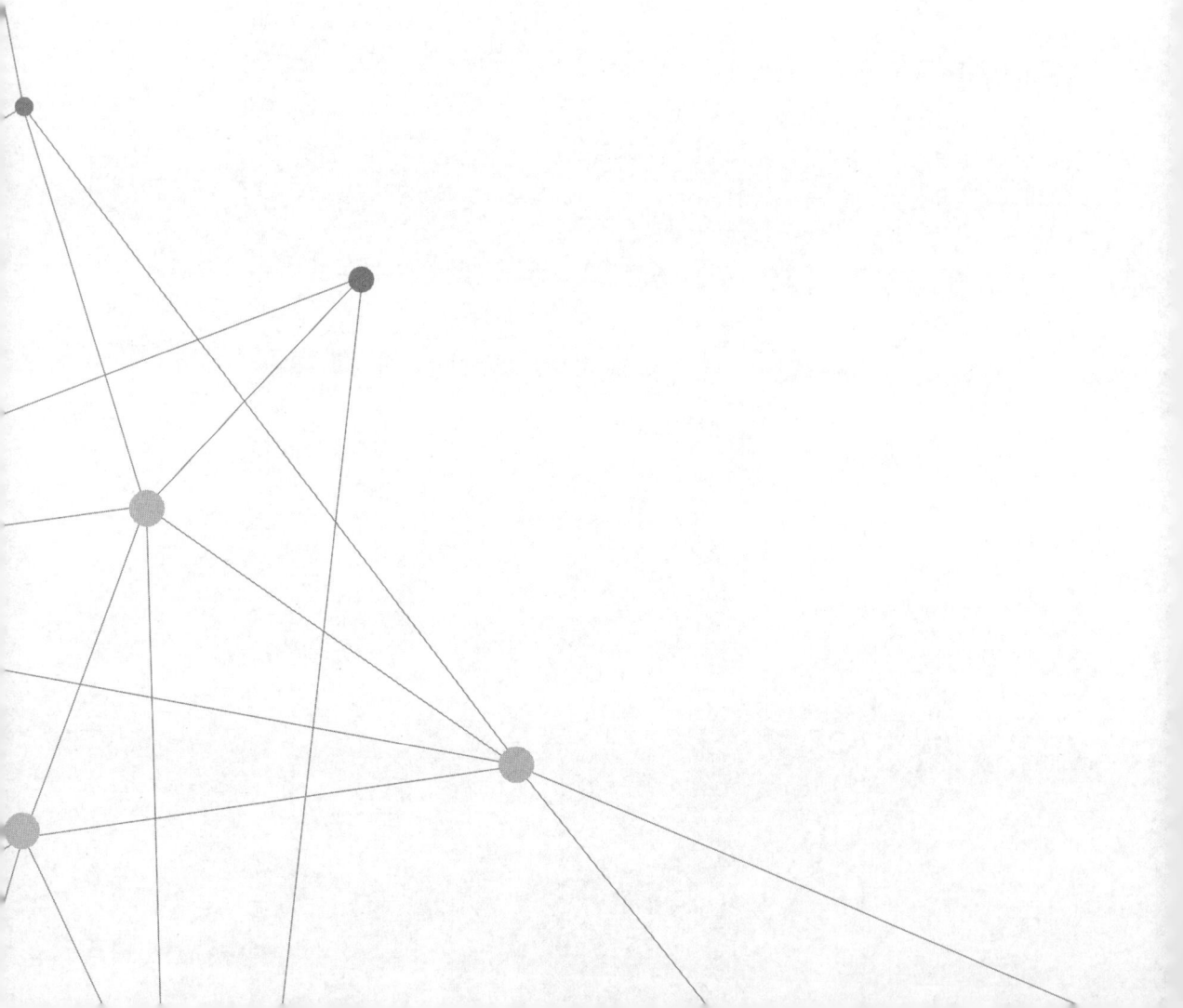

第二单元

筹资管理

第四章

筹资管理基础知识

■■■ 学习目标

通过本章学习，学生应能准确把握筹资管理的意义和原则、筹资动机，熟悉筹资渠道和筹资方式，掌握合理预测资金需要量的方法。

■■■ 关键知识点

筹资管理的含义和原则，筹资渠道和方式，影响筹资的因素分析，资金需要量的预测方法。

■■■ 案例导入

余姚鲜农食品有限公司位于宁波余姚市近郊，占浙江咸菜市场 40% 的份额，现有资产 6 000 万元，资产负债率为 10% 左右。该公司目前已签了 1 亿多元供货合同，在浙江省内分布了几十个网点，预计年内市场份额能达到 50%。

近年来公司却被流动资金的"失血"折磨得困苦不堪。四五月份正是蔬菜收购和泡菜出厂的旺季，该公司这段时间每天从农民手中购进价值 70 余万元的大蒜、萝卜、榨菜等，但公司创始人田大妈坦言，她已经向农民打了 400 多万元的"白条"。此外，为了引进设备建一个无菌车间，田大妈最近花了 100 多万元，购进土地 110 亩（约 73 333 平方米）。近日，田大妈发愁：如果弄不到 800 万元贷款，下一步就没法收购四季豆了。

田大妈说，公司已向银行提出了 800 万元贷款申请，但目前还没有消息。

田大妈说："我始终弄不懂，像我们这样的企业，每年交税三四百万元，解决了附近十几个县的蔬菜出路问题，安排了六七千农民就业，从来没有烂账，为啥就贷不到款？"

融资渠道和方式有很多，但适用于中小企业的却较少。像余姚鲜农食品有限公司这样的民营企业融资渠道狭窄、求贷无门的现象，已得到中央的重视，各种创业扶助金融计划正在展开。

■■■ 思 考

1.什么是筹资管理？为什么要进行筹资管理？

2.假如你是余姚鲜农食品有限公司的财务经理，你如何解决该公司的融资问题？

3.有关金融机构如何将党的二十大精神转化为服务"三农"的新动力？如何推进金融产品创新护航乡村振兴？

第一节 筹资管理概述

一、筹资管理的含义

企业筹资，是指企业为了满足其经营活动、投资活动、资本结构调整等需要，运用一定的筹资方式，筹措和获取所需资金的一种行为。资金是企业的血液，是企业设立、生存和发展的物质基础，是企业开展生产经营活动的基本前提。任何一个企业，为了形成生产经营能力、保证生产经营正常运行，都必须拥有一定数量的资金。

筹资活动是企业一项重要的财务活动。如果说企业的财务活动是以现金收支为主的资金流转活动，那么筹资活动则是资金运转的起点。筹资的作用主要有以下两个。

（一）满足经营运转的资金需要

企业筹资能够为企业生产经营活动的正常开展提供财务保障。筹集资金，作为企业资金周转运动的起点，决定着企业资金运动的规模和生产经营发展的程度。企业新建时，要按照企业战略所确定的生产经营规模核定长期资本和流动资金的需要量。在企业日常生产经营过程中，需要维持一定数额的资金，以满足生产经营活动的正常需求。

（二）满足投资发展的资金需要

企业在成长时期，往往因扩大生产经营规模或对外投资而需要大量资金。企业生产经营规模的扩大有两种形式，一种是新建厂房、增加设备，这是外延式的扩大再生产；另一种是引进技术、改进设备，提高固定资产的生产能力，培训工人，提高劳动生产率，这是内涵式的扩大再生产。不管是外延式的扩大再生产还是内涵式的扩大再生产，都会发生扩张性的筹资动机。同时，企业由于战略发展和资本经营的需要，还会积极开拓有发展前景的投资领域，以联营投资、股权投资和债权投资等形式对外投资。生产经营规模扩大和对外投资，往往会产生大额资金的需求。

二、筹资的分类

（一）按企业所筹集资金的权益特性不同分类

按企业所筹集资金的权益特性不同，企业筹资可分为股权筹资、债务筹资及衍生工具筹资三类，这也是企业筹资最常见的分类方法。

股权筹资形成股权资本，是企业依法长期拥有、能够自主调配运用的资本。在企业持续经营期间，投资者不得抽回股权资本，因而股权资本也被称为企业的自有资本、主权资本或股东权益资本。股权资本是企业从事生产经营活动和偿还债务的本钱，是反映企业基本资信状况的一个主要指标。企业的股权资本通过吸收直接投资、发行股票、内部积累等方式取得。股权资本一般不用还本，形成了企业的永久性资本，因而财务风险小，但付出的资本成本相对较高。

股权筹资包括实收资本（股本）、资本公积金、盈余公积金和未分配利润等。其中，实收资本（股本）和实收资本溢价部分形成的资本公积金是投资者的原始投入部分；盈余公积金、未分配利润和部分资本公积金是原始投入资本在企业持续经营中形成的积累。通常，盈余公积金、未分配利润共称为留存收益。股权筹资在经济意义上形成了企业的所有者权益，其金额等于企业资产总额减去负债总额后的金额。

在线视频 4-1

债务筹资是指企业通过借款、发行债券、融资租赁以及赊销商品或服务等方式取得资金，形成在规定期限内需要清偿的债务。由于债务筹资到期要归还本金和支付利息，对企业的经营状况不承担责任，因而具有较大的财务风险，但付出的资本成本相对较低。从经济意义上来说，债务筹资也是债权人对企业的一种投资，也要依法享有企业使用资金所取得的经济利益，因而也可以称其为债权人权益。

衍生工具筹资包括兼具股权与债务特性的混合融资和其他衍生工具融资。我国上市公司目前最常见的混合融资是可转换债券融资，最常见的其他衍生工具融资是认股权证融资。

在线视频 4-2

（二）按企业筹资是否以金融机构为媒介分类

按是否以金融机构为媒介，企业筹资可分为直接筹资和间接筹资两种类型。

直接筹资是企业直接与资金供应者协商融通资本的一种筹资活动。直接筹资方式主要有吸收直接投资、发行股票、发行债券等。通过直接筹资既可以筹集股权资金，也可以筹集债务资金。按法律规定，公司股票、公司债券等有价证券的发行需要通过证券公司等中介机构，但证券公司所起到的只是承销的作用，资金拥有者并未向证券公司让渡资金使用权，因此发行股票、债券属于直接向社会筹资。

间接筹资是企业借助银行等金融机构融通资本的一种筹资活动。在间接筹资方式下，银行等金融机构发挥了中介的作用，预先集聚资金，资金拥有者首先向银行等金融机构让渡资金使用权，然后银行等金融机构将资金提供给企业。间接筹资的基本方式是向银行借款，此外还有融资租赁等方式。间接筹资形成的主要是债务资金，主要用于满足企业资金周转的需要。

（三）按资金的来源不同分类

按资金的来源不同，企业筹资可分为内部筹资和外部筹资两种类型。

内部筹资是指企业通过利润留存形成的筹资类型。内部筹资数额的大小主要取决于企业可分配利润的多少和利润分配政策（股利政策），一般无须花费筹资费用，从而降低了资本成本。

外部筹资是指企业通过向外部筹措资金形成的筹资类型。处于初创期的企业,内部筹资的可能性是有限的;处于成长期的企业,内部筹资往往难以满足需要。这就需要企业广泛地开展外部筹资,如发行股票、债券,取得商业信用、向银行借款,等等。企业向外部筹资大多需要花费一定的筹资费用,从而提高了筹资成本。

因此,企业筹资时首先应利用内部筹资,然后再考虑外部筹资。

（四）按所筹集资金的使用期限不同分类

按所筹集资金的使用期限不同,企业筹资可分为长期筹资和短期筹资两种类型。

长期筹资是指企业筹集使用期限在1年以上的资金的活动。长期筹资的目的主要在于形成和提高企业的生产经营能力,或扩大企业的生产经营规模,或为对外投资筹集资金。长期筹资通常采取吸收直接投资、发行股票、发行债券、取得长期借款、融资租赁等方式,所形成的长期资金主要用于购建固定资产、形成无形资产、进行对外长期投资、垫支流动资金、产品和技术研发等。从资金权益性质来看,长期资金可以是股权资金,也可以是债务资金。

短期筹资是指企业筹集使用期限在1年以内的资金的活动。短期资金主要用于企业的流动资产和日常资金周转,一般在短期内需要偿还。短期筹资通常利用商业信用、短期借款、保理业务等方式。

三、 筹资管理的原则

企业筹资管理的基本原则是在严格遵守国家法律法规的基础上,分析影响筹资的各种因素,权衡资金的性质、数量、成本和风险,合理选择筹资方式,提高筹资效果。

（一）遵循国家法律法规,合法筹措资金

不论是直接筹资还是间接筹资,企业最终都通过筹资行为从社会获取资金。企业的筹资活动不仅为自身的生产经营提供资金来源,而且也会影响投资者的经济利益,影响社会经济秩序。企业的筹资行为和筹资活动必须遵循国家的相关法律法规,依法履行法律法规和投资合同约定的责任,合法合规筹资,依法披露信息,维护各方的合法权益。

（二）分析生产经营情况,正确预测资金需要量

企业筹集资金,首先要合理预测资金需要量。筹资规模与资金需要量应当匹配,既要避免因筹资不足,影响生产经营的正常进行,又要防止筹资过多,造成资金闲置。

（三）合理安排筹资时间,适时取得资金

企业筹集资金,还需要合理预测资金需要的时间。要根据资金需要的具体情况,合理安排资金的筹集时间,适时获取所需资金。使筹资与用资在时间上相衔接,既要避免过早筹集资金形成的资金投放前闲置,又要防止取得资金的时间滞后,错过资金投放的最佳时间。

（四）了解各种筹资渠道，选择资金来源

企业筹集资金要付出资金成本，不同的筹资渠道和筹资方式所取得的资金，其资金成本各有差异。企业应当在考虑筹资难易程度的基础上，针对不同来源资金的成本进行分析，尽可能选择经济、可行的筹资渠道与方式，力求降低筹资成本。

（五）研究各种筹资方式，优化资本结构

企业筹资要综合考虑股权资金与债务资金的关系、长期资金与短期资金的关系、内部筹资与外部筹资的关系，合理安排资本结构，保持适当偿债能力，防范企业财务危机，提高筹资效益。

四、筹资渠道与方式

筹资渠道解决的是资金来源问题，筹资方式则解决通过何种方式取得资金的问题，它们之间存在一定的对应关系。一定的筹资方式可能只适用于某一特定的筹资渠道，但是同一渠道的资金往往可采用不同的方式取得，同一筹资方式又往往适用于不同的筹资渠道。因此，企业在筹资时，应实现两者的合理配合。

筹资渠道是指所筹集资金来源的方向与通道，体现了资金的源泉和流量。我国企业目前的筹资渠道主要包括：①国家财政资金；②银行信贷资金；③非银行金融机构资金；④其他法人单位资金；⑤民间资金；⑥企业内部形成的资金。

筹资方式是指企业取得资金的具体方法和形式，主要包括：①吸收直接投资。优点：有利于增强企业信誉，有利于尽快形成生产经营能力，有利于降低财务风险。缺点：资金成本较高，产权不明晰，容易分散控制权。②发行股票。优点：能够增强企业信誉，没有固定的利息负担，能够降低企业财务风险，增加企业信誉。缺点：资金成本高，容易分散控制权。③银行借款。优点：筹资速度快，筹资成本低，借款弹性好。缺点：筹资风险大，限制条款多，筹资数额有限。④商业信用。优点：筹资速度快，筹资费用低。缺点：借款期限较短。⑤发行债券。优点：资金成本较低，保证控制股权，财务杠杆作用较明显。缺点：筹资风险高，限制条件多，筹资数额有限。⑥融资租赁。优点：可以迅速获得所需资产，融资便利，免遭设备淘汰风险，避免因通货膨胀而造成损失。缺点：租赁成本高，需支付额外担保金，不能享有设备残值。⑦留存收益。优点：不存在筹资费用，增强企业举债能力，所有者可节税。缺点：筹资数额有限，不利于外部筹资，影响股票价格。此外，还有认股权证筹资、可转换债券筹资等方式。

第二节　资金需要量预测

资金需要量是筹资的数量依据，必须科学合理地进行预测。筹资数量预测的基本目的

是保证筹集的资金既能满足生产经营的需要，又不会产生资金多余，造成资金闲置。

一、因素分析法

因素分析法又称分析调整法，是以有关项目基期年度的平均资金需要量为基础，根据预测年度的生产经营任务和资金周转加速的要求，进行分析调整，来预测资金需要量的一种方法。这种方法计算简便，容易掌握，但预测结果不太精确。它通常用于品种繁多、规格复杂、资金用量小的项目。因素分析法的计算公式如下：

$$资金需要量＝（基期资金平均占用额－不合理资金占用额）×（1±预测期销售增减额）$$
$$×（1±预测期资金周转速度变动率）$$

■■■ **思考** 4-1　甲企业上年度资金平均占用额为 2 200 万元，经分析，其中不合理部分为 200 万元，预计本年度销售增长 5％，资金周转加速 2％，请预测甲企业本年度资金需要量。

■■■ **解析**　甲企业本年度资金需要量＝（2 200－200）×（1＋5％）×（1－2％）＝2 058（万元）

二、销售百分比法

（一）基本原理

销售百分比法是根据销售增长与资产增长之间的关系，预测未来资金需要量的方法。企业的销售规模扩大时，要相应增加流动资产；如果销售规模增加很多，还必须增加长期资产。为取得扩大销售所需增加的资产，企业需要筹措资金。这些资金，一部分来自留存收益，另一部分通过外部筹资取得。通常，销售增长率较高时，仅靠留存收益不能满足资金需要，即使获利良好的企业也需外部筹资。因此，企业需要预先知道自己的筹资需求，提前安排筹资计划，否则就可能发生资金短缺问题。

销售百分比法将反映生产经营规模的销售因素与反映资金占用的资产因素连接起来，根据销售与资产之间的数量比例关系，预计企业的外部筹资需要量。销售百分比法首先假设某些资产与销售额存在稳定的比例关系，根据资产与销售额的比例关系预计资产额，根据资产额预计相应的负债和所有者权益，进而确定筹资需要量。

销售百分比法的优点是能为筹资管理提供短期预计的财务报表，以适应外部筹资的需要，且易于使用。但在有关因素发生变动的情况下，必须相应调整原有的销售百分比。

（二）基本步骤

1. 确定随销售额变动而变动的资产和负债项目

资产是资金使用的结果，随着销售额的变动，经营性资产项目将占用更多的资金。同时，随着经营性资产的增加，相应的经营性短期债务也会增加，如存货增加会导致应付账款增加，此类债务被称为"自动性债务"，其可以为企业提供暂时性资金。经营性资产与经营性负债的差额通常与销售额保持稳定的比例关系。这里，经营性资产包括库存现金、应收账款、存货等项目；而经营性负债包括应付票据、应付账款等项目，不包括短期借款、短期融资券、长期负债等筹资性负债项目。

2. 确定经营性资产、经营性负债有关项目与销售额的稳定比例关系

如果企业资金周转的营运效率保持不变，经营性资产与经营性负债会随销售额的变动而呈正比例变动，保持稳定的比例关系。企业应当根据历史资料和同业情况，剔除不合理的资金占用，寻找经营性资产、经营性负债与销售额的稳定比例关系。

3. 确定需要增加的筹资量

预计由于销售增长而需要的资金增长额，扣除利润留存后，即为所需要的外部筹资额。即有

$$外部融资需求量 = \frac{A}{S_1} \times \Delta S - \frac{B}{S_1} \times \Delta S - P \times E \times S_2$$

式中，A 为随销售变化的敏感性资产；B 为随销售变化的敏感性负债；S_1 为基期销售额；S_2 为预测期销售额；ΔS 为销售变动额；P 为销售净利率；E 为利润留存率；$\frac{A}{S_1}$ 为敏感性资产与基期销售额的比例；$\frac{B}{S_1}$ 为敏感性负债与基期销售额的比例。[①]

■■■ **思考 4-2**　光华公司 2018 年 12 月 31 日的简要资产负债表如表 4-1 所示。假定光华公司 2018 年销售额为 1 亿元，销售净利率为 10%，利润留存率为 40%。2019 年销售额预计增长 20%，公司有足够的生产能力，无须追加固定资产投资。请预测光华公司的外部融资需求量。

表 4-1　光华公司资产负债表(2018 年 12 月 31 日)

资　产	金额/万元	销售百分比/%	负债与所有者权益	金额/万元	销售百分比/%
货币资金	500	5	短期借款	2 500	N
应收账款	1 500	15	应付账款	1 000	10
存　货	3 000	30	应交税费	500	5
固定资产	3 000	N	应付债券	1 000	N
			实收资本	2 000	N
			留存收益	1 000	N
合　计	8 000	50	合　计	8 000	15

---

① 销售百分比法预测资金需要量时，计算留存利润是以销售利润为依据的，因此本公式中使用销售净利率指标。这里，销售收入是指产品销售收入，即主营业务收入，销售净利率亦即主营业务净利率。

■■■**解析** 首先,确定有关项目及其与销售额的比例关系。在表 4-1 中,N 表示不变动,是指该项目不随销售的变化而变化。

其次,确定需要增加的资金量。从表 4-1 中可以看出,销售收入每增加 100 万元,必须增加 50 万元的资金占用,但同时自动增加 15 万元的资金来源,两者差额为 35% 的资金需求。因此,每增加 100 万元的销售收入,公司必须取得 35 万元的资金来源。销售额从 1 亿元增加到 1.2 亿元,按照 35% 的比例可预测将增加 700 万元的资金需求。

最后,确定外部融资需求的数量。2019 年的净利润为 1 200 万元(1 200=12 000×10%),利润留存为 40%,则将有 480 万元利润被留存下来,还有 220 万元的资金必须从外部筹集。

根据光华公司的资料,可求得外部融资需求量:

外部融资需求量=50%×2 000-15%×2 000-40%×1 200=220(万元)

三、资金习性预测法

资金习性预测法是根据资金习性预测未来资金需要量的一种方法。所谓资金习性,是指资金变动同产销量变动之间的依存关系。按照资金变动同产销量变动之间的依存关系,可以把资金区分为不变资金、变动资金和半变动资金。

不变资金是指在一定的产销量范围内,不受产销量变动的影响而保持固定不变的那部分资金。也就是说,产销量在一定范围内变动,这部分资金保持不变。这部分资金包括:为维持营业而占用的最低数额的现金,原材料的保险储备,必要的成品储备,厂房、机器设备等固定资产占用的资金。

变动资金是指随产销量的变动而同比例变动的那部分资金。它一般包括直接构成产品实体的原材料、外购件等占用的资金。另外,最低储备以外的现金、存货、应收账款等也具有变动资金的性质。

半变动资金是指虽然受产销量变化的影响,但不与其同比例变动的资金,如一些辅助材料占用的资金。可采用一定的方法将半变动资金划分为不变资金和变动资金两部分。

(一)根据资金占用总额与产销量的关系预测

这种方法是根据历史上企业资金占用总额与产销量之间的关系,把资金分为不变和变动两部分,然后结合预计的销售量来预测资金需要量。

设产销量为自变量 x,资金占用为因变量 y,它们之间的关系可用下式表示:

$$y=a+bx$$

式中,a 为不变资金;b 为单位产销量所需变动资金。

可见,只要求出 a 和 b,并知道预测期的产销量,就可以用上述公式测算资金需要情况。可采用高低点法和线性回归分析法求出 a、b。

1. 高低点法

这种方法,选择业务量最高和最低的两点资料,应用下列公式计算 a、b:

$$b=\frac{最高业务量的资金-最低业务量的资金}{最高业务量-最低业务量}$$

$a=y-bx$（x 和 y 可用业务量最高点或最低点的资料,结果相同)

计算出 b 以后,将其代入 $a=y-bx$,即可计算出 a。

在运用高低点法预测资金需要量时,需要特别注意高低点的选择问题。高低点是指业务量的高低点,与高点业务量对应的资金占用量并不一定是资金占用量的最大值,而与低点业务量对应的资金占用量也不一定是资金占用量的最小值。

■ ■ ■ **思考** 4-3　某企业产销量和资金变化情况如表 4-2 所示。

表 4-2　某企业产销量和资金变化情况

年　度	产销量/万件	资金占用/万元
2014 年	290	250
2015 年	275	230
2016 年	250	240
2017 年	300	265
2018 年	325	270

采用高低点法确定的单位变动资金为(　　)。

A. 0. 4　　　　　B. 0. 53　　　　　C. 0. 42　　　　　D. 0. 8

■ ■ ■ **解析**　正确答案是 A。高低点法是根据业务量的最高点和最低点资料计算单位变动资金的,所以本题应根据 2016 年和 2018 年的数据进行分析计算,$b=(270-240)/(325-250)=0.4$。

2. 线性回归分析法

线性回归分析法是假设资金需要量与营业收入或销售量之间存在线性关系,然后根据历史有关资料,用回归直线方程确定参数预测资金需要量的方法。

资金习性模型为 $y=a+bx$。

根据历史资料确定参数 a、b,按照统计中的最小平方原理,a、b 的计算公式为

$$a=\frac{\sum y}{n}-b\frac{\sum x}{n} \qquad\qquad b=\frac{n\sum xy-\sum x\cdot\sum y}{n\sum x^2-\left(\sum x\right)^2}$$

线性回归分析法的特点是比较科学,精确度高,但是计算繁杂,尤其是 a、b 的计算公式十分复杂,记忆起来较困难。

■ ■ ■ **思考** 4-4　某企业历年产销量和资金变化情况如表 4-3 所示。2019 年预计销售量为 1 500万件,需要预测 2019 年的资金需要量。

表 4-3　某企业产销量和资金变化情况

年　度	产销量(x_i)/万件	资金占用(y_i)/万元
2013 年	1 200	1 000
2014 年	1 100	950
2015 年	1 000	900
2016 年	1 200	1 000
2017 年	1 300	1 050
2018 年	1 400	1 100

■■■ **解析**　该企业资金需要量预测如表 4-4 所示。

表 4-4　资金需要量预测(按总额预测)

年　度	产销量(x_i)/万件	资金占用(y_i)/万元	x_iy_i	x_i^2
2013 年	1 200	1 000	1 200 000	1 440 000
2014 年	1 100	950	1 045 000	1 210 000
2015 年	1 000	900	900 000	1 000 000
2016 年	1 200	1 000	1 200 000	1 440 000
2017 年	1 300	1 050	1 365 000	1 690 000
2018 年	1 400	1 100	1 540 000	1 960 000
合计($n=6$)	$\sum x_i = 7\,200$	$\sum y_i = 6\,000$	$\sum x_iy_i = 7\,250\,000$	$\sum x_i^2 = 8\,740\,000$

代入上述线性回归分析法下 a、b 的计算公式,得出参数 a、b 的值:

$$a = \frac{\sum y}{n} - b\frac{\sum x}{n} = 400$$

$$b = \frac{n\sum xy - \sum x \cdot \sum y}{n\sum x^2 - (\sum x)^2} = 0.5$$

所以资金习性模型 $y = 400 + 0.5x$。

把 2019 年预计销售量 1 500 万件代入上式,得出 2019 年预测资金需要量:

$400 + 0.5 \times 1\,500 = 1\,150$(万元)

应用线性回归分析法必须注意以下几个问题:①假定资金需要量与业务量之间是线性关系符合实际情况;②确定 a、b 数值,应利用连续若干年的历史资料,一般要有 3 年以上的资料;③应考虑价格等因素的变动情况。

(二)采用逐项分析法预测

这种方法是根据各资金占用项目(如现金、存货、应收账款、固定资产)同产销量之间的关系,把各项目的资金都分成变动和不变两部分,然后汇总在一起,求出企业变动资金总额和不变资金总额,进而预测资金需要量。

进行资金习性分析,把资金划分为变动和不变两部分,从数量上掌握了资金同销售量之间的关系,对准确地预测资金需要量有很大帮助。实际上,销售百分比法是资金习性预测法的具体运用。

■■■ **思考 4-5**　某企业 2020—2023 年销售收入与资产及无息流动负债情况如表 4-5 所示。

表 4-5　某企业销售收入与资产及无息流动负债情况　　　　　　　　　　单元:万元

年份	销售收入	货币资金	应收账款	存货	固定资产	无息流动负债
2020	3 000	7 000	10 500	17 500	32 500	5 400
2021	2 500	6 000	8 500	15 500	32 500	4 650
2022	3 400	8 100	12 800	20 000	32 500	6 000
2023	3 500	8 000	10 500	20 500	32 500	6 150

采用逐项分析法建立资金预测模型,并计算 2023 年的资金需要量。

■■■ **解析**　货币资金:$b=(8\ 000-6\ 000)/(3\ 500-2\ 500)=2$,$a=8\ 000-2\times3\ 500=1\ 000$
应收账款:$b=(10\ 500-8\ 500)/(3\ 500-2\ 500)=2$,$a=10\ 500-2\times3\ 500=3\ 500$
存货:$b=(20\ 500-15\ 500)/(3\ 500-2\ 500)=5$,$a=20\ 500-5\times3\ 500=3\ 000$
固定资产:$b=(32\ 500-32\ 500)/(3\ 500-2\ 500)=0$,$a=32\ 500-0\times3\ 500=32\ 500$
流动负债:$b=(6\ 150-4\ 650)/(3\ 500-2\ 500)=1.5$,$a=6\ 150-1.5\times3\ 500=900$
资金预测模型:$Y=(1\ 000+3\ 500+3\ 000+32\ 500-900)+(2+2+5+0-1.5)X$,
即:$Y=39\ 100+7.5X$
2023 年的资金需要量:$Y=39\ 100+7.5X=39\ 100+7.5\times3\ 500=65\ 350$(万元)

【复习思考题】

1.简述融资方式和融资渠道的区别。

2.结合实际谈谈中小企业融资方式和大型企业融资方式的差异。

3.论述影响中小企业融资难的原因及解决措施。

4.简述中小企业资金需要量预测方法。

5.多渠道融资对于促进创新和可持续发展有何意义?

【自测题】

在线测试

第五章

筹资管理决策

■■■ 学习目标

通过本章学习,学生应能准确把握资本成本对筹资决策的影响,理解杠杆效应,掌握资本结构决策的方法。

■■■ 关键知识点

资本成本的计算,杠杆效应的运用,资本结构的决策。

■■■ 案例导入

固特异轮胎橡胶公司是著名的橡胶产品制造商。尽管它在轮胎制造业中是世界的领先者,但当它试图转入石油和天然气行业,并建造一条从得克萨斯州到加利福尼亚州的石油管道时遇到了困难。

1986 年 12 月,固特异公司开始对其 4 000 万股股份以每股 50 美元的价格进行现金投标报价,这表示超出两个月的股票价格溢价 50%。股票市场的反应是大幅度提升公司的股票价格。为什么公司要购回几乎一半的流通股呢?一个原因是其面临并购的威胁。公司想通过新债务和出售主要资产筹资来回购股票以阻止其他公司的并购。结果是大幅度增加了公司对债务的依赖。表 5-1 反映了公司长期债务与权益之比的变化,从 1985 年的 28.4% 增加到了 1988 年的 150.2%。

表 5-1　固特异公司长期债务与权益之比的变化情况

项　目	1985 年	1986 年	1987 年	1988 年
长期债务/百万美元	997.5	2 487.5	3 282.4	3 044.8
权益/百万美元	3 507.4	3 002.6	1 834.4	2 027.1
流通在外股票/百万美元	216.2	194.2	114.0	114.9
权益收益率(ROE)/%	8.6	9.2	24.0	17.7

另外,公司的利息费用从 1985 年的 1.01 亿美元增加到了 1987 年的 2.82 亿美元,且应税所得减少。但同时,由于对债务更多的依赖,公司的信用被穆迪(Moody's)和标准普尔降级。更重要的是,公司声称,由于对债务的依赖,其被迫缩减已计划的研究开发和资本支出。它的

资本支出水平从 1986 年的约 15 亿美元减少到了 1988 年的 7.54 亿美元。当公司的主要竞争者宣布增加其在南非轮胎市场的资本支出时，公司不能通过自身的支付水平予以抵抗。1986 年公司借债回购股票时，又不得不出售大部分非轮胎资产以偿还新债务，而且在 1987 年 12 月，公司出售了 Celeron（一家石油和天然气公司），阻止了公司的进一步多样化发展。

■■■ 思　考

1. 从本案例看出增加债务的决策对公司带来了哪些方面的影响？

2. 如何合理确定权益资本与债务资本的比例？

3. 企业如何在融资决策中平衡经济利益与社会责任？

第一节　资本成本

企业进行筹资管理，不仅要合理选择筹资方式，还要科学安排资本结构。资本结构优化是企业筹资管理的基本目标，也会对企业的生产经营安排产生制约性的影响。资本成本是资本结构优化的标准，不同性质的资本所具有的资本成本特性带来了杠杆效应。

资本成本是衡量资本结构优化程度的标准，也是对投资获得的经济效益的最低要求。企业筹得的资本付诸使用以后，只有投资报酬率高于资本成本，才能表明所筹集的资本取得了较好的经济效益。

一、资本成本的含义

资本成本是指企业为筹集和使用资本而付出的代价，包括筹资费用和占用费用。资本成本是资本所有权与资本使用权分离的结果。对出资者而言，由于其让渡了资本使用权，必须要求取得一定的补偿，资本成本表现为让渡资本使用权所带来的投资报酬。对筹资者而言，由于其取得了资本使用权，必须支付一定代价，资本成本表现为取得资本使用权所付出的代价。

（一）筹资费

筹资费，是指企业在资本筹措过程中为获得资本而付出的代价，如向银行支付的借款手续费，因发行股票、公司债券而支付的发行费，等等。筹资费通常在资本筹集时一次性发生，在资本使用过程中不再发生，因此，其被视为筹资数额的一项扣除。

（二）占用费

占用费，是指企业在资本使用过程中因占用资本而付出的代价，如向银行等债权人支付的利息、向股东支付的股利等。占用费是因为占用了他人资金而必须支付的费用,是资本成本的主要内容。

二、资本成本的作用

(一)资本成本是比较筹资方式、选择筹资方案的依据

资本成本是比较、评价各种筹资方式的依据。在评价各种筹资方式时,一般会考虑的因素包括对企业控制权的影响、对投资者吸引力的大小、融资的难易和风险、资本成本的高低等,资本成本是其中的重要因素。在其他条件相同时,企业筹资应选择资本成本最低的方式。

(二)平均资本成本是衡量资本结构是否合理的依据

企业财务管理的目标是企业价值最大化,企业价值是企业资产带来的未来经济利益的现值。计算现值时采用的贴现率通常会选择企业的平均资本成本,当平均资本成本率最小时,企业价值最大,此时的资本结构是企业理想的最佳资本结构。

(三)资本成本是评价投资项目可行性的主要标准

资本成本通常用相对数表示,它是企业对投入资本所要求的报酬率(或收益率),即最低必要报酬率。任何投资项目,如果它预期的投资报酬率超过该项目使用资金的资本成本率,则该项目在经济上就是可行的。因此,资本成本率是企业确定项目要达到的投资报酬率的最低标准。

(四)资本成本是评价企业整体业绩的重要依据

一定时期内企业资本成本的高低,不仅反映企业筹资管理的水平,还可作为评价企业整体经营业绩的标准。企业的生产经营活动,实际上就是所筹集资本经过投放后形成的资产营运,企业的总资产报酬率高于其平均资本成本率,才能带来剩余收益。

三、影响资本成本的因素

(一)总体经济环境

总体经济环境和状况决定企业所处的国民经济发展状况和水平以及预期的通货膨胀。总体经济环境变化的影响,反映在无风险报酬率上,如果国民经济保持健康、稳定、持续增长,整个社会经济的资金供给和需求相对均衡且通货膨胀水平低,资金所有者投资风险小,预期报酬率低,筹资的资本成本相应就比较低。相反,如果国民经济不景气或者经济过热,通货膨胀水平持续居高不下,资金所有者投资风险大,预期报酬率高,筹资的资本成本就比较高。

（二）资本市场效率

资本市场效率表现为资本市场上的资本商品的市场流动性。资本商品的流动性高，表现为容易变现且变现时价格波动较小。如果资本市场缺乏效率，证券的市场流动性低，投资者投资风险大，要求的预期报酬率高，那么通过资本市场筹资的资本成本就比较高。

（三）企业经营状况和融资状况

企业内部经营风险是企业投资决策的结果，表现为资产报酬率的不确定性；企业融资状况导致的财务风险是企业筹资决策的结果，表现为股东权益报酬率的不确定性。两者共同构成企业总体风险，如果企业经营风险高，财务风险大，则企业总体风险水平高，投资者要求的预期报酬率高，企业筹资的资本成本相应就大。

（四）企业对筹资规模和时限的需求

在一定时期内，国民经济体系中资金供给总量是一定的，资本是一种稀缺资源。因此企业一次性需要筹集的资金规模越大、占用资金时限越长，资本成本就越高。当然，筹资规模、时限与资本成本的正向相关性并非线性关系，一般说来，筹资规模在一定限度内，并不引起资本成本的明显变化，当筹资规模突破一定限度时，才引起资本成本的明显变化。

四、个别资本成本的计算

个别资本成本是指单一融资方式的资本成本，包括银行借款资本成本、公司债券资本成本、优先股资本成本、普通股资本成本和留存收益资本成本等，其中前两种是债务资本成本，后三种是权益资本成本。个别资本成本率可用于比较和评价各种筹资方式。

（一）资本成本计算的基本模式

（1）一般模式。为了便于分析比较，资本成本通常不考虑用资金时间价值的一般通用模型计算，而用相对数即资本成本率表达。计算时，将初期的筹资费用作为筹资额的一项扣除，扣除筹资费用后的筹资额称为筹资净额，通用的计算公式是

在线视频 5-1

$$资本成本率 = \frac{年资金占用费}{筹资总额 - 筹资费用} = \frac{年资金占用费}{筹资总额 \times (1 - 筹资费用率)}$$

应注意，若资金来源为负债，还存在税前资本成本和税后资本成本的区别。计算税后资本成本需要从年资金占用费中减去资金占用费税前扣除导致的所得税节约额。

（2）折现模式。对于金额大、时间超过 1 年的长期资本，更准确一些的资本成本计算方式是采用折现模式，即将债务未来还本付息或股权未来股利分红的折现值与目前筹资净额相等时的折现率作为资本成本率。因为

$$筹资净额现值 - 未来资本清偿额现金流量现值 = 0$$

得

$$资本成本率 = 所采用的折现率$$

（二）银行借款资本成本的计算

银行借款资本成本包括借款利息和借款手续费用。利息费用税前支付，可以起抵税作用，一般计算税后资本成本率，税后资本成本率与权益资本成本率具有可比性。银行借款资本成本率按一般模式计算为

$$K_l = \frac{年利率 \times (1 - 所得税税率)}{1 - 筹资费用率} \times 100\% = \frac{i(1-T)}{1-f} \times 100\%$$

式中，K_l 为银行借款资本成本率；i 为银行借款年利率；f 为筹资费用率；T 为所得税税率。

由于银行借款的手续费很低，上式中的 f 常常可以忽略不计，则银行借款资本成本率（按一般模式）的计算公式可简化为

$$K_l = i(1-T)$$

对于长期借款，考虑时间价值问题，还可以用折现模式计算资本成本率。

【例 5-1】 某企业取得 5 年期长期借款 200 万元，年利率为 10%，每年付息一次，到期一次还本，借款费用率为 0.2%，企业所得税税率为 25%，该项借款的资本成本率为

$$K_l = \frac{10\% \times (1 - 25\%)}{1 - 0.2\%} \times 100\% \approx 7.52\%$$

考虑时间价值，该项长期借款的资本成本计算如下（M 为借款本金）：

$$M(1-f) = \sum_{t=1}^{n} \frac{i_t(1-T)}{(1+K_l)^t} + \frac{M}{(1+K_l)^n}$$

即 $200 \times (1 - 0.2\%) = 200 \times 10\% \times (1 - 25\%) \times (P/A, K_l, 5) + 200 \times (P/F, K_l, 5)$
按插值法计算，得
$K_l = 7.58\%$

（三）公司债券资本成本的计算

公司债券资本成本包括债券利息和借款发行费用。债券可以溢价发行，也可以折价发行，其资本成本率按一般模式计算为

$$K_b = \frac{年利息 \times (1 - 所得税税率)}{债券筹资总额 \times (1 - 筹资费用率)} \times 100\% = \frac{I(1-T)}{L(1-f)} \times 100\%$$

式中，L 为公司债券实际筹资总额；I 为公司债券年利息。

【例 5-2】 某企业以 1 100 元的价格，溢价发行面值为 1 000 元、期限 5 年、票面利率为 12% 的公司债券一批。每年付息一次，到期一次还本，发行费用率为 3%，企业所得税税率为 25%。该批债券的资本成本率为

$$K_b = \frac{1\,000 \times 12\% \times (1 - 25\%)}{1\,100 \times (1 - 3\%)} \times 100\% \approx 8.43\%$$

考虑时间价值，该项公司债券的资本成本计算如下：

$1\,100\times(1-3\%)=1\,000\times12\%\times(1-25\%)\times(P/A,K_b,5)+1\,000\times(P/F,K_b,5)$

按插值法计算,得

$K_b=7.39\%$

(四)优先股资本成本的计算

优先股的股息是固定的,且股息由税后净利润支付,不具有所得税的抵税作用。发行时要支付发行费用,根据股息固定的股价计算公式,优先股资本成本率计算公式为

$$K_p=\frac{D_p}{P_p(1-f_p)}$$

式中,K_p 为优先股资本成本率;D_p 为年支付优先股股利;P_p 为优先股股票价格;f_p 为优先股发行费率。

【例 5-3】 某公司发行的优先股每股发行价格为 100 元,年股息率为 11%,发行费率为发行价格的 2.5%。该优先股资本成本为

$$K_p=\frac{100\times11\%}{100\times(1-2.5\%)}\approx11.28\%$$

(五)普通股资本成本的计算

普通股资本成本主要是指向股东支付的各期股利。由于各期股利并不一定固定,随企业各期收益波动,因此普通股资本成本只能按贴现模式计算,并假定各期股利的变化具有一定的规律。如果是上市公司普通股,其资本成本还可以根据该公司的股票收益率与市场收益率的相关性,按资本资产定价模型法估计。

在线视频 5-2

(1)股利增长模型法。假定资本市场有效,股票市场价格与价值相等。假定某股票本期支付的股利为 D_0,未来各期股利按速度 g 增长。目前股票市场价格为 P_0,则普通股资本成本率计算公式为

$$K_s=\frac{D_0(1+g)}{P_0(1-f)}+g=\frac{D_1}{P_0(1-f)}+g$$

【例 5-4】 某公司普通股市价为 30 元,筹资费用率为 5%,本年发放的现金股利为每股 0.6 元,预期股利年增长率为 10%。则

$$K_s=\frac{0.6\times(1+10\%)}{30\times(1-5\%)}+10\%\approx12.32\%$$

(2)资本资产定价模型法。假定资本市场有效,股票市场价格与价值相等。假定无风险报酬率为 R_f,市场平均报酬率为 R_m,股票贝塔系数为 β,则普通股资本成本率计算公式为

$$K_s=R_s=R_f+\beta(R_m-R_f)$$

【例 5-5】 某公司普通股贝塔系数为 1.5,此时 1 年期国债利率为 5%,市场平均报酬率为 15%,则该普通股资本成本率为

$$K_s=5\%+1.5\times(15\%-5\%)=20\%$$

（六）留存收益资本成本的计算

留存收益是企业税后净利形成的，是一种所有者权益，其实质是所有者向企业的追加投资。企业利用留存收益筹资无须发生筹资费用。如果企业将留存收益用于再投资，所获得的收益率低于股东自己进行一项风险相似的投资项目的收益率，企业就应该将其分配给股东。留存收益的资本成本率，表现为股东追加投资要求的报酬率，其计算与普通股资本成本率相同，也分为股利增长模型法和资本资产定价模型法，不同点在于计算留存收益资本成本率不考虑筹资费用。

五、平均资本成本的计算

平均资本成本是指多元化融资方式下的综合资本成本，反映了企业资本成本整体水平的高低。在衡量和评价单一融资方案时，需要计算个别资本成本；在衡量和评价企业筹资总体的经济性时，需要计算企业的平均资本成本。平均资本成本用于衡量企业资本成本水平，确定企业理想的资本结构。

企业平均资本成本，是以各项个别资本在企业总资本中的比重为权数，对各项个别资本成本率进行加权平均而得到的总资本成本率。计算公式为

$$K_w = \sum_{j=1}^{n} K_j W_j$$

式中，K_w 为平均资本成本；K_j 为第 j 种个别资本成本；W_j 为第 j 种个别资本在全部资本中的比重。

平均资本成本的计算，存在着权数价值的选择问题，即各项个别资本按什么权数来确定资本比重。通常，可供选择的价值形式有账面价值、市场价值、目标价值等。

1. 账面价值权数

即以各项个别资本的会计报表账面价值为基础来计算资本权数，确定各项个别资本占总资本的比重。其优点是资料容易取得，可以直接从资产负债表中得到，而且计算结果比较稳定。其缺点是，当债券和股票的市价与账面价值差距较大时，按账面价值计算出来的资本成本，不能反映目前从资本市场上筹集资本的现时机会成本，不适合评价现时的资本结构。

2. 市场价值权数

即以各项个别资本的现行市价为基础来计算资本权数，确定各类资本占总资本的比重。其优点是能够反映现时的资本成本水平，有利于进行资本结构决策。但现行市价经常处于变动之中，不容易取得，而且现行市价反映的只是现时的资本结构，不适用于未来的筹资决策。

3. 目标价值权数

即以各项个别资本预计的未来价值为基础来确定资本权数，确定各项个别资本占总资本的比重。目标价值是目标资本结构要求下的产物，是公司筹措和使用资金对资本结构的一种要求。对于公司筹措新资金，需要反映期望的资本结构来说，目标价值是有益的，适用于未来的筹资决策，但目标价值的确定难免具有主观性。

以目标价值为基础计算资本权数,能体现决策的相关性。目标价值权数的确定,可以选择未来的市场价值,也可以选择未来的账面价值。选择未来的市场价值,与资本市场现状联系比较紧密,能够与现时的资本市场环境状况结合起来。目标价值权数的确定一般以现时市场价值为依据。但市场价值波动频繁,可行方案是选用市场价值的历史平均值,如 30 日、60 日、120 日均价等。总之,目标价值权数是主观愿望和预期的表现,依赖于财务经理的价值判断和职业经验。

【例 5-6】　万达公司 2017 年期末的长期资本账面总额为 1 000 万元,其中:银行长期贷款 400 万元,占 40%;长期债券 150 万元,占 15%;普通股 450 万元,占 45%。长期贷款、长期债券和普通股的个别资本成本分别为 5%、6%、9%。普通股市场价值为 1 600 万元,债务市场价值等于账面价值。该公司的平均资本成本率计算如下

按账面价值计算:
$$K_w = 5\% \times 40\% + 6\% \times 15\% + 9\% \times 45\% = 6.95\%$$

按市场价值计算:
$$K_w = \frac{5\% \times 400 + 6\% \times 150 + 9\% \times 1\ 600}{400 + 150 + 1\ 600} = \frac{173}{2\ 150} \approx 8.05\%$$

六、边际资本成本的计算

边际资本成本是企业追加筹资的成本。企业的个别资本成本和平均资本成本,是企业过去筹集的单项资本的成本和目前使用的全部资本的成本。然而,企业在追加筹资时,不能仅仅考虑目前所使用资本的成本,还要考虑新筹集资金的成本,即边际资本成本。边际资本成本是企业进行追加筹资的决策依据。筹资方案组合时,边际资本成本的权数采用目标价值权数。

【例 5-7】　宁馨公司现有资本 1 亿元,其资本结构为:长期借款 15%,债券 25%,普通股 60%。公司管理层认为现有资本结构比较合理,可以作为目标资本结构。公司为扩大经营规模,拟追加筹资。追加筹资的个别资本成本预测情况如表 5-2 所示。

表 5-2　追加筹资的个别资本成本预测表

筹资方式	资本结构(目标)	筹资数额	个别资本成本
长期借款	15%	45 万元以内	5%
		45 万元以上	6%
发行债券	25%	250 万元以内	11%
		250 万元以上	12%
发行普通股	60%	330 万元以内	14%
		330 万元以上	15%

各筹资方式下的筹资总额分界(突破)点计算如下:

长期借款筹资总额分界点:45/15%=300(万元)

发行债券筹资总额分界点:250/25%=1 000(万元)

发行普通股筹资总额分界点:330/60%=550(万元)

根据筹资总额分界点可将筹资总额划分为如下 4 个范围:0～300 万元;300 万～550 万元;550 万～1000 万元;1000 万元以上。在不同的筹资总额范围内,长期借款、债券、普通股的目标资本结构始终保持不变,即长期借款 15％、债券 25％、普通股 60％。

当筹资总额范围为 0～300 万元时,长期借款、发行债券、发行普通股的个别资本成本分别为 5％、11％和 14％,则该筹资范围内的综合资本成本为

$$15％×5％+25％×11％+60％×14％=11.9％$$

当筹资总额范围为 300 万～550 万元时,长期借款、发行债券、发行普通股的个别资本成本分别为 6％、11％和 15％,则该筹资范围内的综合资本成本为

$$15％×6％+25％×11％+60％×14％=12.05％$$

当筹资总额范围为 550 万～1000 万元时,长期借款、发行债券、发行普通股的个别资本成本分别为 6％、11％和 15％,则该筹资范围内的综合资本成本为:

$$15％×6％+25％×11％+60％×15％=12.65％$$

当筹资总额范围为 1 000 万元以上时,长期借款、发行债券、发行普通股的个别资本成本分别为 6％、12％和 15％,则该筹资范围内的综合资本成本为:

$$15％×6％+25％×12％+60％×15％=12.9％$$

如果公司追加筹资总额为 1 500 万元,根据上述综合资本成本计算得知其追加筹资的边际资本成本为 12.9％。

第二节　杠杆效应

财务管理中存在着类似于物理学中的杠杆效应,表现为:由于特定固定支出或费用的存在,导致当某一财务变量以较小幅度变动时,另一相关变量会以较大幅度变动。财务管理中的杠杆效应,包括经营杠杆效应、财务杠杆效应和总杠杆效应三种形式。杠杆效应既可以产生杠杆利益,也可能带来杠杆风险。

一、经营杠杆效应

(一)经营杠杆

经营杠杆,是指由于固定性经营成本的存在,使得企业的资产报酬(息税前利润)变动率大于产销业务量变动率的现象。经营杠杆反映了资产报酬的波动性,用以评价企业的经营风险。用息税前利润($EBIT$)表示资产总报酬,则

$$EBIT=S-V-F=(P-V_c)Q-F=M-F$$

式中,$EBIT$ 为息税前利润;S 为销售额;V 为变动性经营成本;F 为固定性经营成本;Q 为产销业务量;P 为销售单价;V_c 为单位变动成本;M 为边际贡献。

上式中,影响 $EBIT$ 的因素包括产品售价、产品需求、产品成本等。当产品成本中存在

固定成本时,如果其他条件不变,产销业务量的增加虽然不会改变固定成本总额,但会降低单位产品分摊的固定成本,从而提高单位产品利润,使息税前利润的增长率大于产销业务量的增长率,进而产生经营杠杆效应。当不存在固定性经营成本时,所有成本都是变动性经营成本,边际贡献等于息税前利润,此时息税前利润变动率与产销业务量的变动率完全一致。

(二)经营杠杆系数

只要企业存在固定性经营成本,就存在经营杠杆效应。但不同的产销业务量,其经营杠杆效应的程度是不一致的。测算经营杠杆效应程度的常用指标为经营杠杆系数。经营杠杆系数(DOL),是息税前利润变动率与产销业务量变动率的比,计算公式为

$$DOL = \frac{息税前利润变动率}{产销量变动率} = \frac{\Delta EBIT}{EBIT} \div \frac{\Delta Q}{Q}$$

式中,DOL 为经营杠杆系数;$\Delta EBIT$ 为息税前利润变动额;ΔQ 为产销业务量变动值。

上式经整理,经营杠杆系数的计算也可以简化为

$$DOL = \frac{基期边际贡献}{基期息税前利润} = \frac{M}{M-F} = \frac{EBIT+F}{EBIT}$$

【例5-8】　泰华公司产销某种服装,固定成本为 500 万元,变动成本率为 70%。年产销额为 5 000 万元时,变动成本为 3 500 万元,固定成本为 500 万元,息税前利润为 1 000 万元;年产销额为 7 000 万元时,变动成本为 4 900 万元,固定成本仍为 500 万元,息税前利润为 1 600 万元。可以看出,该公司产销量增长 40%,息税前利润随之增长了 60%,产生了 1.5 倍的经营杠杆效应。

$$DOL = \frac{\Delta EBIT}{EBIT} \div \frac{\Delta Q}{Q} = \frac{600}{1\ 000} \div \frac{2\ 000}{5\ 000} = 1.5$$

$$DOL = \frac{M}{EBIT} = \frac{5\ 000 \times 30\%}{1\ 000} = 1.5$$

(三)经营杠杆与经营风险

经营风险是指企业生产经营上的原因所导致的资产报酬波动的风险。企业经营风险产生的主要原因是市场需求和生产成本等因素的不确定性。经营杠杆本身并不是资产报酬不确定的根源,只是资产报酬波动的表现。但是,经营杠杆放大了市场需求和生产成本等因素变化对利润波动的影响。经营杠杆系数越高,表明资产报酬等利润波动程度越大,经营风险也就越大。根据经营杠杆系数的计算公式,有

$$DOL = \frac{EBIT+F}{EBIT} = 1 + \frac{F}{EBIT}$$

上式表明,在企业不发生经营性亏损、息税前利润为正的前提下,经营杠杆系数最低为1,不会为负数;只要有固定性经营成本存在,经营杠杆系数就总是大于1。

从上式可知,影响经营杠杆效应的因素包括企业成本结构中的固定成本比重、息税前利润水平。其中,息税前利润水平又受产品销售数量、销售价格、成本水平(单位变动成本和固

定成本总额)的影响。固定成本比重越高、成本水平越高、产品销售数量和销售价格水平越低,经营杠杆效应就越大,反之亦然。

【例 5-9】 某企业生产 A 产品,固定成本为 100 万元,变动成本率为 60%,当销售额分别为 1 000 万元、500 万元、250 万元时,经营杠杆系数分别为

$$DOL_{1\,000}=\frac{1\,000-1\,000\times60\%}{1\,000-1\,000\times60\%-100}\approx1.33$$

$$DOL_{500}=\frac{500-500\times60\%}{500-500\times60\%-100}=2$$

$$DOL_{250}=\frac{250-250\times60\%}{250-250\times60\%-100}\rightarrow\infty$$

上例计算结果表明,在其他因素不变的情况下,销售额越小,经营杠杆系数越大,经营风险也就越大,反之亦然。如销售额为 1 000 万元时,DOL 为 1.33;销售额为 500 万元时,DOL 为 2。显然后者的不稳定性大于前者,经营风险也大于前者。在销售额处于盈亏临界点 250 万元时,经营杠杆系数趋于无穷大,此时企业销售额稍有减少便会导致大的亏损。

二、财务杠杆效应

(一)财务杠杆

财务杠杆,是指由于固定性资本成本的存在,使得企业的普通股收益(或每股收益)变动率大于息税前利润变动率的现象。财务杠杆反映了股权资本报酬的波动性,用以评价企业的财务风险。用普通股收益或每股收益表示普通股权益资本报酬,则

$$TE=(EBIT-I)(1-T)$$
$$EPS=(EBIT-I)(1-T)/N$$

式中,TE 为全部普通股净收益;EPS 为每股收益;I 为债务资本利息;T 为所得税税率;N 为普通股股数。

上式中,影响普通股收益的因素包括资产报酬、资本成本、所得税税率等。当固定利息费用等资本成本存在时,如果其他条件不变,息税前利润的增加虽然不改变固定利息费用总额,但会降低每一元息税前利润分摊的利息费用,从而提高每股收益,使得普通股收益的增长率大于息税前利润的增长率,进而产生财务杠杆效应。当不存在固定利息、股息等资本成本时,息税前利润就是利润总额,此时利润总额变动率与息税前利润变动率完全一致。如果前后两期所得税税率和普通股股数保持不变,则每股收益的变动率与利润总额的变动率也完全一致,进而与息税前利润变动率一致。

(二)财务杠杆系数

只要企业融资方式中存在固定性资本成本,就存在财务杠杆效应。如固定利息、固定融资租赁费等的存在,都会产生财务杠杆效应。在同一固定的资本成本支付水平上,不同的息税前利润水平对固定资本成本的承担是不一样的,其财务杠杆效应的程度是不一致的。测

算财务杠杆效应程度的常用指标为财务杠杆系数。财务杠杆系数(DFL),是每股收益变动率与息税前利润变动率的倍数,计算公式为

$$DFL = \frac{每股收益变动率}{息税前利润变动率} = \frac{\Delta EPS/EPS}{\Delta EBIT/EBIT}$$

上式经整理,财务杠杆系数的计算公式也可以简化为

$$DFL = \frac{息税前利润总额}{息税前利润总额-利息-优先股股利/(1-T)} = \frac{EBIT}{EBIT-I-D/(1-T)}$$

【例 5-10】 有 A、B、C 三个公司,资本总额均为 1 000 万元,假设所得税税率均为 30%,每股面值均为 1 元。A 公司资本全部由普通股组成;B 公司资本中有债务资本 300 万元(利率 10%),普通股 700 万元;C 公司资本中有债务资本 500 万元(利率 10.8%),普通股 500 万元。三个公司 2017 年 EBIT 均为 200 万元,2018 年 EBIT 均为 300 万元,EBIT 增长了50%。有关财务指标如表 5-3 所示。

表 5-3　普通股收益及财务杠杆系数的计算

利润项目		A 公司	B 公司	C 公司
普通股股数/万股		1 000	700	500
利润总额/万元	2017 年	200	170	146
	2018 年	300	270	246
利润总额增长率/%		50.00	58.82	68.49
净利润/万元	2017 年	140	119	102.20
	2018 年	210	189	172.20
净利润增长率/%		50.00	58.82	68.49
普通股收益/万元	2017 年	140	119	102.20
	2018 年	210	189	172.20
普通股收益增长率/%		50.00	58.82	68.49
普通股每股收益/元	2017 年	0.14	0.17	0.20
	2018 年	0.21	0.27	0.34
普通股每股收益增长率/%		50.00	58.82	70.00
财务杠杆系数		1.00	1.18	1.40

可见,资本成本的固定性资本所占比重越高,财务杠杆系数就越大。A 公司由于不存在固定性资本成本,没有财务杠杆效应;B 公司存在债务资本,其普通股每股收益增长幅度是息税前利润增长幅度的 1.18 倍;C 公司存在债务资本,并且债务资本的比重比 B 公司高,其普通股每股收益增长幅度是息税前利润增长幅度的 1.40 倍。

(三)财务杠杆与财务风险

财务风险是指企业筹资原因产生的资本成本负担所导致的普通股收益波动的风险。企

业财务风险产生的主要原因是资产报酬的不利变化和资本成本的固定负担。由于财务杠杆的作用,当企业的息税前利润下降时,企业仍然需要支付固定的资本成本,导致普通股剩余收益以更快的速度下降。财务杠杆放大了资产报酬变化对普通股收益的影响,财务杠杆系数越高,表明普通股收益的波动程度越高,财务风险也就越大。只要有固定性资本成本存在,财务杠杆系数就总是大于1。

从财务杠杆系数计算公式可知,影响财务杠杆效应的因素包括企业资本结构中债务资本比重、普通股收益水平、所得税税率水平。其中,普通股收益水平又受息税前利润、固定性资本成本(利息)的影响。债务成本比重越高、固定性资本成本支付额越高、息税前利润水平越低,财务杠杆效应越大;反之亦然。

【例 5-11】 在例 5-10 中,A、B、C 三个公司 2017 年的财务杠杆系数分别为 1.00、1.18、1.40。这意味着,如果 *EBIT* 下降,A 公司的 *EPS* 与之同步下降,而 B 公司和 C 公司的 *EPS* 会以更大的幅度下降。导致各公司 *EPS* 不为负数的 *EBIT* 最大降幅如表 5-4 所示。

表 5-4　*EPS*、*EBIT* 与 *DFL* 的关系

公 司	*DFL*	*EPS* 降低幅度/%	*EBIT* 降低幅度/%
A	1.00	100.00	100.00
B	1.18	100.00	84.75
C	1.40	100.00	71.43

上述结果意味着,2018 年在 2017 年的基础上,C 公司 *EBIT* 降低 71.43%,普通股收益会下降;B 公司 *EBIT* 降低 84.75%,普通股收益会下降;A 公司 *EBIT* 降低 100%,普通股收益会下降。显然,C 公司不能支付利息、不能满足普通股股利要求的财务风险远高于其他两个公司。

三、总杠杆(复合杠杆)效应

(一)复合杠杆

经营杠杆和财务杠杆可以单独发挥作用,也可以综合发挥作用,总杠杆(复合杠杆)反映了经营杠杆和财务杠杆共同作用的结果,即权益资本报酬与产销业务量之间的变动关系。固定性经营成本的存在,产生经营杠杆效应,导致产销业务量变动对息税前利润变动有放大作用;固定性资本成本的存在,产生财务杠杆效应,导致息税前利润变动对普通股收益有放大作用。两种杠杆共同作用,将导致产销业务量的变动引起普通股每股收益更大的变动。

总杠杆是指由于固定性经营成本和固定性资本成本的存在,导致普通股每股收益变动率大于产销业务量变动率的现象。

(二)总杠杆系数

只要企业同时存在固定性经营成本和固定性资本成本,就存在总杠杆效应。产销量变

动通过息税前利润的变动传导至普通股收益,使得普通股每股收益发生更大的变动。用总杠杆系数(DTL)表示总杠杆效应程度,可见,总杠杆系数是经营杠杆系数和财务杠杆系数的乘积,是普通股每股收益变动率相当于产销量变动率的倍数,计算公式为

$$DTL = \frac{普通股每股收益变动率}{产销量变动率}$$

上式经整理,总杠杆系数的计算公式也可以简化为

$$DTL = DOL \times DFL = \frac{基期边际贡献}{基期利润总额} = \frac{M}{M-F-I}$$

【例 5-12】 某企业有关资料如表 5-5 所示,可以分别计算其 2018 年经营杠杆系数、财务杠杆系数和总杠杆系数。

表 5-5 杠杆系数计算

项　　目	2017 年	2018 年	变动率/%
销售收入(售价 10 元)/万元	1 000	1 200	20
边际贡献(单位 4 元)/万元	400	480	20
固定成本/万元	200	200	0
息税前利润($EBIT$)/万元	200	280	40
利息/万元	50	50	0
利润总额/万元	150	230	53.33
净利润(税率 20%)/万元	120	184	53.33
每股收益(200 万股)/元	0.60	0.92	53.33
经营杠杆系数(DOL)			2.00
财务杠杆系数(DFL)			1.33
总杠杆系数(DTL)			2.66

(三)总杠杆与公司风险

公司风险包括经营风险和财务风险。总杠杆系数反映了经营杠杆和财务杠杆之间的关系,用以评价企业的整体风险水平。在总杠杆系数一定的情况下,经营杠杆系数与财务杠杆系数此消彼长。总杠杆效应的意义在于:第一,能够说明产销业务量变动对普通股收益的影响,据以预测未来的每股收益水平;第二,揭示了财务管理的风险管理策略,即要保持一定的风险状况水平,需要维持一定的总杠杆系数,经营杠杆和财务杠杆可以有不同的组合。

一般来说,固定资产比重较大的资本密集型企业,经营杠杆系数大,经营风险大,企业筹资主要依靠权益资本,保持较小的财务杠杆系数和财务风险;变动成本比重较大的劳动密集型企业,经营杠杆系数小,经营风险小,企业筹资主要依靠债务资本,保持较大的财务杠杆系数和财务风险。

一般来说,在企业初创阶段,产品市场占有率低,产销业务量小,经营杠杆系数大,此时

企业筹资主要依靠权益资本,在较低程度上使用财务杠杆;在企业扩张成熟期,产品市场占有率高,产销业务量大,经营杠杆系数小,此时企业可扩大债务资本,在较高程度上使用财务杠杆。

第三节 资本结构

资本结构的确定与管理是企业筹资管理的核心问题。企业应综合考虑有关影响因素,运用适当的方法确定最佳资本结构,提升企业价值。如果企业现有资本结构不合理,应通过筹资活动优化予以调整,使其趋于科学合理。

一、资本结构的含义

资本结构是指企业资本总额中各种资本的构成及其比例关系。筹资管理中,资本结构有广义和狭义之分。广义的资本结构包括全部债务与股东权益的构成比例;狭义的资本结构则指长期负债与股东权益资本的构成比例。狭义资本结构下,短期债务被作为营运资金来管理。本书所指的资本结构通常仅是狭义的资本结构,也就是债务资本在企业全部资本中所占的比重。

不同的资本结构会给企业带来不同的影响。企业利用债务资本进行举债经营具有双重作用,既可以发挥财务杠杆效应,也可能带来财务风险。因此企业必须权衡财务风险和资本成本的关系,确定最佳资本结构。评价企业资本结构最佳状态的标准应该是能够提高股权收益或降低资本成本,最终目的是提升企业价值。股权收益,表现为净资产报酬率或普通股每股收益;资本成本,表现为企业的平均资本成本率。根据资本结构理论,当企业平均资本成本最低时,企业价值最大。所谓最佳资本结构,是指在一定条件下使企业平均资本成本率最低、企业价值最大的资本结构。资本结构优化的目标是降低平均资本成本率或提高普通股每股收益。

从理论上讲,最佳资本结构是存在的,但由于企业内部条件和外部环境的经常性变化,动态地保持最佳资本结构十分困难。因此在实践中,目标资本结构通常是企业结合自身实际进行适度负债经营所确立的资本结构。

二、影响资本结构的因素

资本结构是一个产权结构问题,是社会资本在企业经济组织形式中的资源配置结果。资本结构的变化,将直接影响社会资本所有者的利益。

(一)企业经营状况的稳定性和成长率

企业产销业务量的稳定程度对资本结构有重要影响:如果产销业务量稳定,企业可较多地负担固定的财务费用;如果产销业务量和盈余有周期性,企业则要负担固定的财务费用,将承担较大的财务风险。经营发展能力表现为未来产销业务量的增长率,如果产销业务量能够以较高的水平增长,企业就可以采用高负债的资本结构,以提升权益资本的报酬。

(二)企业的财务状况和信用等级

企业财务状况良好,信用等级高,债权人愿意向企业提供信用借款,企业就容易获得债务资本。相反,如果企业财务情况欠佳,信用等级不高,债权人投资风险大,就会降低企业获得信用借款的能力,提高债务资本筹资的成本。

(三)企业资产结构

资产结构是企业筹集资本后进行资源配置和使用的资金占用结构,包括长短期资产的构成和比例,以及长短期资产内部的构成和比例。资产结构对企业资本结构的影响主要包括:拥有大量固定资产的企业主要通过长期负债和发行股票筹集资金;拥有较多流动资产的企业更多地依赖流动负债筹集资金;抵押贷款较多的企业负债较多;以技术研发为主的企业则负债较少。

(四)企业投资人和管理当局的态度

从企业投资人的角度看,如果企业股权分散,企业可能更多地采用权益资本筹资以分散企业风险。如果企业为少数股东控制,股东通常重视企业控股权问题,为防止控股权稀释,企业一般尽量避免采用普通股筹资,而是采用优先股或债务资本筹资。从企业管理当局的角度看,高负债资本结构的财务风险高,一旦经营失败或出现财务危机,管理当局将面临市场接管或者被董事会解聘的威胁。因此,稳健的管理当局偏好于选择低负债比例的资本结构。

(五)行业特征和企业发展周期

不同行业资本结构差异很大。产品市场稳定的成熟产业经营风险低,因此处于该行业的企业可提高债务资本比重,发挥财务杠杆作用。高新技术企业的产品、技术、市场尚不成熟,经营风险高,因此可降低债务资本比重,控制财务杠杆风险。在同一企业不同发展阶段,资本结构安排不同。企业初创阶段,经营风险高,在资本结构安排上应控制负债比例;企业发展成熟阶段,产品产销业务量稳定持续增长,经营风险低,可适度增加债务资本比重,发挥财务杠杆效应;企业收缩阶段,产品市场占有率下降,经营风险逐步提高,应逐步降低债务资本比重,保证经营现金流量能够偿付到期债务,保持企业持续经营能力,降低破产风险。

(六)经济环境中的财政税收政策和货币政策

资本结构决策必然要研究理财环境因素,特别是宏观经济状况。政府调控经济的手段包括财政税收政策和货币政策,当所得税税率较高时,债务资本的抵税作用大,企业可以充分利用这种作用来提高企业价值。货币政策影响资本供给,从而影响利率水平的变动,当国家执行紧缩性货币政策时,市场利率较高,企业债务资本成本提高。

三、资本结构优化

资本结构优化要求企业权衡负债的低资本成本和高财务风险的关系,确定合理的资本结构。资本结构优化的目标是降低平均资本成本率或提高普通股每股收益。

(一)每股收益分析法

在线视频 5-3

可以用每股收益的变化来判断资本结构是否合理,即能够提高普通股每股收益的资本结构,就是合理的资本结构。在资本结构管理中,利用债务资本的目的之一就在于,债务资本能够带来财务杠杆效应,利用负债筹资的财务杠杆作用来增加股东财富。

每股收益受到经营利润、债务资本成本等因素的影响,分析每股收益与资本结构的关系,可以找到每股收益无差别点。所谓每股收益无差别点,是指不同筹资方式下每股收益都相等时的息税前利润和产销业务量水平。根据每股收益无差别点,可以分析判断在什么样的息税前利润水平或产销业务量水平下,适于采用何种筹资组合方式,进而确定企业的资本结构安排。

在每股收益无差别点上,无论是采用债务筹资方案还是股权筹资方案,每股收益都是相等的。当预期息税前利润或产销业务量水平大于每股收益无差别点时,应当选择财务杠杆效应较大的筹资方案,反之亦然。在每股收益无差别点上,不同筹资方案的 EPS 是相等的,用公式表示如下:

$$\frac{(\overline{EBIT}-I_1)(1-T)}{N_1}=\frac{(\overline{EBIT}-I_2)(1-T)}{N_2}$$

经整理,得

$$\overline{EBIT}=\frac{I_1 \cdot N_2 - I_2 \cdot N_1}{N_2 - N_1}$$

式中,$\overline{EBIT}$ 为息税前利润平衡点,即每股收益无差别点;I_1、I_2 为两种筹资方式下的债务利息;N_1、N_2 为两种筹资方式下的普通股股数;T 为所得税税率。

【例 5-13】 光华公司目前的资本结构为:总资本 1 000 万元,其中债务资本 400 万元(年利息 40 万元),普通股资本 600 万元(600 万股,面值 1 元,市价 5 元)。企业由于有一个较好的新投资项目,需要追加筹资 300 万元,有以下两种筹资方案。

甲方案:向银行取得长期借款 300 万元,利息率为 16%。

乙方案:增发普通股 100 万股,每股发行价为 3 元。

根据财务人员测算,追加筹资后销售额可望达到 1 200 万元,变动成本率为 60%,固定成本为 200 万元,所得税税率为 20%,不考虑筹资费用因素。将上述数据代入每股收益无差别点公式。

$$\frac{(\overline{EBIT}-40-48)\times(1-20\%)}{600}=\frac{(\overline{EBIT}-40)\times(1-20\%)}{600+100}$$

得

$$\overline{EBIT}=376(万元)$$

或

$$\overline{EBIT}=\frac{40\times600-(40+48)\times(600+100)}{600-(600+100)}$$

得

$$\overline{EBIT}=376(万元)$$

这里,376 万元是两种筹资方案的每股收益无差别点。在此点上,两种方案的每股收益相等,均为 0.384 元。企业预期追加筹资后的销售额为 1 200 万元,预期获利 280 万元,低于无差别点 376 万元,应当采用财务风险较小的乙方案,即增发普通股方案。在 1 200 万元销售额水平上,甲方案的 *EPS* 为 0.256 元,乙方案的 *EPS* 为 0.274 元。

当企业需要的资本额较大时,可能会采用多种筹资方式组合融资。这时,需要详细比较分析各种组合筹资方式下的资本成本及其对每股收益的影响,选择每股收益最高的筹资方式。

【例 5-14】 光华公司目前资本结构为:总资本 1 000 万元,其中债务资本 400 万元(年利息 40 万元);普通股资本 600 万元(600 万股,面值 1 元,市价 5 元)。企业由于扩大经营规模,需要追加筹资 800 万元,所得税税率为 20%,不考虑筹资费用因素,有以下三种筹资方案。

甲方案:增发普通股 200 万股,每股发行价为 3 元;同时向银行借款 200 万元,利率保持原来的 10%。

乙方案:增发普通股 100 万股,每股发行价为 3 元;同时溢价发行 500 万元面值为 300 万元的公司债券,票面利率为 15%。

丙方案:不增发普通股,溢价发行 600 万元面值为 400 万元的公司债券,票面利率为 15%;由于受债券发行数额的限制,需要再向银行借款 200 万元,利率为 10%。

三种方案各有优劣:增发普通股能够减轻资本成本的固定性支出,但股数增加会摊薄每股收益;采用债务筹资方式能够提高每股收益,但增加了固定性资本成本负担,受到的限制较多。基于上述原因,筹资方案需要两两比较。

甲、乙方案的比较:

$$\frac{(\overline{EBIT}-40-20)\times(1-20\%)}{600+200}=\frac{(\overline{EBIT}-40-45)\times(1-20\%)}{600+100}$$

解得

$$\overline{EBIT}=260(万元)$$

乙、丙方案的比较:

$$\frac{(\overline{EBIT}-40-45)\times(1-20\%)}{600+100}=\frac{(\overline{EBIT}-40-80)\times(1-20\%)}{600}$$

解得

$$\overline{EBIT}=330(万元)$$

甲、丙方案的比较:

$$\frac{(\overline{EBIT}-40-20)\times(1-20\%)}{600+200}=\frac{(\overline{EBIT}-40-80)\times(1-20\%)}{600}$$

解得

$$\overline{EBIT}=300（万元）$$

上述结果也可直接代每股收益无差别点公式求得。

筹资方案两两比较时，产生了三个筹资分界点。企业 $EBIT$ 预期低于 260 万元时，甲筹资方案的 EPS 高于乙、丙筹资方案，应当采用甲筹资方案；企业 $EBIT$ 预期等于 260 万元时，甲、乙筹资方案的 EPS 相等且高于丙筹资方案，甲、乙两种筹资方案均可；企业 $EBIT$ 预期高于 260 万元并且低于 330 万元时，乙筹资方案的 EPS 高于甲、丙筹资方案，应当采用乙筹资方案；企业 $EBIT$ 预期等于 330 万元时，乙、丙筹资方案的 EPS 相等且高于甲筹资方案，乙、丙两种筹资方案均可；企业 $EBIT$ 预期高于 330 万元时，丙筹资方案的 EPS 高于甲、乙筹资方案，应当采用丙筹资方案。

（二）综合资本成本比较法

在线视频 5-4

综合资本成本比较法，是通过计算和比较各种可能的筹资组合方案的综合资本成本，选择综合资本成本率最低方案的方法，也叫加权平均资金成本比较法。即能够降低平均资本成本的资本结构，就是合理的资本结构。这种方法侧重于从资本投入的角度对筹资方案和资本结构进行优化分析。

【例 5-15】 长达公司需筹集 100 万元长期资本，可以用贷款、发行债券、发行普通股三种方式筹集，其个别资本成本率已分别测定，有关资料如表 5-6 所示。

表 5-6 长达公司资本成本与资本结构数据

筹资方式	资本结构			个别资本成本率/%
	A 方案	B 方案	C 方案	
贷款/万元	40	30	20	6
发行债券/万元	10	15	20	8
发行普通股/万元	50	55	60	9
合计/万元	100	100	100	

首先，分别计算三个方案的综合资本成本 K。

A 方案：$K=40\%\times6\%+10\%\times8\%+50\%\times9\%=7.7\%$

B 方案：$K=30\%\times6\%+15\%\times8\%+55\%\times9\%=7.95\%$

C 方案：$K=20\%\times6\%+20\%\times8\%+60\%\times9\%=8.20\%$

其次，根据企业筹资评价的其他标准，考虑企业的其他因素，对各个方案进行修正之后，再从中选择综合资本成本最低的方案。本例中，我们假设其他因素对方案选择的影响甚小，则 A 方案的综合资本成本最低。这样，该公司的资本结构为贷款 40 万元，发行债券 10 万元,发行普通股 50 万元。

(三)公司价值分析法

以上两种方法都是从账面价值的角度进行资本结构优化分析,没有考虑市场反应,也没有考虑风险因素。公司价值分析法,是在考虑市场风险的基础上,以公司市场价值为标准,进行资本结构优化。即能够提升公司价值的资本结构,就是合理的资本结构。这种方法主要用于对现有资本结构进行调整,适用于资本规模较大的上市公司的资本结构优化分析。同时,在公司价值最大的资本结构下,公司的平均资本成本率也是最低的。

设:V 表示公司价值,B 表示债务资本价值,S 表示权益资本价值。公司价值应该等于资本的市场价值,即

$$V = S + B$$

为简化分析,假设公司各期的 $EBIT$ 保持不变,债务资本的市场价值等于其面值,权益资本的市场价值可通过下式计算:

$$S = \frac{(EBIT - I)(1 - T)}{K_s}$$

且

$$K_s = R_s = R_f + \beta(R_m - R_f)$$

此时

$$K_w = K_b \frac{B}{V}(1 - T) + K_s \frac{S}{V}$$

【例 5-16】　某公司息税前利润为 400 万元,权益账面价值为 2 000 万元。假设无风险报酬率为 6%,证券市场平均报酬率为 10%,所得税税率为 40%。经测算,不同债务水平下的权益资本成本率和债务资本成本率如表 5-7 所示。

表 5-7　不同债务水平下的债务资本成本率和权益资本成本率

债务资本价值/万元	税前债务资本成本率/%	股票 β 系数	权益资本成本率/%
0		1.50	12.0
200	8.0	1.55	12.2
400	8.5	1.65	12.6
600	9.0	1.80	13.2
800	10.0	2.00	14.0
1 000	12.0	2.30	15.2
1 200	15.0	2.70	16.8

根据表 5-7 的资料,可计算出不同资本结构下的公司总价值和平均资本成本率,如表5-8所示。

表 5-8　不同资本结构下的公司总价值和平均资本成本率

债务资本价值/万元	股票市场价值/万元	公司总价值/万元	税前债务资本成本率/%	普通股资本成本率/%	平均资本成本率/%
0	2 000	2 000		12.00	12.000
200	1 889	2 089	8.00	12.20	11.490
400	1 743	2 143	8.50	12.60	11.200
600	1 573	2 173	9.00	13.20	11.049
800	1 371	2 171	10.00	14.00	11.052
1 000	1 105	2 105	12.00	15.20	11.400
1 200	786	1 986	15.00	16.80	12.090

　　可以看出,在没有债务资本的情况下,公司总价值等于股票的账面价值。当公司增加一部分债务时,财务杠杆开始发挥作用,股票市场价值大于其账面价值,公司总价值上升,平均资本成本率下降。在债务资本价值达到 600 万元时,公司总价值最高,平均资本成本率最低。债务资本价值超过 600 万元后,随着利息率的不断上升,财务杠杆作用逐步减弱甚至呈现为负面作用,公司总价值下降,平均资本成本率上升。因此,债务为 600 万元时的资本结构是该公司的最优资本结构。

【复习思考题】

　　1.试分析资本成本中筹资费和占用费的不同特性。

　　2.试说明普通股资本成本计算为何比其他长期债券和优先股成本计算复杂。

　　3.经营杠杆、财务杠杆、总杠杆三者之间的联系是什么?

　　4.每股收益分析法的基本原理和决策标准是什么?

　　5.综合资本成本比较法的基本原理和决策标准是什么?

　　6.公司价值分析法的基本原理和决策标准是什么?

　　7.党的二十大报告强调着力推动高质量发展,企业在筹资决策中不仅要关注短期经济利益,还要考虑长远的可持续发展。在实践中,企业如何平衡短期和长期目标,避免短视行为?

【自测题】

在线测试

第三单元

投资管理

第六章

项目投资

■■■ 学习目标

通过本章学习,学生应掌握现金净流量、各种贴现与非贴现指标的含义及计算方法,掌握项目投资决策评价指标的应用,能对项目投资方案进行分析、评价并做出科学的决策。

■■■ 关键知识点

现金流量的构成与估算,项目投资评价指标的计算,项目投资决策的方法。

■■■ 案例导入

天山股份是我国规模最大、产业链完整、全国性布局的水泥公司,主营业务为水泥、熟料、商品混凝土和骨料的生产及销售。天山股份虽然规模体量在业内居前,但业绩却出现了大幅下滑。2022年实现营业收入1325.80亿元,较上年下降22.03%;实现归属于上市公司股东的净利润45.42亿元,较上年下降63.80%。2022年天山股份旗下9家子公司因环境问题共受到12次行政处罚,处罚金额合计153.94万元。天山股份子公司杭州瑞鑫混凝土有限公司混凝土生产项目于2020年3月开工建设,并于2021年12月底建成,截至2022年6月30日,混凝土生产项目正在生产,但生产项目配套的粉尘、废水等环境保护设施未经验收,因"环评未批复,企业已开始建设",被有关部门处以70.90万元的高额罚金。党的二十大报告提出"必须牢固树立和践行绿水青山就是金山银山的理念"。随着ESG(环境、社会责任及管治)投资理念的逐步升温,投资者越来越注重企业的可持续发展能力。2023年3月21日,天山股份发布ESG报告称,践行气候与环境保护、推行绿色发展对企业可持续发展至关重要。公司注重生态保护工作,坚守生态红线,在生产经营各个环节严格落实生态环境保护措施,合理开采并注重修复工作,减轻公司业务对环境造成的潜在影响,努力实现绿色经营。

■■■ 思 考

1. 如何进行项目投资的可行性分析?

2. 评价投资项目可行性的方法有哪些?

3. 为什么推行绿色发展对企业可持续发展至关重要?

第一节　项目投资概述

一、项目投资的含义与类型

（一）项目投资的含义

广义地说，投资是指企业为了在未来获取收益而向一定对象投放资金的经济行为。按照投资行为的介入程度，投资可以分为直接投资和间接投资。直接投资，是指投资人直接介入投资行为，即将货币资金直接投入投资项目，形成实物资产或者购买现有企业的一种投资，也称为项目投资。间接投资，是指投资者以其资本购买特定投资对象发行的股票、债券、基金等，也称为证券投资。

本章所介绍的项目投资是一种以特定项目为对象，直接与新建项目或更新改造项目有关的长期投资行为，证券投资将在第七章介绍。

（二）项目投资的类型

从性质上看，项目投资是企业直接的、生产性的对内实物投资，分为新建项目投资和更新改造项目投资。

1. 新建项目投资

新建项目投资是指以新建生产能力为目的的外延式扩大再生产。按涉及内容新建项目投资又可分为单纯固定资产项目投资和完整工业项目投资。

单纯固定资产项目投资，简称固定资产投资，其特点在于：在投资中只包括为取得固定资产而发生的垫支资本投入，不涉及周转资本的投入。

完整工业项目投资的特点在于：不仅包括固定资产投资，而且涉及流动资产投资，甚至包括无形资产等其他长期资产投资。

2. 更新改造项目投资

更新改造项目投资是指以恢复或改善生产能力为目的的内涵式扩大再生产。

因此，不能将项目投资简单地等同于固定资产投资。项目投资对企业的生存和发展具有重要意义，是企业正常开展生产经营活动的必要前提，是推动企业生产和发展的重要基础，是提高产品质量、降低产品成本不可缺少的条件，是增强企业市场竞争力的重要手段。

二、项目投资的特点

与其他形式的投资相比，项目投资主要具有以下几个特点。

（一）投资额大

项目投资,特别是战略性的扩大生产能力投资,一般都需要较多的资金,其投资额往往是企业及投资人多年的资金积累,在企业总资产中占有相当大的比重。因此,项目投资对企业未来的现金流量和财务状况都将产生深远的影响。

（二）影响时间长

项目投资的投资期及发挥作用的时间都较长,对企业未来的生产经营活动和长期经营活动将产生重大影响。

（三）变现能力差

项目投资一般不准备在一年内或一个经营周期内变现,而且即使在短期内变现,其变现能力也较差。因为,项目投资一旦完成,要想改变是相当困难的,不是无法实现,就是代价太大。

（四）投资风险大

影响项目投资未来收益的因素非常多,加上投资额大、影响时间长和变现能力差,必然造成其投资风险比其他投资大,对企业未来的命运产生决定性影响。无数事例证明,一旦项目投资决策失败,就会给企业带来无法逆转的损失。

■■■ **思考 6-1** 项目投资的特点有（ ）。

    A. 投资额大   B. 影响时间长

    C. 变现能力差   D. 投资风险大

■■■ **解析** 正确答案是 ABCD。

三、项目投资的程序

（一）项目提出

这是项目投资程序的第一步,需要在把握好投资机会的情况下,根据企业的长远发展战略、中长期投资计划和投资环境的变化提出投资领域和投资对象。

（二）项目评价

这一步主要涉及如下几项工作:

(1)对提出的投资项目进行适当分类,为分析评价做好准备;

(2)预测有关项目的现金流入和现金流出;

(3)运用各种投资评价指标,按可行程度对各项投资进行排序;

(4)写出详细的评价报告。

（三）项目决策

投资项目评价后,应按分权管理的决策权由企业高层管理人员或相关部门做最后决策。投资额小的战术性项目投资或维持性项目投资,一般由部门经理决策,特别重大的项目投资还需报董事会或股东大会批准。

（四）项目执行

决定对某项目进行投资后,要积极筹措资金,实施项目投资。在投资项目的执行过程中,要对工程项目、工程质量、施工成本和工程概算进行监督、控制和审核,防止工程建设中的舞弊行为,确保工程质量,保证按时完成。

（五）项目再评价

即对投资项目进行跟踪审计,应注意原来做出的投资决策是否合理、是否正确。一旦出现新的情况,就要随时根据变化的情况做出新的评价。如果情况发生重大变化,原来投资决策变得不合理,那么,就要进行是否终止投资或怎样终止投资的决策,以避免更大的损失。

四、项目计算期的构成及项目投资的内容

（一）项目计算期的构成

项目计算期是指投资项目从投资建设开始到最终清理结束的全部时间,即该项目的有效持续期间,用 n 表示。项目计算期通常以年为单位,完整的项目计算期包括建设期和运营期。

项目计算期最后一年年末(通常记作第 n 年)称为终结点,可假定项目最终报废清理均发生在终结点,但更新改造除外。

建设期是指从项目资金正式投入开始到项目建成投产为止所需要的时间。建设期的第 1 年年初(通常记作第 0 年)称为建设起点,建设期最后一年年末称为投产日,若建设期不足半年,可假定建设期为 0。

运营期(也叫生产经营期或寿命期)是指从投产日到终结点之间的时间间隔,又包括试产期和达产期(完全达到设计生产能力期)两个阶段。试产期是指项目投入生产,但生产能力尚未完全达到设计能力时的过渡阶段。达产期是指生产运营达到设计预期水平后的时间。运营期一般应根据项目主要设备的经济使用寿命期确定。

项目计算期、建设期和运营期的关系用公式表示如下:

$$项目计算期(n)＝建设期(s)＋运营期(p)$$

图 6-1 为项目计算期的构成示意。

【例 6-1】 A 企业拟投资新建一个项目,在建设起点开始投资,历经 2 年后投产,试产期为 1 年,主要固定资产的预计使用寿命为 10 年。根据上述资料,估算该项目各项指标如下:

建设期为 2 年,运营期为 10 年。

达产期＝10－1＝9(年)　项目计算期＝2＋10＝12(年)

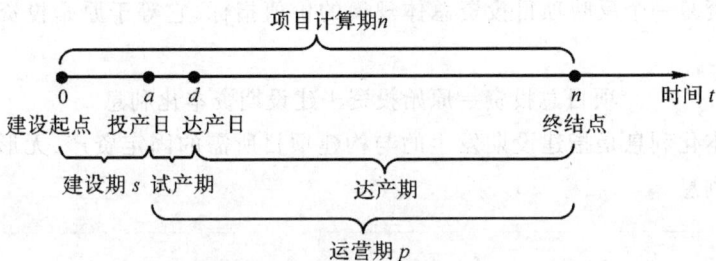

图 6-1　项目计算期的构成示意

■■■ **思考** 6-2　关于项目投资,下列说法不正确的是(　　)。

A．投资内容独特,投资数额多,投资风险小

B．项目计算期＝建设期＋达产期

C．达产期＝运营期－试产期

D．达产期指的是投产日至达产日的期间

■■■ **解析**　正确答案是 ABD。项目投资的风险大,因此 A 不正确;项目计算期＝建设期＋运营期,其中,运营期＝试产期＋达产期,所以,B 不正确,C 正确;试产期指的是投产日至达产日的期间,达产期指的是达产日至项目终结点的期间,所以,D 不正确。

(二)项目投资的内容

从项目投资的角度看,原始投资(又称初始投资)是企业为使项目完全达到设计生产能力、开展正常经营而投入的全部现实资金,包括建设投资和流动资金投资两部分内容。原始投资、建设投资与流动资金投资的关系用公式表达如下:

原始投资＝建设投资＋流动资金投资

建设投资是指在建设期内按一定生产经营规模和建设内容进行的投资,具体包括以下内容。

1．固定资产投资

这是项目用于购置或安装固定资产而发生的投资。固定资产原值与固定资产投资之间的关系是

固定资产原值＝固定资产投资＋建设期资本化借款利息

2．无形资产投资

这是项目用于取得无形资产而发生的投资。

3．其他资产投资

这是建设投资中除固定资产投资和无形资产投资以外的投资,包括生产准备和开办费投资。

流动资金投资是指项目投产前后分次或一次性投放于流动资金项目的投资增加额，又称垫支流动资金或营运资金投资。

项目总投资是一个反映项目投资总体规模的价值指标，它等于原始投资与建设期资本化利息之和。

$$项目总投资＝原始投资＋建设期资本化利息$$

其中建设期资本化利息是指建设期发生的与构建项目所需的固定资产、无形资产等长期资产有关的借款利息。

■■■ **思考 6-3** 某投资项目固定资产投资 500 万元，在计算期第 1 年年初投入；无形资产和其他资产投资 100 万元，在建设期第 1 年年末投入；流动资金投资 50 万元，在建设期第 2 年年初投入。另已知该项目的基准收益率为 10％，$(P/F,10％,1)＝0.9091$，则该项目的建设投资为（ ）万元。

        A. 600　　　　　　　B. 590.91　　　　　　C. 650　　　　　　　D. 640.91

■■■ **解析** 正确答案 A。建设投资＝固定资产投资＋无形资产投资＋其他资产投资＝500＋100＝600（万元）。本题需要注意的是，在确定项目建设投资时，不考虑资金时间价值。

【例 6-2】 B 企业拟新建一条生产线项目，建设期为 2 年，运营期为 20 年。全部建设投资分别安排在建设起点、建设期第 2 年年初和建设期末，分三次投入，投资额分别为 100 万元、300 万元和 68 万元；全部流动资金投资安排在投产后第 1 年和第 2 年年末，分两次投入，投资额分别为 15 万元和 5 万元。根据项目筹资方案的安排，建设期资本化借款利息为 22 万元。根据上述资料，可计算该项目有关指标如下：

(1) 建设投资＝100＋300＋68＝468（万元）

(2) 流动资金投资＝15＋5＝20（万元）

(3) 原始投资＝468＋20＝488（万元）

(4) 项目总投资＝488＋22＝510（万元）

【例 6-3】 C 企业拟新建一条生产线，需要在建设起点一次性投入固定资产投资 200 万元，在建设期末投入无形资产投资 25 万元。建设期为 1 年，建设期资本化利息为 10 万元，全部计入固定资产原值。流动资金投资合计 20 万元。根据上述资料可计算该项目有关指标如下：

(1) 固定资产原值＝200＋10＝210（万元）

(2) 建设投资＝200＋25＝225（万元）

(3) 原始投资＝225＋20＝245（万元）

(4) 项目总投资＝245＋10＝255（万元）

■■■ **思考 6-4** 判断：项目总投资等于原始投资。　　　　　　　　　　（　　）

        A. 正确　　　　　　　B. 错误

■■■ **解析** 正确答案是 B。项目总投资是一个反映项目投资总体规模的价值指标，它等于原始投资与建设期资本化利息之和。

第二节 现金流量

一、现金流量的含义

在进行项目投资决策时,首要环节就是估计投资项目的预算现金流量。所谓现金流量,是指投资项目在其计算期内因资金循环而引起的现金流入和现金流出的数量。这里的"现金"概念是广义的,包括各种货币资金和与投资项目有关的非货币资产的变现价值。例如,一个项目需要使用原有的厂房、设备和材料等,则相关的现金流量是指它们的变现价值,而不是其账面价值。

现金流量包括现金流入量、现金流出量和现金净流量。

(一)现金流入量

一个方案的现金流入量,是指该方案所引起的企业现金收入的增加额,简称现金流入。例如,企业购置一条生产线,通常会引起下列现金流入。

1. 营业收入

营业收入是指项目投产后每年实现的全部营业收入。为简化核算,假定正常经营年度内每期发生的赊销额与回收的应收账款大致相等。营业收入是经营期主要的现金流入量项目。

2. 固定资产的余值

固定资产的余值是指投资项目的固定资产在终结报废清理时的残值收入,或中途转让时的变价收入。

3. 回收流动资金

回收流动资金是指投资项目在项目计算期结束时,收回的原来投放在各种流动资产上的营运资金。

固定资产的余值和回收流动资金统称为回收额。

(二)现金流出量

一个方案的现金流出量,是指该方案所引起的企业现金支出的增加额,简称现金流出。例如,企业购置一条生产线,通常会引起下列现金流出。

1. 购置生产线的价款

这是购置固定资产发生的主要现金流出,可能是一次性支出,也可能分几次支出。

2. 垫支流动资金

生产线扩大了企业的生产能力,从而引起企业对流动资产的需求增加。企业需要追加的流动资金,也是购置该生产线引起的,因此应列入该方案的现金流出量。

■■■ **思考 6-5** 已知某完整工业投资项目预计投产第 1 年的流动资产需用数为 100 万元,流动负债可用数为 40 万元;投产第 2 年的流动资产需用数为 190 万元,流动负债可用数为 100 万元。则投产第 2 年新增的流动资产应为( )万元。

■■■ **解析** 答案为 30。

第 1 年流动资产投资额＝第 1 年的流动资产需用数－第 1 年流动负债可用数

＝100－40＝60(万元)

第 2 年流动资产需用数＝第 2 年的流动资产需用数－第 2 年流动负债可用数

＝190－100＝90(万元)

第 2 年流动资产投资额＝第 2 年流动资产需用数－第 1 年流动资产投资额

＝90－60＝30(万元)

(三)现金净流量

现金净流量是指一定期间现金流入量和现金流出量的差额。这里所说的"一定期间",有时是指 1 年内,有时是指投资项目持续的整个年限内。流入量大于流出量时,净流量为正值;反之,净流量为负值。

二、投资项目现金流量的估算

投资项目现金流量,一般分为初始现金流量、经营现金流量和终结现金流量三个部分。

(一)初始现金流量

初始现金流量是投资开始时(主要指项目建设过程中)发生的现金流量,主要包括以下内容。

(1)固定资产投资支出,如设备购置费、运输费、安装费等。

在线视频 6-1 　　(2)垫支的营运资本,是指项目投资前后分次或一次性投放于流动资产的资本增加额。其计算公式为

某年营运资本增加额＝本年营运资本需用额－上年营运资本

本年营运资本需用额＝该年流动资本需用额－该年流动负债可用额

(3)其他投资费用,是指不属于以上各项的投资费用,如与投资项目相关的职工培训费、谈判费、注册费等。

(4)投资某项目时被利用的现有资产的机会成本(出售现有资产的变现收入或转作其他投资时可获得的利益)。

(5)原有固定资产的变价收入,这主要是指固定资产更新时,原有固定资产的变卖所取得的现金收入。在更新改造项目时旧设备投入价值是按变现价值确定的。

(6)所得税效应,是指固定资产重置时变价收入的税负损益。按规定,出售资产(如旧设

备)时,如果出售价高于原价或账面净值,应缴纳所得税,多缴的所得税构成现金流出量。如果继续使用旧设备,因未实际缴纳所得税,所以相当于现金流入。若出售资产发生的损失(出售价低于账面净值)可以抵减当年的所得税支出,少缴的所得税构成现金流入量。如果继续使用旧设备,因未实际抵减所得税,所以相当于现金流出。

上述前 4 项属于新建项目现金流出量,第 5 和第 6 项属于更新改造项目中分析旧设备初始现金流量需要考虑的内容。

■■■ **思考 6-6** 某投资项目需要 20 万元固定资产投资,通过银行借款 10 万元,年利率为 5%,期限为 1 年,项目建设期为 0,固定资产预计无残值,使用寿命为 5 年,采用直线法计提折旧,则年折旧额为 4.1 万元,对吗? ( )

■■■ **解析** 不对。固定资产原值=固定资产投资+建设期资本化利息,本题中建设期为 0,所以不存在建设期资本化利息,因此,固定资产原值为 20 万元,年折旧额为 4 万元。

(二)经营现金流量

经营现金流量是指项目建成后生产经营过程中发生的现金流量,这种现金流量一般是按年计算的。该阶段既有现金流入量,也有现金流出量。现金流入量主要是营运各年营业收入,现金流出量主要是营运各年付现成本。

如有无形资产摊销额,则

$$付现成本=营业成本-折旧额及摊销额$$

经营现金流量的确认,可根据下列公式计算:

$$每年营业现金净流量(NCF)=营业收入-付现成本-所得税$$

$$=营业收入-(营业成本-折旧+所得税)$$

$$=营业收入-营业成本-所得税+折旧$$

$$=净利润+折旧$$

或

$$每年营业现金净流量(NCF)=税后收入-税后成本+税负减少$$

$$=营业收入\times(1-税率)-付现成本\times(1-税率)$$

$$+折旧\times税率$$

在线视频 6-2

(三)终结现金流量

终结现金流量主要指项目寿命终了时发生的现金流量,主要包括以下两部分内容。

1.固定资产报废时的残值收入以及出售时的税负损益

固定资产出售时税负损益的确认方法与初始投资时出售旧设备发生的税负损益相同。如果预计固定资产报废时残值收入大于税法规定的数额,就应上缴所得税,形成现金流出量;反之则可抵减所得税,形成现金流入量。

2. 垫支营运资本的收回

这部分资本不受税收因素的影响,税法把它视为资本的内部转移,如同把存货和应收账款换成现金一样,因此收回的营运资本仅仅是现金流量的增加。

三、现金流量估算案例分析

(一)新建项目现金流量估算分析

【例6-4】 合众公司准备购入一设备以扩充生产能力。现有甲、乙两个方案可供选择,甲方案需投资10 000元,使用寿命为5年,采用直线法计提折旧,5年后无残值。5年中每年的销售收入为6 000元,付现成本为2 000元。乙方案需投资12 000元,采用直线法计提折旧,使用寿命为5年,5年后有残值收入2 000元。5年中每年的销售收入为8 000元,付现成本第1年为3 000元,以后随着设备的陈旧,逐年将增加修理费400元,另需垫支营运资金3 000元。假设所得税税率为25%,试计算甲、乙两个方案的现金流量。

【解析】 第一种方法:利用表格计算现金流量。

甲方案年折旧额=10 000/5=2 000(元)

乙方案年折旧额=(12 000-2 000)/5=2 000(元)

编制甲、乙两个方案的营业现金流量计算表(见表6-1、表6-2和表6-3)。

表6-1 甲方案的营业现金流量计算表 单位:元

项 目	第1年	第2年	第3年	第4年	第5年
销售收入(1)	6 000	6 000	6 000	6 000	6 000
付现成本(2)	2 000	2 000	2 000	2 000	2 000
折旧(3)	2 000	2 000	2 000	2 000	2 000
税前利润(4)=(1)-(2)-(3)	2 000	2 000	2 000	2 000	2 000
所得税(5)=(4)×25%	500	500	500	500	500
税后净利(6)=(4)-(5)	1 500	1 500	1 500	1 500	1 500
现金流量(7)=(1)-(2)-(5)=(3)+(6)	3 500	3 500	3 500	3 500	3 500

表6-2 乙方案的营业现金流量计算表 单位:元

项 目	第1年	第2年	第3年	第4年	第5年
销售收入(1)	8 000	8 000	8 000	8 000	8 000
付现成本(2)	3 000	3 400	3 800	4 200	4 600
折旧(3)	2 000	2 000	2 000	2 000	2 000
税前利润(4)=(1)-(2)-(3)	3 000	2 600	2 200	1 800	1 400
所得税(5)=(4)×25%	750	650	550	450	350

项　目	第 1 年	第 2 年	第 3 年	第 4 年	第 5 年
税后净利(6)=(4)−(5)	2 250	1 950	1 650	1 350	1 050
现金流量(7)=(1)−(2)−(5)=(3)+(6)	4 250	3 950	3 650	3 350	3 050

表 6-3　甲、乙方案的现金流量计算表　　　　　　　　　　单位:元

项　目	第 0 年	第 1 年	第 2 年	第 3 年	第 4 年	第 5 年
甲方案:						
固定资产投资	10 000					
营业现金流量		3 500	3 500	3 500	3 500	3 500
现金流量合计	10 000	3 500	3 500	3 500	3 500	3 500
项　目	第 0 年	第 1 年	第 2 年	第 3 年	第 4 年	第 5 年
乙方案:						
固定资产投资	12 000					
营运资金垫支	3 000					
营业现金流量		4 250	3 950	3 650	3 350	3 050
固定资产残值						2 000
营运资金回收						3 000
现金流量合计	15 000	4 250	3 950	3 650	3 350	8 050

第二种方法:利用公式计算现金净流量。

甲方案:年折旧额=10 000/5=2 000(元)

$NCF_0 = -10\ 000$(元)

$NCF_{1-5} = 6\ 000(1-25\%) - 2\ 000(1-25\%) + 2\ 000 \times 25\% = 3\ 500$(元)

乙方案:年折旧额=(12 000−2 000)/5=2 000(元)

$NCF_0 = -12\ 000 - 3\ 000 = -15\ 000$(元)

$NCF_1 = 8\ 000(1-25\%) - 3\ 000(1-25\%) + 2\ 000 \times 25\% = 4\ 250$(元)

$NCF_2 = 8\ 000(1-25\%) - 3\ 400(1-25\%) + 2\ 000 \times 25\% = 3\ 950$(元)

$NCF_3 = 8\ 000(1-25\%) - 3\ 800(1-25\%) + 2\ 000 \times 25\% = 3\ 650$(元)

$NCF_4 = 8\ 000(1-25\%) - 4\ 200(1-25\%) + 2\ 000 \times 25\% = 3\ 350$(元)

$NCF_5 = 8\ 000(1-25\%) - 4\ 600(1-25\%) + 2\ 000 \times 25\% + 2\ 000 + 3\ 000 = 8\ 050$(元)

(二)更新改造项目现金流量估算分析

【例 6-5】　宏昌公司有一台设备,原值为 280 000 元,可用 8 年,已用 3 年,已提折旧 100 000 元,目前变现收入为 160 000 元,如果继续使用旧设备,期末有残值 5 000 元;如果更

新设备,买价为 360 000 万元,可用 5 年,期末有残值 8 000 元,更新不影响生产经营。新旧设备均采用直线法计提折旧。更新后,每年增加经营收入 120 000 元,增加经营成本 60 000 元。企业所得税税率为 25%。请计算各年差额现金净流量。

【解析】 本例可视为继续使用旧设备和更换新设备两个备选方案。若继续使用旧设备,其初始投资是变现价值和所得税损益。

继续使用旧设备的所得税损益 $=[160\ 000-(280\ 000-100\ 000)]\times 25\%$
$$=-5\ 000(\text{元})$$

旧设备初始投资 $=-160\ 000-5\ 000=-165\ 000(\text{元})$

新设备初始投资 $=-360\ 000(\text{元})$

新旧设备初始投资差额 $=-360\ 000-(-165\ 000)=-195\ 000(\text{元})$

旧设备折旧 $=[(280\ 000-100\ 000)-5\ 000]/5=35\ 000(\text{元})$

新设备折旧 $=(360\ 000-8\ 000)/5=70\ 400(\text{元})$

新旧设备折旧差额 $=70\ 400-35\ 000=35\ 400(\text{元})$

则新旧设备差额现金净流量计算如下:

$\Delta NCF_0=-360\ 000-(-165\ 000)=-195\ 000(\text{元})$

$\Delta NCF_{1-4}=(120\ 000-60\ 000-35\ 400)\times(1-25\%)+35\ 400=53\ 850(\text{元})$

$\Delta NCF_5=53\ 850+(8\ 000-5\ 000)=56\ 850(\text{元})$

四、现金流量估算应注意的问题

(一)考虑相关现金流量

相关现金流量,是指与某一特定项目相关联的现金流量。如果决定投资某一项目,则会发生;如果不投资某一项目,则不会发生。例如,某企业在投资某一项目之前,每年有营业收入 100 万元,投资某一项目后,营业收入为 150 万元,则相关现金流量就是 50 万元。相关现金流量表现为增量现金流量。

(二)利用现有的会计利润数据

企业在项目论证时,一般要编制预计会计报表。尽管报表中的利润并不等于项目评价中的现金流量,但由于利润指标比较容易获得,因此,我们可以以利润指标为基础,经过适当的调整,使之转化为现金流量。

(三)剔除沉没成本

沉没成本是过去已经发生并支付过款项的支出,这些支出是目前决策无法改变的,并且不影响目前投资方案的取舍,在分析时不能将它作为相关现金流量。如投资项目前发生的咨询费用,无论是否采纳该项目,咨询费用都已经发生,因此,这项费用是一项沉没成本,在投资决策时无须考虑。

（四）考虑机会成本

机会成本是指在决策过程中选择某个方案而放弃其他方案所丧失的潜在收益。如有一块土地,可出售,其收益为 50 万元;也可建厂房,若采用建厂房的方案则该收益 50 万元就成为建厂房的机会成本。

（五）考虑项目对企业其他部门的影响

有些项目采纳后,可能对公司现有的部门产生有利或不利的影响,方案评价时要将其考虑在内。例如甲公司有两个分厂,一分厂从事手机生产和销售,每年给公司带来 1 000 万元收入;二分厂经营不善面临转产,如果二分厂也从事手机的生产和销售,预计每年给公司带来 2 000 万元销售收入,但是,每年导致一分厂销售收入减少 500 万元,那么二分厂每年带来的相关现金流入量只能是 1 500 万元。

第三节　投资项目评价的基本方法

对投资项目进行评价时使用的指标分为两类:一类是非贴现指标,即没有考虑时间价值因素的指标,主要包括投资回收期、会计收益率等;另一类是贴现指标,即考虑了时间价值因素的指标,主要包括净现值、现值指数、内含报酬率等。根据评价指标的类别,投资项目评价方法分为非贴现的评价方法和贴现的评价方法两种。

一、非贴现的评价方法

非贴现的评价方法不考虑货币时间价值,把不同时间的货币收支看成是等效的,其是静态的评价方法,该方法对方案的选择起到辅助作用。

在线视频 6-3

（一）投资回收期法

投资回收期是指投资引起的现金流入累积到与投资额相等时所需要的时间。它代表收回投资所需要的年限。回收年限越短,方案越有利。回收期的计算分为以下两种情况。

1. 每年现金净流量相等

$$回收期＝\frac{原始投资额}{每年现金净流量}×100\%$$

【例 6-6】　设折现率为 10%,有三个投资方案,有关数据如表 6-4 所示。

表 6-4 投资方案净收益及现金净流量   单位:元

年　份	A 方案		B 方案		C 方案	
	净收益	现金净流量	净收益	现金净流量	净收益	现金净流量
第 0 年		(20 000)		(9 000)		(12 000)
第 1 年	1 800	11 800	(1 800)	1 200	600	4 600
第 2 年	3 240	13 240	3 000	6 000	600	4 600
第 3 年			3 000	6 000	600	4 600
合　计	5 040	5 040	4 200	4 200	1 800	1 800

注:表中加括号的数字为负数。

根据表 6-4 的资料,计算 C 方案投资回收期:

$$回收期(C) = \frac{12\ 000}{4\ 600} \approx 2.61(年)$$

2. 每年现金净流量不等

$$回收期 = 收回全部投资前所需要的整年数 + \frac{年初没有收回的成本}{相应年度的现金}$$

【例 6-7】 根据例 6-6 的资料计算 A、B 方案投资回收期:

$$回收期(A) = 1 + \frac{20\ 000 - 11\ 800}{13\ 240} \approx 1.62(年)$$

$$回收期(B) = 2 + \frac{9\ 000 - 1\ 200 - 6\ 000}{6\ 000} \approx 2.3(年)$$

■■■ **思考 6-7** 某投资项目在建设起点一次性投资 614.46 万元,当年完工并投产,投产后每年净现金流量相等,运营期为 10 年。项目的设定折现率为 10%,如果净现值为 0,则项目的静态投资回收期(结果四舍五入取整数)为(　　)[(P/A,10%,10)=6.1446]。

■■■ **解析** 答案是 6 年。设投产后年净现金流量为 A,则净现值=A×6.1446-614.46=0,解得 A=100(万元)。静态投资回收期=614.46/100=6.1446(年),取整后为 6 年。

投资回收期法计算简便,并且容易为决策人正确理解。它的缺点在于不仅忽视货币时间价值,而且没有考虑回收期以后的收益。事实上,有战略意义的长期投资往往早期收益较低,而中后期收益较高。投资回收期法优先考虑"急功近利"的项目,可能导致放弃会长期成功的方案。它是过去评价投资方案最常用的方法,目前作为辅助方法使用,主要用来测定方案的流动性而非营利性。

(二)会计收益率法

这种方法计算简便,应用范围很广。它在计算时使用会计报表上的数据以及普通会计的收益和成本观念。会计收益率的计算公式为

$$会计收益率 = \frac{年平均净收益}{原始投资额} \times 100\%$$

【例 6-8】 根据例 6-6 的资料计算 A、B、C 方案的会计收益率：

$$会计收益率（A）=\frac{(1\ 800+3\ 240)\div 2}{20\ 000}\times 100\%=12.6\%$$

$$会计收益率（B）=\frac{(-1\ 800+3\ 000+3\ 000)\div 3}{9\ 000}\times 100\%\approx 15.6\%$$

$$会计收益率（C）=\frac{600}{12\ 000}\times 100\%=5\%$$

会计收益率法简单、明了、易于掌握，但没有考虑货币时间价值，不能正确反映建设期长短及投资方式不同对项目的影响；指标的计算无法直接利用现金净流量信息；计算指标公式中分子与分母在时间上口径不一致，因而影响指标的可比性。因此，会计收益率只能作为投资项目评价的辅助指标。

二、贴现的评价方法

（一）净现值法

净现值是指特定方案未来现金流入的现值与未来现金流出的现值之间的差额，记作 NPV。净现值的计算公式为

$$净现值（NPV）=\sum_{k=0}^{n}\frac{I_k}{(1+i)^k}-\sum_{k=0}^{n}\frac{O_k}{(1+i)^k}$$

在线视频 6-4

式中，n 为投资涉及的年限；I_k 为第 k 年的现金流入量；O_k 为第 k 年的现金流出量；i 为预定的折现率。

按照这种方法，所有未来现金流入和流出都要按预定折现率折算为它们的现值，然后再计算它们的差额。如净现值为正数，即折现后现金流入大于折现后现金流出，该投资项目的报酬率大于预定的折现率。如净现值为零，即折现后现金流入等于折现后现金流出，该投资项目的报酬率相当于预定的折现率。如净现值为负数，即折现后现金流入小于折现后现金流出，该投资项目的报酬率小于预定的折现率。

【例 6-9】 根据例 6-6 中的数据，A、B、C 三种投资方案的净现值计算如下：

$NPV（A）=(11\ 800\times 0.9091+13\ 240\times 0.8264)-20\ 000\approx 21\ 669-20\ 000$
$\qquad=1\ 669（元）$

$NPV（B）=(1\ 200\times 0.9091+6\ 000\times 0.8264+6\ 000\times 0.7513)-9\ 000$
$\qquad\approx 10\ 557-9\ 000=1\ 557（元）$

$NPV（C）=4\ 600\times 2.487-12\ 000\approx 11\ 440-12\ 000=-560（元）$

A、B 两个投资方案的净现值为正数，说明该方案的报酬率超过 10%。如果企业的资金成本率或要求的投资报酬率是 10%，那么这两个方案就是有利的，因而是可以接受的。C 投资方案的净现值为负数，说明该方案的报酬率达不到 10%，因而应予放弃。A 方案和 B 方案相比，A 方案更好些。

净现值法具有广泛的适用性，在理论上也比其他方法更完善。净现值法应用的主要问

题是如何确定折现率,一种办法是根据资金成本来确定,另一种办法是根据企业要求的最低资金利润率来确定。前一种办法,由于计算资本成本比较困难,故限制了其应用范围;后一种办法根据资金的机会成本,即一般情况下可以获得的报酬来确定,比较容易解决。

(二)现值指数法

在线视频 6-5

现值指数是指未来现金流入现值与现金流出现值的比率,办称获利指数,记作 PI。现值指数的计算公式为

$$现值指数(PI) = \sum_{k=0}^{n} \frac{I_k}{(1+i)^k} \div \sum_{k=0}^{n} \frac{O_k}{(1+i)^k}$$

根据例 6-9 的资料,A、B、C 三个方案的现值指数如下:

$PI_A \approx 21\ 669 \div 20\ 000 \approx 1.08$

$PI_B \approx 10\ 557 \div 9\ 000 \approx 1.17$

$PI_C \approx 11\ 440 \div 12\ 000 \approx 0.95$

A、B 两个投资方案的现值指数大于 1,说明其收益超过成本,即投资报酬率超过预定的折现率。C 投资方案的现值指数小于 1,说明其投资报酬率没有达到预定的折现率。如果现值指数为 1,说明折现后现金流入等于现金流出,投资报酬率与预定的折现率相同。

现值指数法的主要优点是,可以进行独立投资机会获利能力的比较。在例 6-9 中,A 方案的净现值是 1 669 元,B 方案的净现值是 1 557 元。如果这两个方案之间是互斥的,当然 A 方案较好。如果两者是独立的,哪一个应优先给予考虑,可以根据现值指数来选择。B 方案现值指数为 1.17,大于 A 方案的 1.08,所以 B 优于 A。

现值指数可以看成 1 元原始投资可望获得的现值净收益,因此,可以作为评价方案的一个指标。它是一个相对数指标,反映投资的效率;而净现值指标是绝对数指标,反映投资的效益。

(三)内含报酬率法

在线视频 6-6

内含报酬率是指能够使未来现金流入量现值等于未来现金流出量现值的折现率,或者说是使投资方案净现值为零的折现率,记作 IRR。

当 $NPV = \sum_{k=0}^{n} \frac{I_k}{(1+i)^k} - \sum_{k=0}^{n} \frac{O_k}{(1+i)^k} = 0$ 时,求得的 i 即 IRR。

净现值法和现值指数法虽然考虑了货币时间价值,可以说明投资方案高于或低于某一特定的投资报酬率,但没有揭示方案本身可以达到的具体的报酬率是多少。内含报酬率是根据方案的现金流量计算的,是方案本身的投资报酬率。

内含报酬率的计算,通常需要逐步测试法,具体步骤如下:

(1)先自行设定一个折现率 r_1,代入净现值的计算公式,求出按 r_1 为折现率的净现值 NPV_1,并进行下面的判断。

(2)若净现值 $NPV_1 = 0$,则内含报酬率 $IRR = r_1$,计算结束;若净现值 $NPV_1 > 0$,说明方案本身的报酬率超过估计的折现率,即 $IRR > r_1$,应提高折现率后进一步测试;若净现

值 $NPV_1 < 0$,说明方案本身的报酬率低于估计的折现率,即 $IRR < r_1$,应降低折现率后进一步测试。经过多次测试,寻找出使净现值接近于零的折现率,就是方案本身的内含报酬率。

(3)经过逐次测试判断,有可能找到内含报酬率 IRR。每一轮判断的原则相同。若设 r_j 为第 j 次测试的折现率,NPV_j 为按 r_j 计算的净现值,则有:

当 $NPV_j > 0$ 时,$IRR > r_j$,提高折现率后继续测试。

当 $NPV_j < 0$ 时,$IRR < r_j$,降低折现率后继续测试。

当 $NPV_j = 0$ 时,$IRR = r_j$,测试完成。

(4)若经过有限次测试,已无法继续利用有关货币时间价值系数表,仍未求得内含报酬率 IRR,则可利用最为接近零的两个净现值正负临界值 NPV_m、NPV_{m+1} 及其相应的折现率 r_m、r_{m+1} 四个数据,应用内插法计算近似的内含报酬率。

【例 6-10】　根据例 6-9 的资料,分别计算 A、B、C 方案的内含报酬率。

【解析】　已知 $i = 10\%$ 时,A 方案的净现值为正数,说明它的内含报酬率大于 10%,因此,应提高折现率后进一步测试。假设以 18% 为折现率进行测试,结果净现值为 -499 元,说明它的内含报酬率小于 18%。继续降低到 16% 重新测试,结果净现值为 9 元,已接近于零,当找到接近零的两个净现值正负临界值时,应用内插法计算 A 方案的内含报酬率。测试过程见表 6-5。

表 6-5　A 方案内含报酬率的测试

年　份	现金净流量/元	贴现率 = 18%		贴现率 = 16%	
		贴现系数	现值/元	贴现系数	现值/元
第 0 年	(20 000)	1	(20 000)	1	(20 000)
第 1 年	11 800	0.847	9 995	0.862	10 172
第 2 年	13 240	0.718	9 506	0.743	9 837
净现值/元			(499)		9

注:表中加括号的数字为负数。

$$IRR(A) = 16\% + \left(2\% \times \frac{9}{9 + 499}\right) \approx 16.04\%$$

已知 $i = 10\%$ 时,B 方案的净现值为正数,说明它的内含报酬率大于 10%,因此,应提高折现率后进一步测试。假设以 18% 为折现率进行测试,结果净现值为 -22 元,说明它的内含报酬率小于 18%。继续降低到 16% 重新测试,结果净现值为 338 元,当找到接近零的两个净现值正负临界值时,应用内插法计算 B 方案的内含报酬率。测试过程见表 6-6。

表 6-6 B 方案内含报酬率的测试

年 份	现金净流量/元	贴现率＝18％		贴现率＝16％	
		贴现系数	现值/元	贴现系数	现值/元
第 0 年	(9 000)	1	(9 000)	1	(9 000)
第 1 年	1 200	0.847	1 016	0.862	1 034
第 2 年	6 000	0.718	4 308	0.743	4 458
第 3 年	6 000	0.609	3 654	0.641	3 846
净现值/元			(22)		338

注：表中加括号的数字为负数。

$$IRR(B) = 16\% + \left(2\% \times \frac{338}{22+338}\right) \approx 17.88\%$$

C 方案各期现金流入量相等，符合年金形式，内含报酬率可直接利用年金现值表确定，不需要进行逐步测试。

令 C 方案的净现值 $NPV = 4\ 600 \times (P/A, i, 3) - 12\ 000 \approx 0$，则 $(P/A, i, 3) = 2.609$

查阅"年金现值系数表"，寻找 $n = 3$ 时系数 2.609 所指的利率。查表结果显示，与 2.609 接近的现值系数 2.624 和 2.577 分别指向 7％和 8％。用内插法确定 C 方案的内含报酬率为 7.32％。

$$IRR(C) = 7\% + \left(1\% \times \frac{2.624 - 2.609}{2.624 - 2.577}\right) \approx 7\% + 0.32\% = 7.32\%$$

计算出各方案的内含报酬率以后，可以根据企业的资本成本或要求的最低投资报酬率对方案进行取舍。假设资本成本是 10％，那么，A、B 两个方案都可以接受，而 C 方案则应放弃。

内含报酬率法和现值指数法有相似之处，都是根据相对比率来评价方案，而不像净现值法那样使用绝对数来评价方案。在评价方案时要注意，相对比率高的方案绝对数不一定大，反之也一样。这种不同和利润率与利润额不同是类似的。A 方案的净现值大，是靠投资 20 000 元取得的；B 方案的净现值小，是靠投资 9 000 元取得的。如果这两个方案是互相排斥的，也就是说只能选择其中一个，那么选择 A 有利。A 方案尽管投资较大，但是在分析时已考虑到承担该项投资的应付利息。如果这两个方案是相互独立的，也就是说采纳 A 方案时不排斥同时采纳 B 方案，那就很难根据净现值来排定优先次序。内含报酬率可以解决这个问题，应优先安排内含报酬率较高的 B 方案，如有足够的资金可以再安排 A 方案。

内含报酬率法与现值指数法也有区别。在计算内含报酬率时不必事先选择折现率，根据内含报酬率就可以排定独立投资的优先次序，只是最后需要一个切合实际的资本成本或最低报酬率来判定方案是否可行。现值指数法需要一个适合的折现率，以便将现金流量折为现值，折现率的高低会影响方案的优先次序。

如果 i 为某企业的行业基准贴现率，净现值 NPV、现值指数 PI 和内含报酬率 IRR 各指

标之间存在以下数量关系,即:

当 $NPV>0$ 时,$PI>1$,$IRR>i$。

当 $NPV=0$ 时,$PI=1$,$IRR=i$。

当 $NPV<0$ 时,$PI<1$,$IRR<i$。

这些指标都会受到建设期的长短、投资方式以及各年净现金流量的数量特征的影响。所不同的是 NPV 为绝对量指标,其余为相对数指标,计算净现值 NPV 所依据的折现率都是事先已知的 i,而内含报酬率 IRR 的计算本身与 i 的高低无关。

第四节　投资项目评价方法的应用

一、独立方案的投资决策

独立方案是指两个或两个以上方案互不依赖,互相独立,可以同时并存,各方案的决策也是独立的。在独立方案决策中,选择某一方案并不排斥选择另一方案。独立方案应具备如下前提条件:投资资金来源无限制;投资资金无优先使用的排列;各投资方案所需的人力、物力均能得到满足;不考虑地区、行业之间的相互关系及其影响;投资方案是否可行,仅取决于本方案的经济效益,与其他方案无关。

在线视频 6-7

独立投资方案的决策属于筛分决策,即评价各方案本身是否可行,方案本身是否达到某种预期的可行性标准。如果某一投资项目的 $NPV \geq 0$,$PI \geq 1$,$IRR \geq i$,则可以断定该项目无论从哪个方面看都具有财务可行性。反之,则不具有财务可行性,该方案不可行。

【例 6-11】 某影视公司购置设备扩充生产能力,预计购置成本为 1 000 万元,折旧年限为 6 年,法定残值率为购置成本的 10%,设备投入使用后收入每年增加 520 万元,付现成本每年增加 150 万元,年初需垫支营运资本 200 万元。预计该设备 4 年后变现,变现价值为 240 万元。所得税税率为 25%,项目要求的报酬率为 15%。请计算净现值并评价是否应投资购买该设备。

【解析】 固定资产折旧＝$(1\,000) \times (1-10\%)/6 = 150$(万元)

4 年后账面价值＝$1\,000 - 4 \times 150 = 400$(万元)

4 年后变现价值＝240(万元)

4 年后变现损失抵税＝$(400-240) \times 25\% = 40$(万元)

$NCF_0 = -1\,000 - 200 = -1\,200$(万元)

$NCF_{1-3} = (520-150-150) \times (1-25\%) + 150 = 315$(万元)

$NCF_4 = 315 + 200 + 240 + 40 = 795$(万元)

$NPV = 315 \times (P/A, 15\%, 3) + 795 \times (P/F, 15\%, 4) - 1\,200 \approx -26.21$(万元)

由于该项目的净现值 $NPV<0$,所以投资购买该设备的方案不可行。

贴现评价指标在评价财务可行性的过程中起主导作用,对单一投资项目进行财务评价时,净现值、现值指数和内含报酬率指标的评价结论是一致的。当非贴现指标的评价结论与贴现指标的评价结论发生矛盾时,应当以贴现指标的结论为准。

独立投资方案之间进行排序时,即确定各种可行方案的投资顺序时,应以各独立方案的获利程度作为评价标准,一般采用内含报酬率法。

【例 6-12】 某公司资金充足,现有甲、乙、丙三个独立投资项目,投资必要收益率为8%。各方案原始投资额、年现金净流量、期限等资料如表 6-7 所示。如何安排独立投资方案的投资顺序?

表 6-7 独立投资方案的评价指标

项 目	甲方案	乙方案	丙方案
原始投资额/元	150 000	250 000	250 000
年现金净流量/元	44 000	70 000	54 000
期限/年	5	5	8
净现值(NPV)	25 679	29 490	31 144
现值指数(PI)	1.171	1.118	1.125
内含报酬率(IRR)/%	14.29	12.38	11.55

【解析】 甲、乙、丙三个方案的贴现评价指标均满足 $NPV \geqslant 0, PI \geqslant 1, IRR \geqslant i$,因此三个方案都具有财务可行性。

从甲方案和乙方案的比较来看,甲和乙两个方案的期限相同,投资额不同,乙方案的净现值高于甲方案,但由于乙方案的投资额高于甲方案,所以不适合用净现值对方案进行选择。甲方案无论是现值指数还是内含报酬率均高于乙方案,可以得出甲方案优于乙方案。从乙方案和丙方案的比较来看,乙和丙两个方案的期限不同,投资额相同,不适合用净现值和现值指数对方案进行选择。乙方案的内含报酬率高于丙方案,可以得出乙方案优于丙方案。从甲方案和丙方案比较来看,甲和丙两个方案的期限不同,投资额不同,用内含报酬率进行方案的选择,得出甲方案优于丙方案。

在独立投资方案进行排序决策时,内含报酬率指标能综合反映各方案的获利程度,例 6-12 中,投资顺序应该为甲、乙、丙。

二、互斥方案的投资决策

互斥方案是指互相关联、互相排斥的方案,即一组方案中的各个方案彼此可以相互代替,采纳方案组中的某一方案,就会自动排斥这组方案中的其他方案。因此,互斥方案具有排他性。例如,某企业拟投资增加一条生产线(购置设备),既可以自行生产制造,也可以向国内其他厂家订购,还可以向某外商订购,这一组设备购置方案就是互斥方案,因为在这三个方案中,只能选择其中一个方案。

互斥方案的投资决策方法包括净现值法、增量收益法、最小公倍寿命法、年均净现值法等。

（一）净现值法

净现值法是指通过比较所有已具备财务可行性的投资方案的净现值大小来选择最优方案的方法。该法适用于原始投资相同且项目计算期相等的多方案比较决策。在这种方法下，净现值最大的方案为优。

【例 6-13】　某投资项目需要原始投资 100 万元，有 A 和 B 两个互相排斥，但项目计算期相同的备选方案可供选择，各方案的净现值指标分别为 230 万元和 215 万元。根据上述资料，按净现值法做出投资决策。

【解析】　（1）评价各备选方案的财务可行性

由于 $NPV(A)=230$ 万元 >0，$NPV(B)=215$ 万元 >0，所以 A、B 两个备选方案均具有财务可行性。

（2）按净现值法进行比较决策

由于 $NPV(A)>NPV(B)$，所以 A 方案优于 B 方案。

（二）增量收益法

增量收益法是指在两个原始投资额不同的方案的差额净现金流量（记作 ΔNCF，原始投资额大的与原始投资额小的比较）基础上，根据差额净现值（记作 ΔNPV）、差额现值指数（记作 ΔPI）、差额内含报酬率（记作 ΔIRR）等任一标准进行互斥方案的评价，进而判断方案孰优孰劣的方法。该法适用于原始投资不相同，但项目计算期相同的多方案比较决策。

在线视频 6-8

对于设备更新决策方案，通常是站在新设备的角度进行分析（ΔNPV，新设备与旧设备比较），如果差额净现值大于 0，差额现值指数大于 1 或者差额内含报酬率大于基准收益率或资本成本，则应接受购置新设备；反之，则应继续使用旧设备。

【例 6-14】　某公司有一台 4 年前购入的设备，购置成本为 100 000 元，估计仍然可以使用 6 年。假定该设备已提折旧 40 000 元（直线法），账面余额为 60 000 元，期末无残值。使用这台设备公司可取得年销售收入 200 000 元，每年付现成本为 150 000 元。现在该公司技术部门了解到市面上出现了一种新兴替代设备，可提高产品质量和产量，于是提议更新设备。已知新设备售价为 220 000 元，估计可使用 6 年，期末残值为 40 000 元，若购入新设备，旧设备可折价 30 000 元，年销售收入可提高至 250 000 元，每年还可节约付现成本 10 000 元。若该公司资金成本率为 12%，所得税税率为 25%，试计算保留旧设备与购置新设备这两个方案的差额净现金流量、差额净现值，判断继续使用旧设备还是购置新设备。

【解析】　旧设备年折旧额 $=60\ 000/6=10\ 000$（元）

新设备年折旧额 $=(220\ 000-40\ 000)/6=30\ 000$（元）

新旧设备折旧差额 $=30\ 000-10\ 000=20\ 000$（元）

旧设备初始现金流量 $NCF_0=[-30\ 000-(60\ 000-30\ 000)\times25\%]=-37\ 500$（元）

新设备初始现金流量 $NCF_0=-220\ 000$（元）

新旧设备差额净现金流量为

$$\Delta NCF_0 = -220\,000 - (-37\,500) = -182\,500(元)$$

$$\Delta NCF_{1-5} = [50\,000 - (-10\,000) - 20\,000] \times (1 - 25\%) + (30\,000 - 10\,000)$$
$$= 50\,000(元)$$

$$\Delta NCF_6 = 50\,000 + 40\,000 = 90\,000(元)$$

新旧设备差额净现值为

$$\Delta NPV = -182\,500 + 50\,000 \times (P/A, 12\%, 5) + 90\,000 \times (P/F, 12\%, 6)$$
$$= -182\,500 + 50\,000 \times 3.6048 + 90\,000 \times 0.5066$$
$$= 43\,334(元)$$

通过计算，差额净现值 $\Delta NPV > 0$，则应购置新设备替换旧设备。

【例 6-15】 甲项目原始投资额为 150 万元，项目计算期第 1～10 年的净现金流量为 29.29 万元；乙项目的原始投资额为 100 万元，项目计算期第 1～10 年的净现金流量为 20.18 万元。假定基准折现率为 10%，按差额内含报酬率法进行投资决策。

（1）计算差额净现金流量

$$\Delta NCF_0 = -150 - (-100) = -50(万元)$$

$$\Delta NCF_{1-10} = 29.29 - 20.18 = 9.11(万元)$$

（2）计算差额内含报酬率

令 $\Delta NPV = 9.11 \times (P/A, \Delta IRR, 10) - 50 \approx 0$，则 $(P/A, \Delta IRR, 10) = 5.4885$

查年金现值系数表，寻找 $n = 10$ 时系数 5.4885 所指的利率。查表结果显示，与 5.4885 接近的现值系数 5.6502 和 5.4262 分别指向 12% 和 13%。用内插法确定差额内含报酬率为 12.72%。

$$\Delta IRR = 12\% + (13\% - 12\%) \times \frac{5.6502 - 5.4885}{5.6502 - 5.4262} \approx 12.72\%$$

（3）做出决策

因为 $\Delta IRR = 12.72\% > 10\%$，所以应当投资甲项目。

（三）最小公倍寿命法和年均净现值法

多数投资项目决策都会涉及两个或两个以上寿命期不同的投资项目选择问题。由于寿命期不同，就不能对项目的净现值、现值指数和内含报酬率直接进行比较。为了使指标的对比更加合理，必须考虑对相同年度内两个项目的净现值进行比较，或是对两个项目的年均净现值进行比较，这便出现了进行合理比较的两种基本方法——最小公倍寿命法和年均净现值法。

1. 最小公倍寿命法

最小公倍寿命法是求出两个项目使用年限的最小公倍数，然后分别按照最小公倍数的年限计算各项目的净现值，净现值大的项目为最优项目。例如 A 项目的寿命为 2 年，B 为 1 年，那么在进行选择时，对于 B 项目，在 1 年结束后，用同样的一个 B 项目进行替代，这样,B项目在进行替代后寿命变为2年,这与A项目寿命一致,然后再根据净现值来进行选择。

【例6-16】 大华公司目前有半自动和全自动两个生产线可供选择:其中半自动生产线需投资16万元,投资后每年净现金流量为8万元,寿命期为3年;全自动生产线需投资21万元,投资后每年净现金流量为6.4万元,寿命期为6年。公司要求最低投资报酬率为16%,那么该公司应选择哪条生产线呢?

【解析】 半自动生产线和全自动生产线寿命期的最小公倍数为6年。对于半自动生产线,需要假设寿命期到期之前再进行一次投资,将两次投资的现金流量进行合并从而计算净现值。

(1)计算半自动生产线的净现值(见表6-8)

表6-8 半自动生产线的现金流量表 单位:万元

现金流量	第0年	第1年	第2年	第3年	第4年	第5年	第6年
第0年投资的现金流量	−16	8	8	8			
第3年投资的现金流量				−16	8	8	8
两次投资合并的现金流量	−16	8	8	−8	8	8	8

$$\text{半自动生产线的净现值} NPV = 8 \times (P/A, 16\%, 6) - 16 \times (P/F, 16\%, 3) - 16$$
$$= 8 \times 3.685 - 16 \times 0.6407 - 16$$
$$= 3.2288 (\text{万元})$$

(2)计算全自动生产线的净现值

$$\text{全自动生产线的净现值} NPV = 6.4 \times (P/A, 16\%, 6) - 21$$
$$= 6.4 \times 3.685 - 21$$
$$= 2.584 (\text{万元})$$

通过比较两条生产线的净现值可知,应该选择净现值较高的半自动生产线。

2. 年均净现值法

年均净现值法是指通过比较所有投资项目年均净现值(记作$ANPV$)指标的大小来选择最优项目的评价方法。该法适用于原始投资不相同,特别是项目计算期不同的多项目比较决策。在这种方法下,年均净现值最大的项目为优。

年均净现值的计算公式为

$$\text{年均净现值} ANPV = NPV/(P/A, i, n)$$

式中,$ANPV$为年均净现值;NPV为净现值;$(P/A, i, n)$为年金现值系数。

■■■ **思考 6-8** 下列各项中,计算结果等于项目投资方案年均净现值的是( )。

A. 该方案净现值×年金现值系数

B. 该方案净现值×年金现值系数的倒数

C. 该方案每年相等的净现金流量×年金现值系数

D. 该方案每年相等的净现金流量×年金现值系数的倒数

■■■ **解析** $ANPV = NPV/(P/A, i, n)$,所以选项 B 正确。

【**例 6-17**】某企业拟投资建设一条新生产线,现有三个方案可供选择:甲方案的原始投资为 125 万元,项目计算期为 11 年,净现值为 95.87 万元;乙方案的原始投资为 110 万元,项目计算期为 10 年,净现值为 92 万元;丙方案的原始投资为 100 万元,项目计算期为 9 年,净现值为 -2.5 万元。行业基准折现率为 10%。根据上述资料,按年均净现值法做出投资方案决策。

(1)评价各备选方案的财务可行性

由于 $NPV(甲) = 95.87$ 万元 > 0,$NPV(乙) = 92$ 万元 > 0,所以甲、乙两个备选方案均具有财务可行性,而 $NPV(丙) = -2.5$ 万元 < 0,不具有财务可行性。

(2)计算各个具有财务可行性的方案的年均净现值

甲方案年均净现值 $ANPV(甲) = 95.87/(P/A, 10\%, 11) = 95.87/6.4952 \approx 14.76$(万元)

乙方案年均净现值 $ANPV(乙) = 92/(P/A, 10\%, 10) = 92/6.1445 \approx 14.97$(万元)

(3)比较各方案的年均净现值,做出决策

因为 $ANPV(乙) > ANPV(甲)$,所以乙方案优于甲方案。

三、资本限量的投资决策

资本限量是指企业没有足够的资金,不可能投资于所有可接受的项目。即使企业有很多获利的项目可供投资,但企业筹集到的资金有一定限度,需要从这些项目中进行最优投资组合。资本限量的投资决策通常要结合现值指数和净现值进行分析。

(一)使用现值指数的步骤

(1)计算所有项目的现值指数,并列出每一个项目的初始投资额。

(2)选择 $PI > 1$ 的项目,如果所有可接受的项目都有足够资金,则说明资本没有限量,此过程即可完成。

(3)如果资金不能满足所有项目的 $PI > 1$,那么就在资本限量内对所有项目进行各种可能的组合,然后计算出各种组合的加权平均现值指数。

(4)选择加权平均现值指数最大的投资组合。

(二)使用净现值的步骤

(1)计算所有项目的净现值,并列出每一个项目的初始投资额。

(2)选择 NPV>0 的项目,如果所有可接受的项目都有足够资金,则说明资本没有限量,此过程即可完成。

(3)如果资金不能满足所有项目的 NPV>0,那么就在资本限量内对所有项目进行各种可能的组合,然后计算出各种组合的净现值总额。

(4)选择净现值总额最大的组合。

【例 6-18】 甲企业准备投资的 5 个项目的资料见表 6-9。

表 6-9　甲企业五个备选投资项目的初始投资、现值指数和净现值

投资项目	初始投资/元	现值指数	净现值/元
A	120 000	1.56	67 000
B	150 000	1.53	79 500
C	300 000	1.37	111 000
D	125 000	1.17	21 000
E	100 000	1.18	18 000

假如 D、E 是互斥项目,若该企业的资本限量为 400 000 元,请问怎样组合能使企业资本的效益最大?

【解析】 为了选出最优项目,必须列出资本限量内所有可能的项目组合。为此,可以通过列表来计算所有可能的项目组合的加权平均现值指数和净现值合计数,选出加权平均现值指数或净现值合计数最大的项目组合,如表 6-10 所示。

表 6-10　项目组合的加权平均现值指数和净现值合计数

项目组合	初始投资/元	加权平均现值指数	净现值合计数/元
ABD	395 000	1.420	167 500
ABE	370 000	1.412	164 500
AB	270 000	1.367	146 500
AD	245 000	1.221	88 000
AE	220 000	1.213	85 000
BD	275 000	1.252	100 500
BE	250 000	1.244	97 500
CE	400 000	1.222	129 000

在项目组合 ABD 中,有 5 000 元资金没有用完,假设公司将这 5 000 元投资于有价证券,现值指数为 1,以下同,计算过程如下:

$$加权平均现值指数 = \frac{120\ 000}{400\ 000} \times 1.56 + \frac{150\ 000}{400\ 000} \times 1.53 + \frac{125\ 000}{400\ 000} \times 1.17 + \frac{5\ 000}{400\ 000} \times 1$$

$$\approx 1.420$$

项目组合 ABD 的净现值合计数 = 67 000 + 79 500 + 21 000 = 167 500(元)

其他组合的加权平均现值指数和净现值合计数的计算方法同上。

从表 6-10 中可以看出,公司应选 ABD 项目组合,其加权平均现值指数和净现值合计数最大。

【复习思考题】

1. 企业进行投资时为什么估计现金流量而不是估计利润?

2. 投资活动的现金流量是由什么构成的?

3. 投资项目的静态评价指标有哪些?如何用于项目评价?

4. 投资项目的动态评价指标有哪些?如何用于项目评价?

5. 资本限量的投资决策方法有哪些?

6. 作为财务人员,在项目投资决策中应如何当好企业的参谋?

【自测题】

在线测试

第七章

证券投资

■■■ 学习目标

通过本章学习,学生应初步了解证券投资的目的及特点,准确把握股票、债券、基金的特点,掌握股票价值及债券价值的计算。

■■■ 关键知识点

证券投资的特点、股票价值和债券价值的计算、基金的价值与收益率的计算。

■■■ 案例导入

可口可乐是巴菲特从1988年买入以来长期持有的一只稳健型股票,因为他认为这个公司具有潜力。的确,一个多世纪以来,可口可乐公司有效地执行了一个简单的商业模式,即生产美味和大家喜欢喝的饮料,并将其销往世界各地。巴菲特持有可口可乐公司股票从来没有动摇过,尽管可口可乐的业绩有多次下滑,但他仍然坚信自己的判断,坚持长期持有,不把股价下跌作为评判是否持有的标准。1997年可口可乐的回报率是56.6%,1998年下滑到42.0%,1999年的时候更是下跌到35.0%。许多投资者纷纷抛售可口可乐公司股票,但巴菲特仍然坚持自己的判断,还是长期持有,然后和董事会一起商谈解雇了原有的首席执行官(CEO),聘任达夫为新的CEO。果然不久之后,可口可乐就重振雄风,为巴菲特创造了高额的回报。这种投资策略也就是大家认可的价值投资长期持有策略。

反观有的投资者幻想一夜暴富,在证券市场上违规操纵股票价格,如福建省福州市王某操纵市场案(中国证监会行政处罚决定书〔2022〕64号)。在2020年2月3日至11月6日期间,王某实际控制使用145个证券账户,采取集中资金优势、持股优势连续买卖,在自己实际控制的账户之间进行交易等手段操纵"吉林高速""大连热电"等8只股票,影响股票价格和交易量,与同期上证综指或深证综指最高偏离31.79%。《中华人民共和国证券法》第一百九十二条的规定,违反本法第五十五条的规定,操纵证券市场的,责令依法处理其非法持有的证券,没收违法所得,并处以违法所得一倍以上十倍以下的罚款。中国证监会没收王某违法所得142 690 148.86元,并处以428 070 446.58元的罚款。操纵市场损害投资者利益、扰乱交易秩序,始终是监管部门的打击重点。

■■■■ 思　考

1.什么是价值投资？

2.如何计算股票价值？

3.巴菲特为什么坚定持有可口可乐公司的股票？

4.新时代的大学生应如何做社会主义法治的忠实崇尚者、自觉遵守者、坚定捍卫者？

第一节　证券投资概述

一、证券投资的概念及种类

证券投资,是指投资者将资金投资于股票、债券、基金及衍生证券等资产,从而获取收益的一种投资行为。它是企业投资的重要组成部分。

证券可按不同的标准进行分类。

按照证券发行主体的不同,证券可分为政府证券、金融证券和公司证券。政府证券是中央政府和地方政府为筹措资金发行的证券,如国库券;金融证券是银行或其他金融机构为筹措资金发行的证券,如金融企业证券;公司证券是工商企业为筹措资金发行的证券,如企业股票、企业债券等。从风险大小来看,三种证券风险由小到大依次为政府证券、金融证券、公司证券。

按照证券所体现的权益关系不同,证券可分为所有权证券和债权证券。所有权证券是指证券的持有人便是证券发行单位的所有者的证券,其对发行单位有一定的管理权和收益分配权,如股票;债权证券是指证券的持有人是证券发行单位的债权人的证券,其对发行单位不具有管理和控制权,一般仅拥有到期收回本金和利息的权利,如债券。

按照证券收益的决定因素不同,证券可分为原生证券和衍生证券。原生证券的收益大小主要取决于发行者的财务状况;衍生证券包括期货合约和期权合约两种基本类型,其收益取决于原生证券的价格。

按照证券期限的不同,证券可分为固定收益证券和变动收益证券。固定收益证券在证券票面规定有固定收益率(如债券),变动收益证券的收益情况随企业经营状况而改变(如普通股、基金)。相对于固定收益证券来说,变动收益证券风险大,但收益高。

按照证券期限的不同,证券可分为短期证券和长期证券。短期证券是指将在一年内到期的证券,如短期国债、央行票据、商业票据;长期证券是指期限长于一年的证券,如长期的国债、股票等。相对于短期证券来说,长期证券风险大,但收益高。

按照募集方式的不同,证券可分为公募证券和私募证券。公募证券又称公开发行证券,是指发行人向不特定的社会公众广泛发售的证券;私募证券又称内部发行证券,是指面向少数特定投资者发行的证券。

二、证券投资的目的

企业进行证券投资的目的主要有以下几个。

(1)暂时存放闲置资金。持有一定量的有价证券,以替代较大量的非盈利的现金余额,并在现金流出超过现金流入时,将持有的有价证券售出,以增加现金。

(2)与筹集长期资金相配合。处于成长期或扩张期的企业一般每隔一段时间就会发行长期证券(股票或债券)。但取得的资金一般不会一次用完,而是逐渐、分次使用。将闲置不用的资金投资于有价证券,可以获取一定的收益,需要资金时售出。

(3)满足未来的财务需求。比如企业在未来有一笔资金需求(偿还债务等),可以将现有现金投资于证券,以便到时售出。

(4)满足季节性经营对现金的需求。具有季节性经营特征的企业,旺季现金短缺,淡季现金剩余。这类企业一般在淡季用剩余现金购入证券,在旺季需要现金时售出。

(5)获得对相关企业的控制权。这种情况主要是指股票投资,如一家钢铁企业想控制一家铁矿石公司,可在二级市场上购买这家公司的股票,直到所拥有的股权能控制铁矿石公司为止。

三、证券投资的特点

相对于实物投资而言,证券投资具有如下特点。

(1)流动性强。证券资产的流动性明显地强于实物资产。

(2)价格不稳定,投资风险较大。证券相对于实物资产来说,价格受人为因素的影响较大,且没有相应的实物做保证;其价格受政治、经济环境等各种因素的影响也较大,因此具有价值不稳定、投资风险较大的特点。

(3)交易成本低。证券交易过程快速、简洁,成本较低。

■■■■ **思考 7-1** 相对于实物投资而言,证券投资具有的特点是(　　)。

A. 流动性强　　　　　　　　　　　B. 价格不稳定

C. 交易成本低　　　　　　　　　　D. 不易变现

■■■■ **解析** 正确答案是 ABC。相对于实物投资而言,证券投资具有如下特点:①流动性强;②价格不稳定,投资风险较大;③交易成本低。

第二节　股票投资

一、股票投资的目的及特点

企业进行股票投资的目的主要有两个：一是获利，即将股票投资作为一般的证券投资，获取股利收入及股票买卖差价；二是控股，即通过购买某一企业的大量股票达到控制该企业的目的。

股票投资属于权益性投资，相比于债权性的债券投资具有以下特点。

（一）投资风险大

股票投资属于权益性投资，股票投资者的索偿权居于债权人、优先股之后，相应的投资可能得不到全额补偿，甚至一无所有。另外股票价格受多种因素影响，很不稳定，经营的不确定性及采取的股利政策使得股利收益不确定，进一步加大股票投资的风险。

（二）收益率高

股票投资是高风险的投资活动，股票价格变动频繁，既受宏观经济的影响，也受行业、公司经营状况的影响，股票投资者投资风险高自然要求获取更多的报酬。

（三）收益不稳定

企业经营受多种因素的影响，盈利状况的不稳定势必影响企业分红的多少。股利不仅仅受发行企业盈利状况的影响，也受制于企业所采取的股利政策，因此股利收益相对于固定收益证券而言具有不稳定性。

（四）价格波动较大

股票的价格受政治、经济、心理、投机、战争、自然灾害、企业经营状况等众多因素的影响，价格波动较大。

二、股票估价

股票的价值是指投资于股票预期获得的未来现金流量的现值。股票未来现金流入量包括每股预期股利（股息和红利）和出售股票时的变价收益。普通股的红利主要取决于公司的税后利润和公司董事会决定的股利政策。

（一）短期持有股票的基本估价模型

大多数投资者并不打算永久持有某种股票，而是准备在持有一段时间后转让出售，他们不仅希望得到股利收入，还希望在未来出售股票时从股票价格的上涨中获得好处。因此投

资者获得的未来现金流量包括两个部分:股利和股票转让收入。此时,股票价值公式为

$$P_0 = \sum_{t=1}^{n} \frac{D_t}{(1+k_s)^t} + \frac{V_n}{(1+k_s)^n}$$

式中,P_0 为股票的内在价值;D_t 为第 t 年的现金股利;k_s 为投资者要求的必要报酬率;V_n 为未来出售时预计的股票价格;n 为预计持有股票的期数。

(二)长期持有股票的基本估价模型

从理论上来说,如果股东不中途转让股票,股票投资没有到期日,投资于股票所得的未来现金流量是各期的股利,此时股票估价的基本模型为

$$P_0 = \sum_{t=1}^{\infty} \frac{D_t}{(1+k_s)^t}$$

(三)不同类型股票的估价

股票估价主要受到投资者持有期限长短、股利大小和贴现率高低的影响。如果投资者打算永久持有股票,未来的贴现率也保持固定不变,那么如何确定未来各期不断变化的股利就成为股票估价的重点。因此,可以假设股票未来的股利按照一定的规律变化,则形成了以下几种股票估价模型。

1. 长期持有且股利固定的股票估价

投资者长期持有股票,且未来每年股利固定不变,投资者未来所获得的现金流入是一个永续年金,则股票估价模型等同于优先股的股价模型。

$$P_0 = \frac{D}{k_s}$$

【例 7-1】 某投资者持有兴盛公司股票,公司宣布每年定额支付每股 2 元的股利,市场平均报酬率为 10%,试计算该公司股票的价值。

【解析】 $P_0 = \dfrac{D}{k_s} = \dfrac{2}{10\%} = 20(元)$

这表明兴盛公司的股票每年给投资者带来 2 元的收益,在市场平均报酬率为 10%的条件下,该公司股票的价值是 20 元。但是,市场上的股票价格不一定就是 20 元,还要看投资者对风险的偏好,其可能高于或低于 20 元。假设市场上的股票价格为 25 元,每年固定股利为 2 元,则其预期的报酬率 $K = 2 \div 25 = 8\%$。可见,当市场价格高于股票价值时,预期报酬率低于市场平均报酬率,不购买该股票。反之,当市场价格低于股票价值时,预期报酬率高于市场平均报酬率,可以购买该股票。

2. 长期持有且股利固定增长的股票估价

一般来说,公司并没有把每年实现的盈余全部作为股利发放出去,留存收益扩大了公司资本,资本额的不断增加有利于公司创造更多的盈余,进而增加下期的股利额。假设公司当期的股利为 D_0,未来股利的支付率每年都以 g 呈几何级数增长,则第 t 期的股利 $D_t = D_0(1+$

$g)^t$，此时，股票的估价公式为

$$P_0 = \sum_{t=1}^{\infty} \frac{D_1}{(1+k_s)} = \sum_{t=1}^{\infty} \frac{D_0(1+g)^t}{(1+k_s)^t}$$

简化为

$$P_0 = \frac{D_1}{k_s-g} = \frac{D_0(1+g)}{k_s-g}$$

【例 7-2】 华夏公司准备投资购买 A 股票，该股票上年每股股利为 2 元，以后股利支付每年都以 4% 的速度永续增长，华夏公司要求的报酬率为 12%，当时 A 股票价格为 22 元，请帮华夏公司决策是否投资该股票。

【解析】 A 股票的价值 $P_0 = \dfrac{D_1}{k_s-g} = \dfrac{D_0(1+g)}{k_s-g} = \dfrac{2\times(1+4\%)}{12\%-4\%} = 26$（元）

A 股票的价格 22 元小于该股票的价值 26 元，因此华夏公司可以投资购买该股票。

3. 股利非固定增长的股票估价

在现实生活中，多数公司的股利并不是固定增长的，而是在一段时间里不规则增长，在另一段时间里以"正常"增长率永续增长。例如，高科技公司会经过一段时间的高速增长而进入成熟期。在这种情况下，可以按照高速增长期和永续正常增长期分步计算股票价值。

【例 7-3】 瑞盛公司发行股票，预期公司未来 3 年高速增长，年股利增长率为 20%，在此之后股利转为正常增长，年增长率为 5%。股票的最低收益率为 10%，最近支付的股利为每股 0.75 元。试计算该公司股票的价值。

【解析】 第一步：计算高速增长期的股利现值（见表 7-1）。

$D_0 = 0.75$ 元 $D_t = D_0(1+g)^t$

表 7-1 高速增长期的股利现值计算表

年　份	股利(D_t)/元	贴现系数	现值/元
第 1 年	$0.75\times(1+20\%)=0.900$	0.909	0.818
第 2 年	$0.90\times(1+20\%)=1.080$	0.826	0.892
第 3 年	$1.08\times(1+20\%)=1.296$	0.751	0.973
3 年股利现值合计/元	2.683		

第二步：计算正常增长期股利在第 3 年年末的股票价值。

$$P_3 = \frac{D_0(1+g)}{k_s-g} = \frac{1.296\times(1+5\%)}{10\%-5\%} = 27.216（元）$$

其现值 $= 27.216\times(P/F,10\%,3) = 27.216\times0.751 \approx 20.439$（元）

第三步：计算股票目前的价值。

$$P_0 = 2.683 + 20.439 = 23.122（元）$$

三、股票投资的收益率

股票投资的收益率就是股票投资未来现金流量现值等于目前购买价格时的贴现率。只有当股票投资的收益率高于投资者要求的最低报酬率时,投资者才愿意购买该股票。如果股票价格为 P_0,公司股利永续增长,年增长率为 g,则可推导出股票投资收益率 K_S 的公式:

$$K_S = \frac{D_1}{P_0} + g$$

【例 7-4】 G 公司目前的股票市价为 44 元,预计下一期每股股利为 2.2 元,该公司股利将以 10% 的速度持续增长。该股票的期望报酬率是多少?

【解析】 $K_S = \dfrac{2.2}{44} + 10\% = 15\%$

第三节　债券投资

一、债券投资的目的及特点

企业进行短期债券投资的主要目的是合理利用暂时的闲置资金,调节现金余额,获得收益。当企业现金余额太多时,便投资于债券,使现金余额减少;反之,当现金余额太少时,则出售原来投资的债券,收回现金,使现金余额增加。也就是说,企业进行短期债券投资的主要目的在于配合现金管理,既要保持资产的流动性,又要获得适当的收益;而企业进行长期债券投资的主要目的是获得稳定的收益。

债券投资属于债权性投资,有别于股权投资,具有如下几个特点。

(一)投资期限方面

不论长期债券投资还是短期债券投资,都有到期日,债券到期应当收回本金,投资应考虑期限的影响。

(二)权利方面

从投资权利角度来说,在各种证券投资方式中,债券投资者的权利最小,无权参与被投资企业的经营管理,只有按约定取得利息,到期收回本金的权利。

(三)收益与风险方面

债券投资收益通常是事前预定的,收益率通常不及股票高,但具有较强的稳定性,投资风险较小。

■■■ **思考 7-2** 相对于股票投资而言,下列项目中能够揭示债券投资特点的是( )。

      A.无法事先预知投资收益水平   B.投资收益率的稳定性较强

      C.投资收益率比较高   D.投资风险较大

■■■ **解析** 正确答案是 B。债券投资具有以下特点:投资期限方面,债券有到期日,投资时应考虑期限的影响;权利方面,从投资权利的角度来说,在各种证券投资方式中,债券投资者的权利最小,无权参与被投资企业的经营管理;收益与风险方面,债券投资收益通常是事前预定的,收益率通常不及股票高,但具有较强的稳定性,投资的风险较小。

二、债券估价

债券作为一种收益稳定的有价证券,其未来的现金流入主要是利息和到期归还的本金。于是,债券价值就是按投资者要求的收益率对这些现金流量进行的贴现。如果投资者按照等于债券价值的价格购买了这种债券,他将获得预期的投资报酬率,即他要求的报酬率;如果按照小于债券价值的价格购买债券,他将获得高于预期的投资报酬率;如果按照大于债券价值的价格购买了债券,他将获得低于预期的投资报酬率。因此,债券价值是债券投资决策时使用的主要指标之一。

(一)复利计息,定期付息,到期一次还本债券估价

典型的债券利率固定,每年计算并支付利息、到期归还本金。该种债券的现金流入主要包括两部分:一是债券利息;二是到期收回的本金或中途转让获得的现金。债券价值就等于有规律的利息收入现值加上到期收回本金或中途转让获得现金的现值之和。计算公式如下:

$$V = \sum_{t=1}^{n} \frac{I_t}{(1+i)^t} + \frac{M}{(1+i)^n} = I_t \times (P/A, i, n) + M \times (P/F, i, n)$$

式中,V 为债券价值;I_t 为 t 期的利息支付;i 为贴现率,即投资者要求的收益率;n 为计息的次数;M 为到期收回的本金或中途转让获得的现金。

【例 7-5】 某公司债券面值为 1 000 元,票面利率为 10%,期限为 5 年,每年年末付息一次,当前市场利率为 12%,当前债券的市场价格为 920 元,该债券是否值得企业购买?

【解析】 $V = 1\,000 \times 10\% \times (P/A, 12\%, 5) + 1\,000 \times (P/F, 12\%, 5)$

          $= 100 \times 3.604\,8 + 1\,000 \times 0.567\,4$

          $= 927.88(元)$

由于债券的价值 927.88 元大于市场价格 920 元,所以该债券值得企业购买。

■■■ **思考 7-3** 上题中如果利息支付是每半年付息一次。如何对债券进行估价?

$V = 1\,000 \times 5\% \times (P/A, 6\%, 10) + 1\,000 \times (P/F, 6\%, 10)$

    $= 50 \times 7.360\,1 + 1\,000 \times 0.558\,4$

    $= 926.405(元)$

■■■■　**解析**　如果利息支付不是每年一次，而是一年内分几次付息，就需要利用名义利率进行债券估价。如上题中每半年付息，相当于一个期限为 n 年，每半年付息一次的债券就有 $2n$ 个付息期间。虽然付息次数增加了一倍，但每次付息额也相应减少了一半。投资者在每个期间内要求的收益率也等于一年付息一次的一半。

（二）单利计息，到期一次还本付息债券估价

此类债券的估价公式为

$$V=(I\times n+M)\times(P/F,i,n)$$

【例 7-6】　昌盛公司拟购买债券，该债券的面值为 100 元，期限为 8 年，票面利率为 6%，单利计息，到期一次还本付息。当前市场利率为 4%。该债券的发行价格为多少时，昌盛公司才能购买？

【解析】　债券到期收回的本金及利息＝$100\times6\%\times8+100=148$（元）

债券价值＝$148\times(P/F,4\%,8)=108.14$（元）

当债券的发行价格低于 108.14 元时，昌盛公司才能购买该债券。

三、债券到期收益率

对于长期债券，由于其涉及时间比较长，因此需要考虑资金时间价值。此时，债券的收益率为债券价值等于购买价格时的贴现率。它的实质是债券投资的内含报酬率，即使债券的未来现金流入现值等于未来现金流出现值的贴现率。购买债券的未来现金流入包括每期的利息以及到期收回的本金，现金流出也就是债券的购买价格。计算债券到期收益率的方法是求解含有贴现率的方程，即求出使债券至到期所得现金流入量的净现值等于零的贴现率。

购进价格＝每年利息×年金现值系数＋面值×复利现值系数

$$P=I\times(P/A,i,n)+M\times(P/F,i,n)$$

【例 7-7】　某公司在 2018 年 1 月 1 日以 950 元的价格购入一张面值为 1 000 元的新发行债券，其票面利率为 8%，5 年后到期，每年 12 月 31 日付息一次，到期归还本金。假定该债券拟持有至到期，计算 2018 年 1 月 1 日该债券持有期收益率是多少？

【解析】　$950=1\,000\times8\%\times(P/A,i,5)+1\,000\times(P/F,i,5)$

采用逐次测试法，按折现率 9% 测试：

$V=80\times(P/A,9\%,5)+1\,000\times(P/F,9\%,5)=961.08$（元）

961.08 元大于 950 元，应提高折现率再次测试。

按折现率 10% 测试：

$V=80\times(P/A,10\%,5)+1\,000\times(P/F,10\%,5)=924.16$（元）

由此判断，收益率介于 9% 和 10% 之间，采用内插法计算其近似值。

$$\frac{i-10\%}{9\%-10\%}=\frac{950-924.16}{961.08-924.16}$$

求得债券到期收益率 $i\approx9.3\%$

第四节　基金投资

一、投资基金的概念及特点

投资基金是一种利益共享、风险共担的集合投资方式,即通过发行基金股份或受益凭证等有价证券聚集众多的不确定投资者的出资,交由专业投资机构经营运作,以规避投资风险并谋取投资收益的证券投资工具。投资基金具有如下几个特点。

（一）规模性

投资基金把众多投资者的大小不等的分散资金汇集成一个基金进行投资。一个投资者的资金在投资市场上是微不足道的,但投资基金汇集了众多投资者的资金,组成大额投资,在进行有价证券或其他项目投资时,就举足轻重了。同时大笔的证券买卖还可降低佣金比例,减少资金成本。

（二）专业性

投资基金交由专业的投资管理公司经营管理,投资者购买基金证券后,即可享受管理公司的专业服务。管理公司由经验丰富、具有专业知识的专家组成,其信息资料齐全,设备先进,分析手段科学合理,管理水平远胜于单个投资者。

（三）组合性

投资基金是一种组合投资方式。按照国际惯例,一个基金在一种股票上的投资不得超过基金资产的 10%,同时拥有某家公司的股份不得超过该公司总股本 10%。所以大多数投资基金会同时投资 30 至 50 家不同的股票及债券、不动产等公司,最大限度地分散风险。投资者通过购买基金证券,可以间接地达到组合投资的目标。

二、投资基金的分类

（一）根据组织形态的不同，可分为契约型基金和公司型基金

1. 契约型基金

契约型基金又称为单位信托基金,是指把受益人(投资者)、管理人、托管人三者作为基金的当事人,由管理人与托管人通过签订信托契约的形式发行受益凭证而设立的一种基金。契约型基金由基金管理人负责基金的管理操作;由基金托管人作为基金资产的名义持有人,负责基金资产的保管和处置,对基金管理人的运作实施监督。

2．公司型基金

公司型基金，是指按照《公司法》以公司形态组成的基金，它以发行股份的方式募集资金，一般投资者购买该基金公司的股份即为认购基金，也就成为该基金公司的股东，凭其持有的基金份额依法享有投资收益。

（二）根据变现方式的不同，可分为封闭式基金和开放式基金

1．封闭式基金

封闭式基金，是指基金的发起人在设立基金时，限定了基金单位的发行总额，筹集到这个总额后，基金即宣告设立，并进行封闭，在一定时期内不再接受新的投资。基金单位的流通采取在交易所上市的办法，通过二级市场进行竞价交易。

2．开放式基金

开放式基金，是指基金发起人在设立基金时，基金单位的总数是不固定的，可视经营策略和发展需要追加发行。投资者也可根据市场状况和各自的投资决策，或者要求发行机构按现期净资产值扣除手续费后赎回股份或受益凭证，或者再买入股份或受益凭证，增加基金单位份额的持有比例。这种基金通过柜台进行交易。

（三）根据投资对象的不同，可分为股票基金、债券基金、混合基金和货币市场基金

1．股票基金

根据中国证监会对基金类别的分类标准，60％以上的基金资产投资于股票市场的为股票基金，预期风险收益水平较高。

2．债券基金

根据中国证监会对基金类别的分类标准，80％以上的基金资产投资于债券市场的为债券基金。国内债券基金主要投资于国债、金融债和企业债，收益率相对稳定，长期预期收益高于货币市场基金。

3．混合基金

根据中国证监会对基金类别的分类标准，同时投资于股票、债券市场，但股票投资和债券投资比例既不符合股票基金标准，也不符合债券基金标准的，即为混合基金。

4．货币市场基金

基金投资于安全且具有流动性的货币市场工具的为货币市场基金。该基金年收益率较低，但风险也很低，申购赎回相当灵活，甚至可与活期存款媲美。

三、投资基金的估价

投资基金的估价涉及三个概念：基金的价值、基金单位净值、基金报价。

（一）基金的价值

基金的价值主要由基金净资产的现有市场价值决定。由于投资基金不断变换投资组合，未来收益较难预测，再加上资本利得是投资基金的主要收益来源，变幻莫测的证券价格使得对资本利得的准确预计非常困难，因此，基金的价值主要由基金净资产的现有市场价值决定。

（二）基金单位净值

基金单位净值，是指在某一时点每一基金单位或基金股份所具有的市场价值，是评价基金价值的最直观指标。基金单位净值是开放式基金申购及赎回金额计算的基础，计算公式为

$$基金单位净值＝基金净资产价值总额/基金单位总份数$$
$$基金净资产价值总额＝基金资产总额－基金负债总额$$

式中，基金负债包括以基金名义对外融资借款以及应付给投资者的分红、应付给基金管理人的经理费等。

【例 7-8】 假设某基金持有的三种股票的数量分别为 10 万股、50 万股和 100 万股，每股的收盘价分别为 30 元、20 元和 10 元，银行存款为 1 000 万元，该基金负债有两项：对托管人或管理人应付未付的报酬为 500 万元，应付税金为 500 万元，已售出的基金单位为 2 000 万份，则基金单位净值为（　　）元。

A. 1.10　　　　　　　　B. 1.12　　　　　　　　C. 1.15　　　　　　　　D. 1.17

【解析】 正确答案 C。基金净资产价值总额＝基金资产总额－基金负债总额＝$10 \times 30 ＋ 50 \times 20 ＋ 100 \times 10 ＋ 1\ 000 － 500 － 500 ＝ 2\ 300$（万元），基金单位净值＝基金净资产价值总额/基金单位总份数＝$2\ 300/2\ 000 ＝ 1.15$（元）。

（三）基金报价

从理论上说，基金的价值决定了基金的价格，基金的交易价格以基金单位净值为基础，基金单位净值高，基金的交易价格也高。封闭型基金在二级市场上竞价交易，其交易价格由供求关系和基金业绩决定，围绕着基金单位净值上下波动。开放型基金的柜台交易价格则完全以基金单位净值为基础，通常采用两种报价形式：认购价和赎回价。基金认购价也就是基金管理公司的卖出价，卖出价中的首次认购费是支付给基金管理公司的发行佣金。基金赎回价也就是基金管理公司的买入价，赎回价低于基金单位净值是由于抵扣了基金赎回费，以此提高赎回成本，防止投资者的赎回，保持基金资产的稳定性。收取首次认购费的基金，一般不再收取赎回费。

$$基金认购价＝基金单位净值＋首次认购费$$
$$基金赎回价＝基金单位净值－基金赎回费$$

四、基金收益率

基金收益率用以反映基金增值的情况,通过基金净资产的价值变化来衡量。基金净资产的价值是以市价计量的,基金资产市场价值增加,意味着基金的投资收益增加,基金投资者的权益也随之增加。基金收益率的计算公式为

$$基金收益率=\frac{年末持有份数×基金单位净值年末数-年初持有份数×基金单位净值年初数}{年初持有份数×基金单位净值年初数}$$

上式中,分子实际上就是年末基金净值总额与年初基金净值总额之差,即基金净值总额的增加量,分母为基金年初净值总额,因此,基金收益率就是基金净值总额的增长率。如果年末和年初基金单位的持有份数相同,基金收益率就简化为基金单位净值在本年内的变化幅度。

从另外一个角度看,分母的基金年初净值总额相当于购买基金的本金投资,分子相当于基金的收益,这样,基金收益率也就相当于一般所谓的投资收益率或投资报酬率。

【例 7-9】 大华基金公司发行开放式基金,2018 年的有关资料如表 7-2 所示。

表 7-2　2018 年大华开放式基金的有关资料

项　目	年　初	年　末
基金资产账面价值/万元	1 000	1 200
负债账面价值/万元	300	320
基金资产市场价值/万元	1 500	2 000
基金份数/万份	500	600

假设公司收取首次认购费,认购费率为基金单位净值的 5%,不再收取赎回费。要求:

(1)分别计算年初、年末的下列指标。

①基金净资产价值总额;②基金单位净值;③基金认购价;④基金赎回价。

(2)计算 2018 年的基金收益率。

【解析】　(1)计算年初的下列指标

①该基金公司基金净资产价值总额

年初基金净资产价值总额=基金资产总额-基金负债总额=1 500-300=1 200(万元)

年末基金净资产价值总额=基金资产总额-基金负债总额=2 000-320=1 680(万元)

②基金单位净值

年初基金单位净值=基金净资产价值总额/基金单位总份数=1 200/500=2.4(元)

年末基金单位净值=基金净资产价值总额/基金单位总份数=1 680/600=2.8(元)

③基金认购价

年初基金认购价=基金单位净值+首次认购费=2.4+2.4×5%=2.52(元)

年末基金认购价=基金单位净值+首次认购费=2.8+2.8×5%=2.94(元)

④基金赎回价

年初基金赎回价＝基金单位净值－基金赎回费＝2.4(元)

年末基金赎回价＝基金单位净值－基金赎回费＝2.8(元)

(2)计算 2018 年的基金收益率

$$基金收益率＝\frac{600×2.8－500×2.4}{500×2.4}＝40\%$$

【复习思考题】

1. 影响投资者必要收益率的因素有哪些？

2. 股票投资收益率是如何计算的？

3. 债券投资收益率是如何计算的？

4. 基金投资与单纯个人投资相比有哪些优势？

5. 零息债券如何计算其价值？

6. 结合风险与收益均衡理论，你是如何理解"股市有风险，入市需谨慎"的？

【自测题】

在线测试

第四单元

营运资金管理

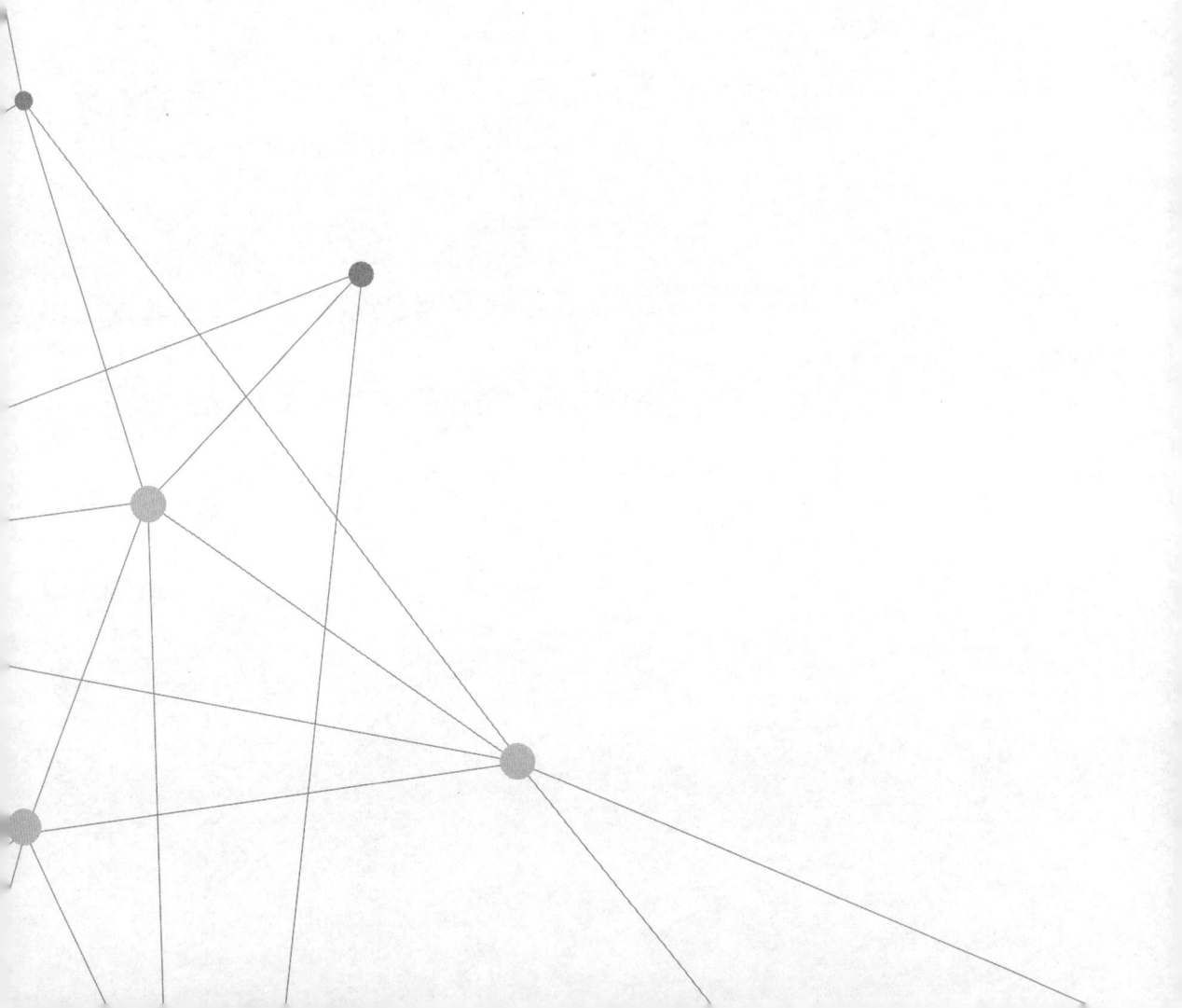

第八章

营运资金概述

■■■ 学习目标

通过本章学习,学生应掌握营运资金的基本概念,了解营运资金的管理原则和企业资产组合策略。

■■■ 关键知识点

营运资金的特点,营运资金的管理原则,企业资产组合策略。

■■■ 案例导入

浙江省有一家小型餐饮企业,名为"美味坊",专门提供地道美食。虽然餐厅的食品质量一直受到顾客的高度评价,但由于激烈的市场竞争和不断上涨的原材料价格,该企业面临着资金管理方面的挑战。"美味坊"餐厅在繁忙的用餐时段生意火爆,但在淡季或者特殊节假日,客流量会明显下降,导致现金流短缺。此外,原材料采购需要提前大量支付,但销售回款通常需要较长的周期,这使得资金周转不灵活,有时甚至出现了付不起供应商款项的情况。

为了更好地迎接企业营运资金方面面临的挑战,"美味坊"开始做出以下战略调整:

坚定信念,秉持创新:"美味坊"不断开发新菜品,创新菜单,吸引更多顾客前来品尝。创新不仅可以提升营业额,还能够提高顾客的忠诚度,稳定现金流。

改进管理,提高效率:优化供应链管理,减少库存积压,降低库存成本。同时,改善用餐环节,提高客桌周转率,优化人员安排,降低人力成本,从而改善资金周转。

务实守信,诚信经营:与供应商建立诚信合作的关系,争取延长付款期限,并在信用良好的前提下,争取更好的采购价格,减轻成本压力。

深化改革,创新发展:推动线上外卖业务的发展,扩大销售渠道,增加订单量,减轻用餐客流波动对资金流的影响。

强化风险防范,守住底线:设立紧急备用资金,以应对突发经营风险,确保企业的稳定经营。

加强人才队伍建设,推动发展:培养员工多元化技能,使他们能够在不同业务情境下灵活转型,以应对市场变化。

■■■ **思 考**

1.什么是营运资金？为什么要进行营运资金管理？

2."美味坊"如何应用数字化进行营运资金管理？

3."美味坊"如何将创新理念融入资金管理流程中，以提高公司的盈利能力和资金周转率？

第一节　营运资金的基本概念及特点

一、营运资金的基本概念

在线视频

营运资金(working capital)，也叫营运资本。广义的营运资金又称总营运资本，是指一个企业投放在流动资产上的资金，具体包括现金、有价证券、应收账款、存货等占用的资金。狭义的营运资金是指某时点内企业的流动资产与流动负债的差额。

流动资产是指可以在一年内或超过一年的一个营业周期内变现或运用的资产，流动资产具有占用时间短、周转快、易变现等特点。企业拥有较多的流动资产，可在一定程度上降低财务风险。在资产负债表上，流动资产主要包括以下项目：货币资金、短期投资、应收票据、应收账款、预付费用和存货。流动负债是指需要在一年或者超过一年的一个营业周期内偿还的债务。流动负债又称短期融资，具有成本低、偿还期短的特点，必须认真进行管理，否则将使企业承受较大的风险。流动负债主要包括以下项目：短期借款、应付票据、应付账款、应付工资、应交税金等。

从会计的角度看，营运资金是指流动资产与流动负债的差额，即可用来履行支付义务的流动资产减去代表支付义务的流动负债后的余额。如果流动资产等于流动负债，则占用在流动资产上的资金是由流动负债融资的；如果流动资产大于流动负债，则与此相对应的"净流动资产"要以长期负债或所有者权益的一定份额为其资金来源。会计上不强调流动资产与流动负债的关系，而只是用它们的差额来反映一个企业的偿债能力。在这种情况下，不利于财务人员对营运资金的管理和认识。从财务角度看，营运资金应该是流动资产与流动负债关系的总和，在这里"总和"不是数额的加总，而是关系的反映，这能使财务人员意识到，对营运资金的管理要注意流动资产与流动负债这两个方面的问题。

营运资金越多，说明不能偿还的风险越小。因此，营运资金的多少可以反映偿还短期债务的能力。但是，营运资金是流动资产与流动负债之差，是个绝对数，如果公司之间规模相差很大，绝对数相比的意义很有限。而流动比率是流动资产和流动负债的比值，是个相对数，排除了公司规模不同的影响，更适合公司间以及本公司不同历史时期的比较。

二、营运资金的特点

（一）周转时间短

这一特点说明营运资金可以通过短期筹资方式获得。

（二）变现快

非现金形态的营运资金如存货、应收账款、短期有价证券容易变现，这一点对企业应对临时性的资金需求有重要意义。

（三）数量具有波动性

流动资产或流动负债容易受内外条件的影响，数量的波动往往很大。

（四）来源具有多样性

营运资金的需求问题既可通过长期筹资方式解决，也可通过短期筹资方式解决，仅短期筹资就有银行短期借款、商业信用、票据贴现等多种方式。

第二节 营运资金的管理原则

一、保证合理的资金需求

营运资金的管理必须把满足正常合理的资金需求作为首要任务。当企业产销两旺时，流动资产会不断增加，流动负债也会相应增加；而当企业产销量不断减少时，则反之。

二、提高资金使用效率

加速资金周转是提高资金使用效率的主要手段之一。资金周转是指企业的营运资金从现金投入生产经营开始，到最终转化为现金的过程。关键是采取得力措施，缩短营业周期，加速变现过程，加快营运资金周转。

三、节约资金使用成本

在营运资金管理中，必须正确处理保证生产经营需要和节约资金使用成本二者之间的关系。要在保证生产经营需要的前提下，遵守勤俭节约的原则，尽力节约资金使用成本。

四、保持足够的短期偿债能力

合理安排流动资产和流动负债的比例,保持流动资产结构与流动负债结构的适配性,保证企业有足够的短期偿债能力是营运资金管理的重要原则之一。

■■■ **思考** 8-1 如何提高营运资金管理效率?

■■■ **解析** ①规避风险。财务部门应加强对赊销和预购业务的控制,制定相应的应收账款、预付货款控制制度,加强对应收账款的管理,及时收回应收账款,减少风险,从而提高企业资金使用效率。②增加企业价值。会计利润是当期收入和费用成本配比的结果。在任何收入水平下,企业都要做好对内部成本、费用的控制,并做好预算,加强管理力度,减少不必要的支出,这样才能够提高利润,增加企业价值,提高企业效率。③提高效率。财务管理应站在企业全局的角度,构建科学的预测体系,进行科学预算。④完善制度,明确内部管理责任制。很多企业认为催收货款是财务部门的事,与销售部门无关,其实这是一种错误的观点。事实上,销售人员应对催收应收账款负主要责任。

第三节　企业资产组合

企业资产组合是指流动资产与非流动资产在企业资产总额中各占多少比例。企业资产按其在生产经营中的性质和存在形态不同,可分为流动资产与非流动资产,其中流动资产包括现金、短期投资、应收款项及存货等;非流动资产包括固定资产、长期投资、无形资产及递延资产等。资产组合是优化资产结构及营运资金管理的重要内容。

一、影响企业资产组合的因素

(一)风险与报酬

一般而言,持有大量的流动资产可以减少企业的风险,因为企业不能及时清偿债务时,流动资产可以迅速地转化为现金,而固定资产的变现能力则较差。因而,在筹资组合不变的情况下,较多地投资于流动资产,可以减少企业的风险。但是,如果流动资产太多,将大部分资金都投放在流动资产上,以致造成积压呆滞,就会降低企业的投资报酬率。要对风险与报酬进行认真权衡,选择最佳的资产组合。

(二)企业所处的行业

不同行业的经营范围不同,资产组合有较大的差异。流动资产中大部分是应收账款和存货,而这两种资产的占用水平主要取决于企业所处的行业。

（三）企业规模对资产组合的影响

企业规模对资产组合也有重要影响。随着企业规模的扩大,流动资产的比重相对下降,这是因为:大企业与小企业相比,有较强的筹资能力,当企业出现不能偿付的风险时,可以迅速筹集资金,因而能承担较大风险。所以可以只使用较少的流动资产而使用更多的固定资产。大企业因实力雄厚,机械设备的自动化水平较高,故应在固定资产上进行比较多的投资。

（四）利息率的变化

一般而言,在利息率比较高的情况下,企业为了减少利息支出,会千方百计地减少对流动资产的投资,这便会降低流动资产在总资产中的比重;反之,当利息率下降时,则会向相反方向变化。

二、企业资产组合策略

企业流动资产的数量按其功能可以分成两大部分:①正常需要量。它是指为满足正常的生产经营需要而占用的流动资产。②保险储备量。它是指应付意外情况的发生而在正常生产经营需要量以外储备的流动资产。

（一）适中的资产组合策略

适中的资产组合策略就是在保证正常需要的情况下,适当地留一定保险储备,以防不测。在采用适中的资产组合策略时,企业的报酬一般,风险一般,正常情况下企业都采用此种策略。

（二）保守的资产组合策略

有的企业在安排流动资产数量时,在正常生产经营需要量和正常保险储备量的基础上,再加上一部分额外的储备量,以便减少企业的风险,这便属于保守的资产组合策略。采用保守的资产组合策略时,企业的投资报酬率一般较低,风险也较小。不愿冒险、偏好安全的财务经理都喜欢采用此种策略。

（三）冒险的资产组合策略

有的企业在安排流动资产数量时,只安排正常生产经营需要量而不安排或只安排很少的保险储备量,以便提高企业的投资报酬率,这便属于冒险的资产组合策略。采用冒险的资产组合策略时,企业的投资报酬率较高,但风险比较大。敢于冒险、偏好报酬的财务经理一般都采用此种策略。

三、不同的企业资产组合对企业报酬和风险的影响

企业的固定资产和流动资产对企业的风险和报酬有不同的影响。较多地投资于流动资产可降低企业的财务风险。这是因为,当企业不能及时偿付债务时,流动资产可以迅速地转化为现金以偿还债务。但是,如果流动资产投资过多,造成流动资产的相对闲置,而固定资产却又相对不足,这就会使企业生产能力减弱,从而减少企业盈利。总之,在资产总额和筹资组合都保持不变的情况下,如果固定资产减少,流动资产增加,就会减少企业的风险,但也会减少企业盈利;反之,如果固定资产增加,流动资产减少,则会增加企业的风险和盈利。所以,在确定资产组合时,面临风险和报酬的权衡。

■■■ **思考 8-2** 战略资产组合的要点是什么?

■■■ **解析** ①长期资产组合选择应该考虑实际利率随时间变动的影响;②战略资产配置必须考虑风险溢价变动的影响;③战略资产配置应该考虑劳动收入的影响;④战略资产配置必须考虑生命周期不同阶段劳动收入的不同影响。

【复习思考题】

1. 营运资金的概念、核心内容及特点是什么?

2. 影响企业资产组合的因素是什么? 它们是如何产生影响的?

3. 从"创新是第一生产力"的角度探索企业如何根据战略、创新和风险管理来优化其资产配置,并在不同环境下实现稳健增长?

4. 企业是如何通过创新来调整资产组合,开拓新市场、推出新产品或新服务的? 创新又是如何影响企业在资产配置中的决策的?

5. 如何将不同的企业资产组合、企业报酬和风险的影响与"数字化""信息化"相结合,探索企业平衡创新投资所带来的风险与潜在回报?

【自测题】

在线测试

第九章

营运资金管理

■■■ 学习目标

通过本章学习,学生应了解营运资金的管理问题,掌握现金、应收账款和存货的日常管理原则和方法。

■■■ 关键知识点

最佳现金持有量的确定,应收账款信用政策的确定,存货经济订货量模型。

■■■ 案例导入

戴尔致力于倾听客户需求,提供客户所信赖和注重的创新技术与服务。戴尔之所以能够不断巩固其市场领先地位,是因其一贯坚持直接销售基于标准的计算产品和服务,并提供最佳的客户体验。根据戴尔的财务报告,2021年公司的总收入约为924亿美元。

戴尔的全球雇员数量有数十万名。

戴尔分管物流配送的副总裁迪克·亨特一语道破天机:"我们只保存可供5天生产的存货,而我们的竞争对手则保存30天、45天,甚至90天的存货。这就是区别。"

亨特无疑是物流配送时代浪尖上的弄潮儿。亨特在分析戴尔成功的时候说:"戴尔总支出的74%用在材料配件购买方面,如果我们能在物流配送方面降低0.1%,就等于我们的生产效率提高了10%。"

1.供应商管理——严格遴选,控制风险

戴尔之所以能围绕直销实现JIT生产,就是因为它有一个组织严密的供应商网络。戴尔公司95%的物料来自这个供应网络,其中75%来自30家最大的供应商,另外20%来自规模略小的20家供应商。通过建立高效的供应链管理系统,戴尔能够更好地与供应商合作,确保原材料的及时供应,这有助于减少生产延误和库存不足的情况。

2.库存控制——物料低库存,成品零库存

戴尔平均物料库存只有约5天。在IT界,与其最接近的竞争对手也有10天以上的库存,业内的其他企业平均库存更是达到了50天。由于材料成本每周就会有1%的贬值,因此库存天数对产品的成本影响很大,仅低库存一项就使其产品比许多竞争对手拥有了8%左右的价格优势。由此,对环境保护和资源最优配置应用产生了积极的影响。

3.数字化库存计划——灵活管理,精准分配

戴尔没有仓库,戴尔的工厂外边有很多配套的厂家。戴尔在网上或电话里接到订单,收到钱之后会告诉你要多长时间货可以到。在这段时间它就有时间去对订单进行整合,对既有的原材料进行分拣,需要什么原材料就下订单给供应商,下单之后,货到了生产线上才进行产权交易,之前的库存都是供应商的。

4.确保库存的物料品质——全方位融入,全视角参与

首先,戴尔会同供应商进行深入、充分的交流,共同探讨技术、设计、生产过程等多方面的细节,使供应商与戴尔就库存品质的预期及实现途径达成共识。公司不断创新,推出新产品,以吸引消费者并保持市场竞争力。通过技术创新,公司可以引导客户需求,避免存货积压问题。同时,戴尔也非常关注与供应商之间公平、良好的合作,以协同发展、一起成长作为双方的共同目标。

5.领先的标准化新技术——高质量、模块化的产品开发

戴尔很少在一个新技术或新产品刚刚出现时把它"推"向市场,而是要等到技术已经标准化、产品已经成熟时,才大规模进入市场,并力争在进入后马上成为市场的领导者。正因为如此,戴尔大量采用符合行业标准的、开放的技术,而不是独家、封闭的技术。这一点反映在库存物料管理上,就使得戴尔特别强调库存本身的标准化,要求它们符合行业的标准,并尽可能地实现模块化与可互换,以最大限度地降低开发的成本。

6.高效率的流程管理——电子化、信息化贯穿始终

戴尔电子化的供应链系统为处于链条两端的用户和供应商分别提供了网上交易的虚拟平台,戴尔有90%以上的采购程序通过互联网完成。数字化的供应链协作平台可以让供应商、生产商和分销商共享信息。这有助于更准确地进行库存规划,减少库存过剩。数字化应用于存货流程管理不仅提高了效率,还提供了更准确的数据和分析,帮助企业更好地做出管理决策。

■■■ 思 考

1.戴尔公司作为一家全球知名的科技公司,鉴于电子产品的生命周期,应如何在存货管理中平衡资源的使用与浪费,以减少环境负担?财务人员在存货管理中应如何积极促进可

持续性,并在决策中考虑资源的有限性?

2.戴尔公司应如何在存货管理中平衡全球供应链效率与支持本土产业的责任? 如何在维护公司利益的同时考虑国家经济和就业?

3.存货管理涉及供应商合作、采购和销售决策等多个方面。在本案例中,如何确保公司在供应链中遵循高道德标准,避免不正当行为和不正当竞争,并在合规性方面担负起责任?

第一节　现金管理

现金管理是指对企业现金(准现金)流进行有效的预测、监控及管理,其中包括:以最合理的成本增加可用现金头寸,避免流动性赤字;降低和控制交易风险;建立理想的现金余额并集约化配置现金资源;优化现金(债务)的投融资;控制跨境现金流;等等。简而言之,现金管理就是对现金的收、付、存等各环节进行的管理。

一、现金管理概述

(一)现金资产的特点

从理论上讲现金有狭义与广义之分。狭义现金是指企业所拥有的硬币、纸币,即由企业出纳员保管以备零星业务开支之用的库存现款。广义现金则应包括库存现金和视同现金的各种银行存款、流通证券等。我国所采用的是狭义的现金概念。

会计范畴中的现金又称库存现金,是指存放在企业并由出纳人员保管的现钞,包括库存的人民币和各种外币。现金是流动性最强的一种货币资金,可以随时用以购买所需物资、支付日常零星开支、偿还债务等。

(二)现金管理的基本原则

(1)开户单位库存现金一律实行限额管理。

(2)不准擅自坐支现金。坐支现金容易打乱现金收支渠道,不利于开户银行 在线视频 9-1 对企业的现金进行有效的监督和管理。

(3)企业收入的现金不准作为储蓄存款存储。

(4)收入现金应及时送存银行,企业的现金收入应于当天送存开户银行,确有困难的,应由开户银行确定送存时间。

(5)严格按照国家规定的开支范围使用现金,结算金额超过规定起点的,不得使用现金。

(6)不准编造用途套取现金。企业在国家规定的现金使用范围和限额内需要现金,应从开户银行提取,提取时应写明用途,不得编造用途套取现金。

（7）企业之间不得相互借用现金。

（三）企业持有现金的动机

企业置存现金的动机，主要是满足交易性需要、预防性需要和投机性需要。

1. 满足交易性需要

满足交易性需要是指满足日常业务的现金支付需要。企业经常得到收入，也经常发生支出，两者不可能同步同量。收入多于支出，形成现金置存；收入少于支出，需要借入现金。企业必须维持适当的现金余额，才能使业务活动正常地进行下去。

2. 满足预防性需要

满足预防性需要是指置存现金以防发生意外。企业有时会出现意想不到的开支，现金流量的不确定性越大，预防性现金的数额也就应越大；反之，企业现金流量的可预测性强，预防性现金数额则可小些。此外，预防性现金数额还与企业的借款能力有关，如果企业能够很容易地随时借到短期资金，也可以减少预防性现金的数额；若非如此，则应扩大预防性现金数额。

3. 满足投机性需要

满足投机性需要是指置存现金用于不寻常的购买机会，比如遇有廉价原材料或其他资产供应的机会，便可用手头现金大量购入；在适当时机购入价格有利的股票和其他有价证券；等等。当然，除了金融和投资公司外，一般来说，其他企业专为投机性需要而特殊置存现金的不多，遇到不寻常的购买机会，也常设法临时筹集资金。但拥有相当数额的现金，确实为突然的大批采购提供了方便。

（四）现金管理的目的

缺乏必要的现金，将不能应付业务开支，使企业蒙受损失，该损失称为短缺现金成本。短缺现金成本不考虑企业其他资产的变现能力，仅就不能以充足的现金支付购买费用而言，内容上大致包括：丧失购买机会（甚至会因缺乏现金不能及时购买原材料而使生产中断，造成停工损失）、造成信用损失和得不到折扣好处。其中失去信用而造成的损失难以准确计量，但其影响往往很大，甚至导致供货方拒绝或拖延供货、债权人要求清算等。但是，如果企业置存过量的现金，又会因这些资金不能投入周转无法取得盈利而遭受另一些损失。此外，在市场正常的情况下，一般来说，流动性强的资产，其收益较低，这意味着企业应尽可能少地置存现金，即使不将其投入本企业的经营周转，也应尽可能多地投资于能产生高收益的其他资产，避免资金闲置或用于低收益资产所带来的损失。综上，企业会面临现金不足和现金过量两方面的威胁。

企业现金管理的目的，就是要在资产的流动性和盈利能力之间做出抉择，以获取最大的长期利益。

■■□■ **思考** 9-1 企业在确定为应对紧急情况而持有现金的数额时,需考虑的因素有( )。

　　A.企业销售水平的高低

　　B.企业临时举债能力的强弱

　　C.金融市场投资机会的多少

　　D.企业现金流量预测的可靠程度

■■□■ **解析** 正确答案是 BD。为应付意料不到的现金需要,企业需掌握的现金数额取决于:①企业愿冒缺少现金风险的程度;②企业预测现金收支的可靠程度;③企业临时融资的能力。

二、最佳现金持有量的确定

(一)现金周转期法

在线视频 9-2

现金周转期是指公司支付现金与收到现金之间的时间段,也就是存货周转期与应收账款周转期之和减去应付账款周转期。现金周转期法是指根据现金的周转速度来确定最佳现金持有量的一种方法。

企业现金周转期包括存货周转期、应收账款周转期和应付账款周转期。

存货周转期是指从购买原材料开始,到原材料转化为产成品再销售为止所需要的时间;而从应收账款形成到收回现金所需要的时间是指应收账款周转期;应付账款周转期是指从购买原材料形成应付账款开始到以现金偿还应付账款为止所需要的时间。所以,现金周转期受存货周转期、应收账款周转期的影响,另外,由于取得存货时并不一定支付现金,所以,在计算现金周转期时应扣除应付账款周转期。存货周转期、应收账款周转期和应付账款周转期之间的关系如图 9-1 所示。

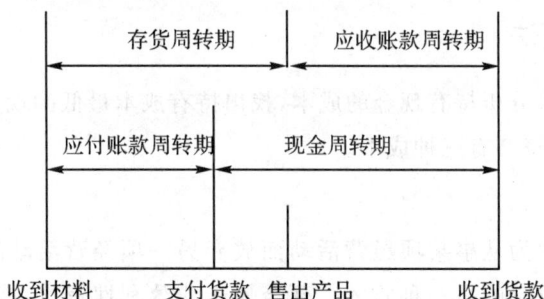

图 9-1 存货周转期、应收账款周转期和应付账款周转期之间的关系

根据图 9-1,现金周转期的计算公式为

现金周转期＝存货周转期＋应收账款周转期－应付账款周转期

其中

存货周转期＝平均存货/每天的销货成本

应收账款周转期＝平均应收账款/每天的销货收入

应付账款周转期＝平均应付账款/每天的购货成本

缩短现金周转期的措施如下：

(1)加快制造与销售产成品可以缩短存货周转期；

(2)加速应收账款的收回会缩短应收账款周转期；

(3)减缓支付应付账款会延长应付账款周转期。

根据现金周转期的计算公式，存货周转期、应收账款周转期的缩短和应付账款周转期的延长会有效地缩短现金周转期。

■■■ **思考9-2** 某企业年销售收入为1 000万元，销售成本率为60％，年购货成本为500万元，平均存货为300万元，平均应收账款为400万元，平均应付账款为200万元，假设一年有360天，则该企业的现金周转期为(　　)天。

  A. 180   B. 324   C. 144   D. 360

■■■ **解析** 正确答案是A。

存货周转期＝平均存货/每天的销货成本＝300/(600/360)≈180(天)

应收账款周转期＝平均应收账款/每天的销货收入＝400/(1 000/360)≈144(天)

应付账款周转期＝平均应付账款/每天的购货成本＝200/(500/360)≈144(天)

现金周转期＝存货周转期＋应收账款周转期－应付账款周转期＝180(天)

【例9-1】 浙江省某服装外贸公司计划年度预计存货周转天数为30天，应收账款周转期为20天，应付账款周转期为14天，预计年现金支出总额为640万元，假设一年有360天，则

现金周转期＝30＋20－14＝36(天)

现金周转率(次数)＝360/36＝10(次)

最佳现金持有量＝640/10＝64(万元)

(二)成本分析法

成本分析法是通过分析持有现金的成本，找出持有成本最低的现金持有量。

企业持有的现金，将会有三种成本。

1. 机会成本

机会成本是指企业为从事某项经营活动而放弃另一项经营活动的机会，或利用一定资源获得某种收入时所放弃的另一种收入。现金属于非盈利性资产，持有现金必然丧失再投资的机会及相应的投资收益，从而形成持有现金的机会成本，这种成本在数额上等于资金成本。现金持有量越大，机会成本越高，反之，机会成本就越低。比如企业欲持有50万元现金，必须放弃5万元的投资收益(假设企业平均收益率为10％)，放弃的投资收益就属于机会成本，它与现金持有量的大小密切相关。

2. 管理成本

企业拥有现金，会发生管理费用，如管理人员工资、安全措施费等。这些费用是现金的

管理成本。管理成本是一种固定成本,与现金持有量之间无明显的比例关系。

3. 短缺成本

现金的短缺成本,是因缺乏必要的现金,不能应付业务开支所需,而使企业蒙受的损失或企业为此付出的代价。现金的短缺成本随现金持有量的增加而下降,随现金持有量的减少而上升。

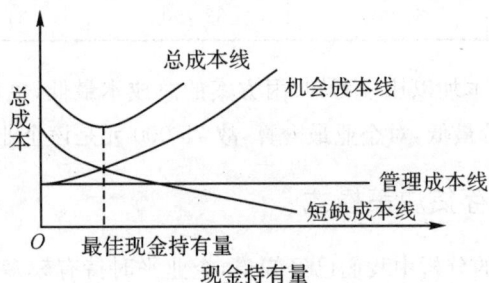

图 9-2 持有现金的总成本

上述三项成本之和最小的现金持有量,就是最佳现金持有量。如果把以上三种成本放在一个图上(见图 9-2),就能表现出持有现金的总成本(总代价),找出最佳现金持有量的点。机会成本线向右上方倾斜,短缺成本线向右下方倾斜,管理成本线为平行于横轴的一条线,总成本线是一条抛物线,该抛物线的最低点即为持有现金的最低总成本。超过这一点,机会成本上升的代价又会大于短缺成本下降的好处;这一点之前,短缺成本上升的代价又会大于机会成本下降的好处。这一点对应的横轴上的量,即为最佳现金持有量。

具体计算最佳现金持有量时,可以先分别计算出各种方案的机会成本、管理成本、短缺成本之和,总成本之和最低的现金持有量即为最佳现金持有量。

【例 9-2】 某企业有四种现金持有方案,它们各自的机会成本、管理成本、短缺成本见表 9-1。

表 9-1 现金持有方案 单位:元

项 目	甲方案	乙方案	丙方案	丁方案
现金持有量	25 000	50 000	75 000	100 000
机会成本	3 000	6 000	9 000	12 000
管理成本	20 000	20 000	20 000	20 000
短缺成本	12 000	6 750	2 500	0

注:机会成本率即该企业的资本收益率为 12%。

这四种方案的总成本计算结果见表 9-2。

表 9-2　现金持有总成本　　　　　　　　　　　单位:元

项　目	甲方案	乙方案	丙方案	丁方案
机会成本	3 000	6 000	9 000	12 000
管理成本	20 000	20 000	20 000	20 000
短缺成本	12 000	6 750	2 500	0
总成本	35 000	32 750	31 500	32 000

将以上各方案的总成本加以比较可知,丙方案的总成本最低,也就是说当企业持有75 000元现金时,各方面的总代价最低,对企业最合算,故 75 000 元是该企业的最佳现金持有量。

（三）存货决策模式

在线视频 9-3

从上面的分析中我们已经知道,企业平时持有较多的现金,会降低现金的短缺成本,但会增加现金占用的机会成本;而平时持有较少的现金,则会增加现金的短缺成本,降低现金占用的机会成本。如果企业平时只持有较少的现金,在有现金需要时(如手头的现金用尽),通过出售有价证券换回现金(或从银行借入现金),便能既满足现金的需要,避免短缺成本的发生,又降低机会成本。因此,适当的有价证券与现金之间的转换,是企业提高资金使用效率的有效途径。这与企业奉行的营运资金政策有关。但是,如果每次任意地进行有价证券与现金的转换,还是会加大企业的成本,因此如何确定每次有价证券与现金的转换量,是一个需要研究的问题。这可以应用现金持有量的存货决策模式解决。

现金持有量的存货决策模式又称鲍曼模型,是鲍曼提出的用以确定最佳现金持有量的模型。

企业每次以有价证券换回现金都是要付出代价的(如支付经纪费用),这被称为现金的交易成本。现金的交易成本与现金转换次数、每次的转换量有关。假定每次的交易成本是固定的,在企业一定时期现金使用量确定的前提下,每次以有价证券换回现金的金额越大,企业平时持有的现金量便越大,转换的次数便越少,现金的交易成本就越低;反之,每次以有价证券换回现金的金额越小,企业平时持有的现金量便越小,转换的次数便越多,现金的交易成本就越高。可见,现金的交易成本与现金的平时持有量成反比,这与现金短缺成本的性质是一致的。可以将现金的交易成本与现金的短缺成本合并为同一条曲线,并不再考虑大体上固定不变的管理成本,这样,现金的成本构成可表现为图 9-3。

在图 9-3 中,现金的机会成本线和交易成本线是两条随现金持有量向不同方向发展的曲线,两条曲线交叉点对应的现金持有量即为总成本最低的现金持有量,可以运用现金持有量存货决策模式求出。

以下通过举例,说明现金持有量存货决策模式的应用。

某企业的现金使用量是均衡的,每周的现金净流出量为 100 000 元。若该企业第 0 周持有现金 300 000 元,那么这些现金够企业支用 3 周,在第 3 周结束时现金持有量将降为 0,其 3 周内的平均现金持有量则为 150 000 元(150 000＝300 000÷2)。第 4 周开始时,企业需将300 000

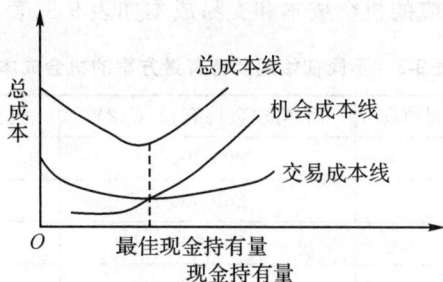

图 9-3　现金的成本构成

元的有价证券转换为现金以备支用;待第 6 周结束时,现金持有量再次降为 0,这 3 周内的现金平均余额仍为 150 000 元。如此循环,企业一定时期内的现金持有状况可表现为图 9-4。

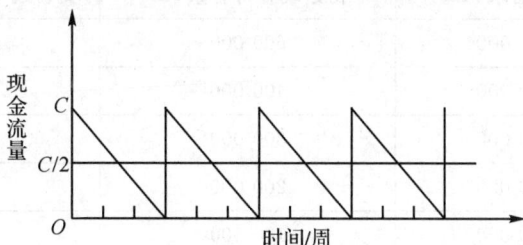

图 9-4　企业一定时期内的现金持有状况

在图 9-4 中,每 3 周为一个现金使用的循环期,以 C 代表各循环期之初的现金持有量,以 $C/2$ 代表各循环期内的现金平均持有量。

如果企业将 C 定得高些,比如定为 600 000 元,每周的现金净流出量仍为 100 000 元,这些现金将够支用 6 周,企业可以在 6 周后再出售有价证券补充现金,这能够降低现金的交易成本;但 6 周内的现金平均持有量将增加为 300 000 元(300 000＝600 000÷2),这又会增加现金的机会成本。

如果企业将 C 定得低些,比如定为 200 000 元,每周的现金净流出量还是 100 000 元,那么这些现金只够支用 2 周,企业必须频繁地每 2 周就出售一次有价证券,这必然增加现金的交易成本;不过 2 周循环期内的现金平均持有量可降为 100 000 元(100 000＝200 000÷2),这降低了现金的机会成本。

于是,企业需要合理地确定 C,以使现金的相关总成本最低。解决这一问题先要明确三点:

(1)一定期间内的现金需求量,用 T 表示。

(2)每次出售有价证券补充现金所需的交易成本,用 F 表示,一定时期内出售有价证券的总交易成本为

$$交易成本＝(T/C)×F$$

(3)持有现金的机会成本率,用 K 表示,一定时期内持有现金的总机会成本为

$$总机会成本＝(C/2)×K$$

在以上例子中,企业一年的现金需求量＝100 000×52＝5 200 000(元)。该企业有几种

确定 C 的方案,每种方案对应的机会成本和交易成本如表 9-3、表 9-4 所示。

表 9-3　不同初始现金持有量方案的机会成本　　　　　单位:元

方　案	初始现金持有量(C)	平均现金持有量($C/2$)	机会成本[$(C/2)\times K,K=0.1$]
A	600 000	300 000	30 000
B	400 000	200 000	20 000
C	300 000	150 000	15 000
D	200 000	100 000	10 000
E	100 000	50 000	5 000

表 9-4　不同初始现金持有量方案的交易成本　　　　　单位:元

方　案	现金总需求(T)	初始现金持有量(C)	交易成本[$(T/C)\times F,F=1\,000$]
A	5 200 000	600 000	8 667
B	5 200 000	400 000	13 000
C	5 200 000	300 000	17 333
D	5 200 000	200 000	26 000
E	5 200 000	100 000	52 000

计算出各种方案的机会成本和交易成本,将它们相加,就可以得到各种方案的总成本:

$$总成本=机会成本+交易成本=(C/2)\times K+(T/C)\times F$$

该企业各种初始现金持有量方案的总成本见表 9-5。

表 9-5　不同初始现金持有量方案的总成本　　　　　单位:元

方　案	初始现金持有量	机会成本	交易成本	总成本
A	600 000	30 000	8 667	38 667
B	400 000	20 000	13 000	33 000
C	300 000	15 000	17 333	32 333
D	200 000	10 000	26 000	36 000
E	100 000	5 000	52 000	57 000

表 9-5 显示,当企业的初始现金持有量为 300 000 元时,现金总成本最低。以上结论是通过对各种初始现金持有量方案的成本计算得出的。此外,也可以利用公式求出成本最低的现金持有量,这一现金持有量称为最佳现金持有量,以 C^* 表示。

从图 9-3 中已知,最佳现金持有量 C^* 是机会成本线与交易成本线交叉点所对应的现金持有量,因此 C^* 应当满足:

$$机会成本=交易成本$$

即

$$(C/2)\times K=(T/C)\times F$$

整理后,可得

$$(C^*)^2 = (2T \times F)/K$$

等式两边分别取平方根,有

$$C^* = \sqrt{(2T \times F)/K}$$

本例中,$T = 5\,200\,000$ 元,$F = 1\,000$ 元,$K = 0.1$,利用上述公式即可计算出最佳现金持有量:

$$C^* = \sqrt{(2 \times 5\,200\,000 \times 1\,000) \div 0.1} \approx 322\,490(元)$$

为了验证这一结果的正确性,可以计算出比 322 490 元略高和略低的几种初始现金持有量的成本,比较它们的高低,见表 9-6。

表 9-6　不同初始现金持有量的成本　　　　　　　　　　　　　单位:元

初始现金持有量	机会成本	交易成本	总成本
335 000	16 750	15 522	32 272
330 000	16 500	15 758	32 258
322 490	16 125	16 125	32 250
310 000	15 500	16 774	32 274
305 000	15 250	17 049	32 299

表 9-6 说明,不论初始现金持有量高于还是低于 322 490 元,总成本都比初始现金持有量为 322 490 元的高,所以 322 490 元是最佳现金持有量。

现金持有量的存货决策模式是一种简单、直观地确定最佳现金持有量的方法;但它也有缺点,主要是假定现金的流出量稳定不变,实际上这很少有。相比而言,那些适用于现金流量不确定的确定最佳现金持有量的方法,就显得更具普遍应用性。

(四)随机模式

随机模式是在现金需求量难以预知的情况下进行现金持有量控制的方法。对企业来讲,现金需求量往往波动大且难以预知,但企业可以根据历史经验和现实需要,测算出一个现金持有量的控制范围,即确定现金持有量的上限和下限,将现金量控制在上下限之内。当现金量达到控制上限时,用现金购入有价证券,使现金持有量下降;当现金量降到控制下限时,则抛售有价证券换回现金,使现金持有量回升。若现金量在控制的上下限之内,便不必进行现金与有价证券的转换,保持它们各自的现有存量。这种对现金持有量的控制,见图 9-5。

在图 9-5 中,虚线 H 为现金存量的上限,虚线 L 为现金存量的下限,实线 R 为最优现金返回线。可以看到,企业的现金存量(表现为现金每日余额)是随机波动的,当其达到 A 点时,即达到了现金控制的上限,企业应用现金购买有价证券,使现金持有量回落到现金返回线(R 线)的水平;当现金存量降至 B 点时,即达到了现金控制的下限,企业则应转让有价证券换回现金,使现金存量回升至现金返回线的水平。现金存量在控制上下限之间的波动属

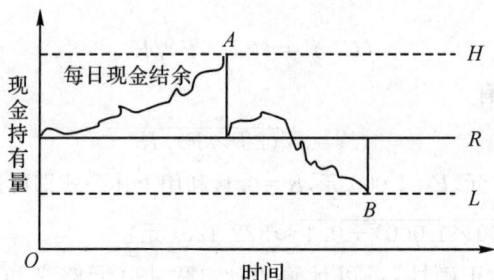

图 9-5　现金持有量的随机模式

于控制范围内的变化，是合理的，可不予理会。以上关系中的现金返回线 R、上限 H 可按下列公式计算：

$$R=\sqrt[3]{\frac{3b\delta^2}{4i}}+L$$

$$H=3R-2L$$

式中，b 为每次有价证券转换为现金的固定成本；i 为有价证券的日利息率；δ 为预期每日现金余额变化的标准差（可根据历史资料测算）；而下限 L 的确定，则要受到企业每日的最低现金需要、管理人员的风险承受倾向等因素的影响。

【例 9-3】　假定某公司有价证券的年利率为 9%，每次固定转换成本为 50 元，公司认为任何时候其银行活期存款及现金余额均不能低于 1 000 元，又根据以往经验测算出每日现金余额波动的标准差为 800 元。假设一年有 360 天。最优现金返回线 R、现金控制上限 H 的计算如下：

有价证券日利率＝9%÷360＝0.025%

$$R=\sqrt[3]{\frac{3b\delta^2}{4i}}+L\approx 4\ 579+1\ 000=5\ 579（元）$$

$$H=3R-2L=3\times 5\ 579-2\times 1\ 000=14\ 737（元）$$

这样，当公司的现金余额达到 14 737 元时，即应以 9 158 元（9 158＝14 737－5 579）的现金投资有价证券，使现金持有量回落为 5 579 元；当公司的现金余额降至 1 000 元时，则应转让 4 579 元（4 579＝5 579－1 000）的有价证券，使现金持有量回升为 5 579 元。如图 9-6 表示。

随机模式建立在企业的现金未来需求总量和收支不可预测的前提下，因此计算出来的现金持有量比较保守。

■■■■ 思考 9-3　企业确定最佳现金持有量有何意义？

■■■■ 解析　①企业现金持有过多将影响企业投资收益的提高。②企业现金持有不足，可能使企业蒙受风险损失的同时，往往还会使企业付出各种无法估量的潜在成本或机会成本。

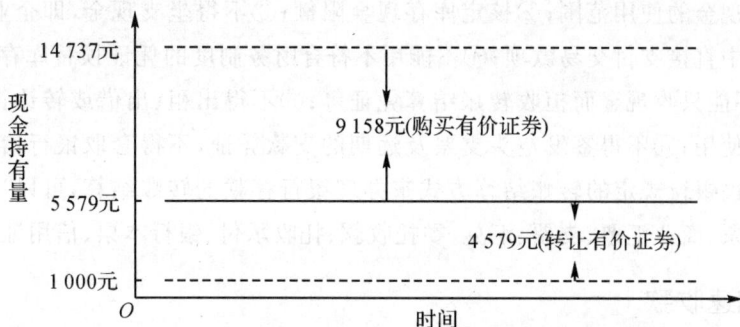

图 9-6　随机模式示例

三、现金的日常管理

企业在确定了最佳现金持有量后,还应采取各种措施,加强现金的日常管理,以保证现金的安全、完整,最大限度地发挥其效用。现金的日常管理主要包括以下几个方面的内容。

(一)建立现金收支内部控制制度

要保证现金收支安全完整,不出差错,必须建立严格的内部控制制度。

1. 明确现金收支的职责分工及内部牵制制度

所谓内部牵制制度,就是将同一项业务活动交由两个或两个以上工作人员办理或执行,从而利用他们之间的相互牵制关系来防止差错和舞弊行为。具体到现金管理上,主要表现为:①现金的保管职责与记账职责分离,业务的执行要由不同职责的人员共同完成;②现金收支业务的审批人、当事人必须分离,且必须经过审核验证,由经办人在有关原始凭证上签字盖章;③在可能的范围内,定期适当地对有关人员进行岗位的变动或轮换,在人员变更时,要履行严格的交接手续。

2. 明确现金支出的批准权限

企业应建立明确的现金支出授权批准制度,划分总经理、部门经理等各级管理人员的批准权限。任何现金支出,都必须经有关主管人员的批准和授权方可使用。

3. 做好现金收支凭证的管理及账目的核对

如建立和完善收据、发票、支票、有关凭证等的保管、领用及登记制度,现金收支应日清月结,定期盘点,定期与银行存款对账单核对并编制银行存款余额调节表,等等。

(二)遵守现金收支结算纪律

国家颁布的有关现金收支结算的规定主要有《现金管理暂行条例》《银行结算办法》和《中华人民共和国票据法》等,企业应严格遵守执行,避免因违规而受到国家和银行的惩处;同时,也有利于保证现金收支的安全,维护正常的社会经济秩序。具体要求包括:①遵守国家规定的库存现金的使用范围;②核定库存现金限额;③不得坐支现金,即企业不得从本单位的现金收入中直接支付交易款项;④不能用不符合财务制度的凭证顶替库存现金,不能保存账外公款,不能只收现金而拒收转账结算凭证等;⑤不得出租、出借或转让银行账户给其他单位或个人使用;⑥不得签发空头支票及远期的支款凭证,不得套取银行信用;⑦企业应该按照中国人民银行规定的转账结算方式来办理银行存款的转账结算,可以选用的结算方式包括银行汇票、商业汇票、支票、汇兑、委托收款、托收承付、银行本票、信用证、信用卡等。

(三)加速收款

为了提高现金的使用效率,加速现金周转,企业应尽量加速账款的收回,避免本企业的资金被他人无偿占用。为此,可考虑采取以下措施:

(1)增加现款销售,减少赊销,如果在经济上可行,尽量采用现金折扣;

(2)建立科学有效的收款政策,避免欠款逾期或出现坏账;

(3)采用安全快速的结算方式,加速客户回款速度;

(4)收到支票后尽快处理,使之尽早入账,指定专人办理大额收款。

一般来说,企业账款的收回包括三个阶段:即客户开出支票、企业收到支票、银行清算支票。在实际工作中,缩短收回账款时间的方法一般有邮政信箱法、银行业务集中法等。

(1)邮政信箱法

邮政信箱法又称锁箱法,是西方企业加速现金流转的一种常用方法。企业可以在各主要城市租用专门的邮政信箱,并开立分行存款户,授权当地银行每日开启信箱,在取得客户支票后立即予以结算,并通过电汇将货款拨给企业所在地银行。但采用这种方法成本较高,因为被授权开启邮政信箱的当地银行除了要扣除相应的补偿性余额外,还要收取提供额外服务的劳务费,导致现金成本增加。因此,是否采用邮政信箱法,需视收取现金产生的收益与增加的成本的大小而定。

(2)银行业务集中法

这是一种通过建立多个收款中心来加速现金流转的方法。在这种方法下,企业指定一个主要开户行(通常是企业总部所在地)为集中银行,并在收款额较集中的若干地区设立若干个收款中心;客户收到账单后直接汇给当地收款中心,中心收款后立即存入当地银行;当地银行在进行票据交换后立即转给企业总部所在地银行。但是,采用这种方法须在多处设立收款中心,从而增加了相应的费用支出。因此,企业应在权衡利弊得失的基础上,做出是否采用银行业务集中法的决策,可通过计算分析收款收益净额来进行。

除上述方法外,还可以采取电汇、大额款项专人处理、企业内部往来多边结算、减少不必要的银行账户等方法加快现金回收。

(四)控制付款

控制付款和加速收款是一个问题的两个方面。企业如果能够有效地控制现金支出,尽可能地延缓现金支出的速度,同样可以提高现金周转效率。控制支出包括对现金支出的时间和金额的控制,具体措施主要有:①控制支付时间,延缓应付款的支付。②合理利用现金的浮游量。所谓现金的浮游量是指企业账户上现金余额与银行账户上所示的存款余额之间的差额。这是由企业与银行双方出账与入账的时间差造成的。如果能正确预测浮游量并加以利用,则可节约大量现金。③采用汇票付款。在使用支票付款时,只要受票人将支票放进银行,付款人就要无条件地付款。但汇票的付款方式不是"见票即付",在受票人将汇票放进银行后,银行要将汇票送交付款人承兑,并由付款人将一笔相当于汇票金额的资金存入银行,银行才会付款给受票人,这样就有可能合法地延期付款。④改进工资支付方式。企业可以在银行单独开设一个账户专门支付职工工资。为了最大限度地减少这一存款余额,企业可预先估计开出支付工资支票到银行兑现的具体时间。例如,某企业在每月 5 日支付工资,根据经验,5 日、6 日、7 日及 7 日以后的兑现率分别为 20%、25%、30%、25%。这样,企业就不需在 5 日存足支付全部工资所需要的工资总额,而可将结余下的部分现金用于其他投资。

(五)闲置现金投资管理

企业在筹资和经营时,会产生大量的现金,这些现金在用于资本投资或其他业务活动之前,通常会闲置一段时间。这些现金头寸可用于短期证券投资以获取利息收入或资本利得,如果管理得当,可为企业增加相当可观的净收益。

企业现金管理的目的首先是保证主营业务的现金需求,其次才是使这些现金获得最大的收益。这两个目的要求企业把闲置资金投入流动性强、风险低、交易期限短的金融工具,以获得较多的收入。在货币市场上,财务人员通常使用的金融工具主要有国库券、可转让大额存单、回购协议等。

(六)力争现金流入和现金流出同步

只有将加速收款和控制付款有效地结合起来,才能真正提高现金周转效率。也就是说,企业必须力争现金流入和现金流出在时间上相适应(即同步),从而最大限度地减少现金持有量。为此,企业应编制现金预算,有效地组织销售及其他现金流入,合理安排购货等现金支出,使现金流入线的波动和现金流出线的波动基本一致。

第二节　应收账款管理

应收账款是指企业因销售产品、提供劳务等应向购货客户或接受劳务的客户收取的款项和代垫的运杂费,它是企业采取信用销售方式而形成的债权性资产,是企业流动资产的重要组成部分。

一、应收账款管理的目标

对于一个企业来讲,既想借助应收账款促进销售,扩大销售收入,增强竞争

在线视频 9-4

能力,又希望尽量避免由于应收账款的存在给企业带来的资金周转困难、坏账损失等弊端。处理和解决好这一对立又统一的问题,便是企业应收账款管理的目标。

发生应收账款的原因,主要有以下两个。

(一)商业竞争

这是发生应收账款的主要原因。在社会主义市场经济条件下,存在着激烈的商业竞争。竞争机制的作用迫使企业以各种手段扩大销售。除了依靠产品价格、质量、售后服务、广告等外,企业也要依靠赊销扩大销售。对于同等的产品价格、类似的质量水平、一样的售后服务,实行赊销的产品的销售额将大于现金销售的产品的销售额。这是因为顾客将从赊销中得到好处。出于扩大销售的竞争需要,企业不得不以赊销或其他优惠方式招揽顾客,于是就产生了应收账款。由竞争引起的应收账款,是一种商业信用。

(二)销售和收款的时间差距

商品成交的时间和收到货款的时间经常不一致,这也导致了应收账款。当然,现实生活中现金销售是很普遍的,特别是在零售企业中更常见。不过就一般批发和大量生产的企业来讲,发货的时间和收到货款的时间往往不同。这是因为货款结算需要时间。结算手段越是落后,结算所需时间就越长,销售企业只能承认这种现实并承担由此引起的资金垫支。销售和收款的时间差所造成的应收账款,不属于商业信用,也不是应收账款的主要内容,不再对它进行深入讨论,而只论述属于商业信用的应收账款的管理。

既然企业发生应收账款的主要原因是扩大销售,增强竞争力,那么应收账款管理的目标就是求得利润。应收账款是企业的一项资金投放,是为了扩大销售和盈利而进行的投资。而投资肯定要发生成本,这就需要在应收账款信用政策所增加的盈利和这种政策的成本之间做出权衡。只有当应收账款所增加的盈利超过所增加的成本时,才应当实施应收账款赊销;如果应收账款赊销有着良好的盈利前景,就应当放宽信用条件增加赊销量。

■■■ **思考 9-4** 企业发生应收账款的原因是什么?

■■■ **解析** (1)贷款融资。应收账款可以作为企业流动资金贷款的基本条件,根据其大小及应收账款企业性质可以向银行申请流动资金贷款,用于企业的扩大经营与生产。

(2)扩大销售。在市场竞争日益激烈的情况下,赊销是促进销售的一种重要方式。企业赊销实际上是向顾客提供了两项交易:向顾客销售产品以及在一个有限的时期内向顾客提供资金。赊销对顾客来说十分有利,所以一般情况下顾客都选择赊购。赊销具有比较明显的促销作用,对企业销售新产品、开拓新市场具有重要的意义。

(3)减少库存。企业持有产成品存货,要追加管理费、仓储费和保险费等支出;相反,企业持有应收账款,则可减少上述支出。因此,当企业产成品存货较多时,一般都可采用较为优惠的信用条件进行赊销,把存货转化为应收账款,减少产成品存货,节约相关的开支。

二、信用政策的成本

信用政策是指企业为了对应收账款进行规划与控制而确立的基本原则性行为规范,是企业财务政策的一个重要组成部分。信用政策的成本通常包括应收账款的机会成本、管理成本和坏账成本。

应收账款的机会成本即应收账款占用资金的应计利息。应收账款会占用企业一定量的资金,而企业若不把这部分资金投放于应收账款,便可以用于其他投资并可能获得收益,例如投资债券获得利息收入。这种因投放于应收账款而放弃其他投资所带来的收益,即为应收账款的机会成本。应收账款的机会成本一般用下列公式测算:

$$应收账款的机会成本 = 日销售额 × 平均收现期 × 变动成本率 × 机会成本率$$

应收账款的管理成本是指企业管理应收账款所增加的费用,主要包括调查顾客信用状况的费用、收集各种信息的费用、账簿的记录费用、收账费用、数据处理成本、相关管理人员成本和从第三方购买信用信息的成本等。

应收账款的坏账成本主要是因应收账款无法收回而给企业带来的损失。这一成本一般与应收账款数量同方向变动,即应收账款越多,坏账成本也越多。同时,坏账成本一般用下列公式测算:

$$应收账款的坏账成本 = 赊销额 × 预计坏账损失率$$

三、信用政策的确定

应收账款效果的好坏,依赖于企业的信用政策。信用政策包括信用期间、信用标准和现金折扣政策等内容。

(一)信用期间

信用期间是企业允许的顾客从购货到付款的时间,或者说是企业给予顾客的付款期间。例如,某企业允许顾客在购货后的 50 天内付款,则信用期间为 50 天。信用期间过短,不足以吸引顾客,在竞争中会使销售额下降;信用期间过长,对销售额增加固然有利,但只顾及销售额增长而盲目放宽信用期间,所得的收益有时会被增长的费用抵销,甚至造成利润减少。因此,企业必须慎重研究,确定出恰当的信用期间。

信用期间的确定,主要是分析改变现行信用期间对收入和成本的影响。延长信用期间,会使销售额增加,产生有利影响;与此同时,应收账款、收账费用和坏账损失增加,会产生不利影响。当前者大于后者时,可以延长信用期间,否则不宜延长。如果缩短信用期间,情况与此相反。

【例 9-4】　某公司现在采用 30 天按发票金额付款的信用政策,拟将信用期间放宽至 60 天,仍按发票金额付款即不给折扣。假设风险投资的最低报酬率为 15%,一年有 360 天,其他有关的数据见表 9-7。

表 9-7　某公司相关数据

项　目	信用期间	
	30 天	60 天
销售量/件	100 000	120 000
销售额/元(单价 5 元)	500 000	600 000
销售成本/元		
变动成本/元(每件 4 元)	400 000	480 000
固定成本/元	50 000	50 000
毛利/元	50 000	70 000
可能发生的收账费用/元	3 000	4 000
可能发生的坏账损失/元	5 000	9 000

在分析时,先计算放宽信用期间得到的收益,然后计算增加的成本,最后根据两者比较的结果做出判断。

(1)收益的增加

$$收益的增加＝销售量的增加×单位边际贡献$$

收益的增加＝(120 000－100 000)×(5－4)＝20 000(元)

(2)应收账款占用资金的应计利息增加

$$应收账款应计利息＝应收账款占用资金×资本成本$$
$$应收账款占用资金＝应收账款平均余额×变动成本率$$
$$应收账款平均余额＝日销售额×平均收现期$$

30 天信用期间应计利息＝$\frac{500\ 000}{360}$×30×$\frac{400\ 000}{500\ 000}$×15%≈5 000(元)

60 天信用期间应计利息＝$\frac{600\ 000}{360}$×60×$\frac{480\ 000}{600\ 000}$×15%＝12 000(元)

应计利息增加＝12 000－5 000＝7 000(元)

(3)收账费用和坏账损失增加

收账费用增加＝4 000－3 000＝1 000(元)

坏账损失增加＝9 000－5 000＝4 000(元)

(4)改变信用期间的税前损益

收益增加－成本费用增加＝20 000－(7 000＋1 000＋4 000)＝8 000(元)

由于收益的增加大于成本的增加,故应采用 60 天的信用期间。

上述信用期间分析的方法是比较简单的,可以满足一般制定信用政策的需要。如有必要,也可以进行更细致的分析,如进一步考虑销货增加引起存货增加而多占用的资金等。

(二)信用标准

信用标准,是指顾客获得企业的交易信用所应具备的条件。如果顾客达不到信用标准,便不能享受企业的信用优惠或只能享受较低的信用优惠。

企业在设定某一顾客的信用标准时,往往先要评估其赖账的可能性,可以通过 5C 系统来进行。所谓 5C 系统,是指评估顾客信用品质的五个方面,即品质(character)、能力(capacity)、资本(capital)、抵押(collateral)和条件(conditions)。

(1)品质。品质是指顾客的信誉,即顾客履行偿债义务的可能性。企业必须设法了解顾客过去的付款记录,看其是否有按期如数付款的一贯做法,以及与其他供货企业的关系是否良好。这一点经常被视为评价顾客信用的首要因素。

(2)能力。能力是指顾客的偿债能力,即其流动资产的数量和质量及其与流动负债的比例。顾客的流动资产越多,其转换为现金支付款项的能力越强。同时,还应注意顾客流动资产的质量,看是否有存货过多、过时或质量下降,影响其变现能力和支付能力的情况。

(3)资本。资本是指顾客的财务实力和财务状况,其表明顾客可能偿还债务的背景。

(4)抵押。抵押是指顾客拒付款项或无力支付款项时能被用作抵押的资产。这对评估不知底细或信用状况有争议的顾客尤为重要。一旦收不到这些顾客的款项便可以抵押品抵补。如果这些顾客提供足够的抵押,就可以考虑向他们提供相应的信用。

(5)条件。条件是指可能影响顾客付款能力的经济环境。比如,万一经济不景气,会对顾客的付款产生什么影响,顾客会如何做,等等。这需要了解顾客在过去困难时期的付款情况。

【例 9-5】　某企业在已有的信用政策(坏账损失控制在 6%)下,年销售收入(赊销收入)为 100 000 元,变动成本率为 80%,实际坏账损失率为 6%,平均收现期为 45 天,应收账款的机会成本率为 15%。现拟改变信用标准,提出两个方案。

A 方案:

信用标准较紧(控制坏账损失率在 5%)。预计收入将减少 10 000 元,剩余销售额的应收账款收现期降为 40 天;坏账损失率降为 5.7%。

B 方案:

信用标准宽松(控制坏账损失率在 10%)。预计增加销售收入 15 000 元,增加销售额的平均收现期为 75 天,新增销售额的坏账损失率为 12%;原销售额的相应指标不变。

采纳 A 方案的收益及成本分析:

收益 = -10 000×20% = -2 000(元)

机会成本 = [(90 000/360×40×80%×15%) - (100 000/360×45×80%×15%)]
　　　　　 = -300(元)

坏账成本 = 90 000×5.7% - 100 000×6% = -870(元)

信用标准变动带来的净收益 = -2 000 - (-300) - (-870) = -830(元)

采纳 B 方案的收益及成本分析:

收益 = 15 000×20% = 3 000(元)

机会成本 = 15 000/360×75×80%×15% = 375(元)

坏账成本 = 15 000×12% = 1 800(元)

信用标准变动带来的净收益＝3 000－375－1 800＝825(元)

通过比较,B方案净收益优于A方案,因此采用B方案可行。

(三)现金折扣政策

现金折扣是企业对顾客在商品价格上所做的扣减。向顾客提供这种价格上的优惠,主要目的在于吸引顾客为享受优惠而提前付款,缩短企业的平均收款期。另外,现金折扣也能招揽一些视折扣为减价出售的顾客前来购货,借此扩大销售量。折扣的表示常采用5/10、3/20、n/30这样一些符号形式。5/10表示10天内付款,可享受5％的价格优惠,即只需支付原价的95％,如原价为10 000元,只需支付9 500元;3/20表示20天内付款,可享受3％的价格优惠,即只需支付原价的97％,若原价为10 000元,只需支付9 700元;n/30表示付款的最后期限为30天,此时付款无优惠。

企业采用什么程度的现金折扣,要与信用期间结合起来考虑,比如,要求顾客最迟不超过30天付款,若希望顾客20天、10天内付款,能给予多大折扣;或者给予5％、3％的折扣,能吸引顾客在多少天内付款。不论是信用期间还是现金折扣,都可能给企业带来收益,但也会增加成本。现金折扣带给企业的好处前面已讲过,它使企业增加的成本,则指的是价格折扣损失。当企业给予顾客某种现金折扣时,应当考虑折扣所能带来的收益与成本孰高孰低,权衡利弊,抉择决断。

因为现金折扣是与信用期间结合使用的,所以确定折扣程度的方法与程序实际上和前述确定信用期间的方法与程序一致,只不过要把所提供的延期付款时间和折扣综合起来,看各方案的延期付款时间与折扣能取得多大的收益增量,再计算各方案带来的成本变化,最终确定最佳方案。

【例9-6】 强盛公司生产、销售一种产品,该产品的单位变动成本是60元,单位售价是80元。公司目前采用30天按发票金额付款的信用政策,80％的顾客(按销售量计算,下同)能在信用期内付款,另外20％的顾客平均在信用期满后20天付款,逾期应收账款的收回需要支出占逾期账款5％的收账费用。公司每年的销售量为34 000件,平均存货水平为2 000件。

为扩大销售量、缩短平均收账期,公司拟推出"5/10、2/20、n/30"的现金折扣政策。采用该政策后,预计销售量会增加15％;估计40％的顾客会在10天内付款,30％的顾客会在20天内付款,20％的顾客会在30天内付款,另外10％的顾客平均在信用期满后20天付款,逾期应收账款的收回需要支出占逾期账款5％的收账费用。为了保证及时供货,平均存货水平需提高到2 400件,其他条件不变。

假设等风险投资的最低报酬率为12％,一年按360天计算。

【要求】 (1)计算改变信用政策前、后的边际贡献、收账费用、应收账款占用资金应计利息、存货占用资金应计利息、现金折扣成本的变化以及改变信用政策的税前净损益。

(2)强盛公司是否应推出该现金折扣政策。

【解析】 (1)改变信用政策后的销售增加额＝34 000×15％×80＝40 800(元)

边际贡献增加额＝40 800×(80－60)/80＝102 000(元)

收账费用减少额＝34 000×80×20％×5％－34000×(1+15％)×80×10％×5％

$$=11\ 560(元)$$

改变信用政策前平均收账天数＝30×80％＋20％×(30+20)＝34(天)

改变信用政策前应收账款应计利息＝34 000×80/360×60/80×34×12％＝23 120(元)

改变信用政策后平均收账天数＝40％×10＋30％×20＋20％×30＋10％×(30+20)

$$=21(天)$$

改变信用政策后应收账款应计利息＝34 000×80/360×(1+15％)×60/80×21×12％

$$=16\ 422(元)$$

应收账款应计利息减少额＝23 120－16 422＝6 698(元)

存货应计利息增加额＝(2 400－2 000)×60×12％＝2 880(元)

现金折扣成本增加额＝34 000×(1+15％)×80×40％×5％＋34 000×(1+15％)

$$×80×30％×2％＝81\ 328(元)$$

改变信用政策后的净收益＝10 2000＋11 560＋6 698－2 880－81 328＝36 050(元)

(2)因为改变信用政策后增加了净收益 36050 元,所以该公司应该推出现金折扣。

应收账款发生后,企业应采取各种措施,尽量争取按期收回款项,否则会因拖欠时间过长而发生坏账,使企业蒙受损失。这些措施包括对应收账款回收情况的监督、制定适当的收账政策等。

1. 对应收账款回收情况的监督

企业已发生的应收账款时间有长有短,有的尚未超过收款期,有的则超过了收款期。一般来讲,拖欠时间越长,款项收回的可能性越小,形成坏账的可能性越大。对此,企业应对应收账款回收情况实施严密的监督,随时掌握回收情况。

实施对应收账款回收情况的监督,可以通过编制账龄分析表进行。账龄分析表是一张能显示应收账款在外天数长短(账龄)的表格,其格式见表9-8。

表 9-8　账龄分析表

2016 年 12 月 31 日

应收账款账龄	账户数量/个	金额/万元	金额占比/％
信用期间内	200	8	40
超过信用期间 1～20 天	100	4	20
超过信用期间 21～40 天	50	2	10
超过信用期间 41～60 天	30	2	10
超过信用期间 61～80 天	20	2	10
超过信用期间 81～100 天	15	1	5
超过信用期间 100 天	5	1	5
合　　计	420	20	100

利用账龄分析表,企业可以了解到以下情况:

(1)有多少欠款尚在信用期间内。表 9-8 显示,有价值 80 000 元的应收账款处在信用期间内,占全部应收账款的 40%。这些款项未到偿付期,欠款是正常的,但到期后能否收回,还要到时再定,故及时的监督仍是必要的。

(2)有多少欠款超过了信用期间,超过时间长短的款项各占多少,有多少欠款会因拖欠时间太久而可能成为坏账。表 9-8 显示,有价值 120 000 元的应收账款已超过了信用期间,占全部应收账款的 60%。不过,其中拖欠时间较短(1~20 天)的有 40 000 元,占全部应收账款的 20%,这部分欠款收回的可能性很大;拖欠时间较长(21~100 天)的有 70 000 元,占全部应收账款的 35%,这部分欠款的收回有一定难度;拖欠时间很长(100 天以上)的有 10 000元,占全部应收账款的 5%,这部分欠款有可能成为坏账。对拖欠时间不同的账款,企业应采取不同的收账方法,制定出经济、可行的收账政策;对可能发生的坏账损失,则应提前做好准备,充分估计这一因素对损益的影响。

2.收账政策的制定

企业对过期时间不同的应收账款的催收方式,以及准备为此付出的代价,就是它的收账政策。比如,对应收账款过期时间较短的顾客,不过多地打扰,以免将来失去这些顾客;对应收账款过期时间稍长的顾客,可措辞婉转地写信催款;对应收账款过期时间较长的顾客,频繁地进行信件催款及电话催询;对应收账款过期时间很长的顾客,可在催款时措辞严厉,必要时向有关部门提起仲裁或诉讼。

催收账款要发生费用,某些催收方式的费用还会很高(如诉讼费)。一般说来,收账的花费越大,收账措施越有力,可收回的账款越多,坏账损失也就越小。因此,制定收账政策,要在收账费用和减少坏账损失之间做出权衡。制定有效、得当的收账政策很大程度上靠有关人员的经验。从财务管理的角度讲,也有一些数量化的方法可以参照。根据收账政策的优劣在于应收账款总成本大小的道理,可以通过比较各收账方案成本的大小对其加以选择。

四、应收账款的日常管理

(一)设置应收账款明细分类账

企业为加强对应收账款的管理,在总分类账的基础上,又按信用客户的名称设置明细分类账,来详细地、序时地记载与各信用客户的往来情况。

会计的作用在于提供与决策相关的信息,应收账款明细分类账在应收账款的管理上正是发挥了这一作用。但是,决策的正确与否,还将取决于信息的相关性、可靠性、及时性和完整性等特征。所以,对于应收账款明细分类账的设置与登记通常应注意以下几点。

(1)全部赊销业务都应正确、及时、详细地登入有关客户的明细分类账,随时反映每个客户的赊欠情况,根据需要还可设置销货特种日记账以反映赊销情况。

(2)赊销业务的全过程应分工执掌,如登记明细账、填制赊欠客户的赊欠账单、向赊欠客户交送或邮寄账单和处理收入客户的现金等,都应分派专人负责。

（3）明细分类账应定期同总账核对。

影响应收账款收回金额的因素通常有:①销售折扣中的现金折扣;②销货退回与折让;③销货运费归谁负担;④坏账因素。这四方面的资料都将在应收账款明细账与销货日记账中得到详细的记录。对于这些情况的掌握,不光对维护应收账款的完整性有利,而且还利于企业对生产经营的控制,提高产品质量,改善生存环境。比如第二个因素,我们通过大量的退货与折让信息可了解到企业的产品质量如何,客户的消费偏好如何,客户对企业产品质量、包装、外观及功能的喜好如何,等等。第三个因素是客观的,第一、第四个因素将在后文管理方法中进行阐述。

（二）设置专门的赊销和征信部门

应收账款收回数额的多寡及时间的长短取决于客户的信用。坏账将造成损失,收账期过长将削弱应收账款的流动性。所以,企业应设置赊销和征信部门,专门对客户的信用状况进行调查,并从对企业进行信用评级的征信机构取得信息,以便确定要求赊购的客户的信用状况及付款能力。企业的赊销和征信部门在应收账款管理中的职能如下。

（1）对客户的信用状况进行评级。

（2）批准赊销的对象及规模,未经批准,企业的其他部门及人员一般无权同意赊销。

（3）负责赊销账款的及时催收,加速资金周转。一般账款的催收期限不能间隔太长,因为在法律上太长的期限可能暗示债权的放弃。

赊销和征信部门对客户信用状况进行评级,其信息来源除了对企业进行信用评级的征信机构外,另一个重要的来源应该是明细账和销货日记簿。对这两本账簿进行分析的一个重要方法就是账龄分析法,因为随着时间的推移,应收账款最终收回的前景就越来越暗淡,这也是销货折扣被广泛采纳的重要原因。将应收账款各客户的余额按账龄的长短进行分类的表称为账龄分析表,我们除了可以利用账龄分析表来估计可能发生的坏账损失的比例外,账龄分析表还有另一个优点,那就是它能使经理人员对各个客户的信用状况做出判断。

（三）实行严格的坏账核销制度

应收账款因赊销而存在,所以,应收账款从产生的那一天起就冒着可能收不回来的风险,即发生坏账的风险,可以说坏账是赊销的必然结果。对于整个赊销而言,我们可以将个别坏账理解为赊销费用,为了减少企业的损失,根据配比原则,发生的坏账应同收益进行配比,从收益中扣除,从而列示企业的实有资产,同时不虚夸所有者权益及收益,这也是谨慎性原则的要求。

企业对坏账的处理有直接核销法和备抵法两种,比较而言,备抵法更符合配比原则与谨慎性原则,因而受到青睐。备抵法又分为赊销百分比法、应收账款余额百分比法和账龄分析法,三者各有优缺点,对这些方法,不同的人有不同的偏好。而实行严格的坏账核销制度,不以方法的采用而区分,它主要包括以下三个方面的内容。

（1）准确地判断是否为坏账，坏账的核销至少应经两人之手。准确地判断坏账及其多寡并不是一件容易的事情，如某位销售员可能将已收回的应收账款装入自己的口袋而向上级申报为坏账，而两人以上经手则为防止舞弊提供了可能。

（2）在应收账款明细账中应清晰地记载坏账的核销，对已核销的坏账仍要进行专门的管理，只要债务人不是死亡或破产，只要还有一线希望，我们都不能放弃。同时还要为以后的核对及审查留下信息。

（3）已核销的坏账又重新收回要进行严格的会计处理，先做冲回应收账款的会计分录，后做收款的会计处理。这样做有利于管理人员掌握客户信用信息。

■■□ **思考 9-5** 应收账款管理的风险防范措施有哪些？

■■□ **解析** （1）提高认识，坚定控制不良应收账款的决心。

（2）完善管理制度，建立控制不良应收账款的制度保障体系。

（3）实施全过程控制，防止不良应收账款的产生。

（4）组织专门力量，对已形成的应收账款进行清理。

（5）利用付款信息管控信用风险。

第三节　存货管理

在线视频 9-7

存货是企业的重要资产，对其管理的好坏，直接关系到企业的资金占用水平以及资产运作。存货管理是企业管理中不可忽视的一部分。

一、存货管理的目标

企业能在生产投料时随时购入所需的原材料，或者能在销售时随时购入商品，就不需要存货。但实际上，企业总有储存存货的需要，并因此占用或多或少的资金。储存存货的原因主要有以下两个。

第一，保证生产或销售的需要。实际上，企业很少能做到随时购入生产或销售所需的各种物资，即使是市场供应量充足的物资也如此。这不仅因为不时会出现某种材料的供应断档，还因为企业距供货点较远而需必要的途中运输及可能出现运输故障。一旦生产或销售所需物资短缺，生产经营将被迫停顿，造成损失。为了避免或减少出现停工待料、停业待货等情况，企业需要储存存货。

第二，出自价格的考虑。零购物资的价格往往较高，而整批购买在价格上常有优惠。但是，过多的存货要占用较多的资金，并且会增加包括仓储费、保险费、维护费、管理人员工资在内的各项开支。存货占用资金是有成本的，占用过多会使利息支出增加并导致利润的损失，各项开支的增加更直接使成本上升。因此，企业要合理储存存货。

进行存货管理，就要尽力在各种存货成本与存货效益之间做出权衡，达到两者的最佳结合。这也就是存货管理的目标。

二、存货的功能和成本

（一）存货的功能

对于任何企业而言，理想的情况是在接到客户订单之后再进行采购、生产，将存货降为零。但要实现完全按订单进行生产，要求企业具有较强的快速反应能力，且能够消除各种不确定因素。但要满足这些条件，具有很大的难度。在这种情况下，保持一定的存货就具有经济合理性。存货的功能具体体现在以下几个方面。

1. 提高顾客服务水平

为了节约生产成本，有些产品的生产需要靠近原材料或能源的产地，有些产品的生产需要选择劳动力资源丰富的地方。而且，很多行业的生产具有很强的规模经济性，这样，生产非常集中，而顾客则分布在各地。为了有效地服务分散的顾客，避免缺货现象的发生，企业需要在各地备货。在生产工厂，也有必要储备一定的产成品，以备不时之需。

2. 平衡供求关系

对于任何企业而言，根据季节性高峰需求来设计生产能力是不科学的，会导致淡季时生产能力的严重闲置。较好的办法是在全年实现平衡的生产，这样，淡季生产出来的产品有一部分储备下来，满足旺季的消费需求。

3. 实现物流合理化

物流合理化是一个系统工程，涉及物流不同构成要素之间的密切配合，不能从孤立的角度看待物流优化问题。为了在达到既定的物流服务水平的前提下实现物流总费用的最小化，需要在存货费用与其他物流费用之间求得平衡。比如，大批量的原材料采购固然会增加原材料的存货资金占用，导致利息支出增加、仓储费用增加，但却可以较大幅度地降低单位原材料的运输费用，同时，单位订货费用也会下降，并且可以获得一定的数量折扣，只要节约的运输费用、订货费用、价格折扣大于因此增加的利息、仓储费用支出，原材料存货的增加就具有经济合理性。

4. 降低生产成本

保持生产线的长期、稳定运转有助于降低单位生产成本，这就意味着在需求存在波动的情况下必然会形成一定的产成品存货。对于企业而言，需要权衡因此降低的生产成本与增加的存货费用之间的关系，只要前者大于后者，保持生产线的稳定就是合理的。当然，对于技术含量高、产品生命周期短的产品要特别谨慎，否则可能由于更新换代产品的出现而使产品的价格大幅度下降，使企业蒙受巨大的损失。

5. 规避经营风险

原材料、零部件的适量库存，可以避免由于紧急情况的出现（如由于供应商延迟交货或发生重大事故而导致原材料、零部件供应不及时)造成企业停产的现象。对于潜藏着涨价因素的原材料或零部件,企业如果能够提前购进,进行一定数量的储备,则能够获得较大的利益。例如,在2003年国际豆类价格大幅度上涨之前,以豆类为主要原材料的食品生产企业如果能够预测到这一点,提前进行一定数量的储备,就能减少原材料涨价带来的损失。

■■■ **思考9-6** 存货与库存商品的区别是什么?

■■■ **解析** 存货是指企业在日常生产经营过程中持有以备出售,或者仍然处在生产过程,或者在生产或提供劳务过程中将消耗的材料或物料等,包括库存的、加工中的、在途的各类材料、商品、在成品、半成品、产成品、包装物、低值易耗品等。在不同行业的企业中,存货的范围有所不同。在商品流通企业中,存货主要包括各种商品;在工业企业中,存货则包括各种原材料、包装物、低值易耗品、在产品、自制半成品和产成品等。

库存商品包括库存产成品、外购商品、存放在门市部准备出售的商品、发出展览的商品以及寄存在外的商品等。

在线视频9-8

(二)存货的成本

与存货有关的成本包括以下三种。

1. 取得成本

取得成本是指为取得某种存货而付出的成本,通常用 TC_a 来表示,其又分为订货成本和购置成本。

(1)订货成本

订货成本是指取得订单的成本,如办公费、差旅费、邮资、电报电话费等支出。订货成本中有一部分与订货次数无关,如常设采购机构的基本开支等,称为订货的固定成本,用 F_1 表示;另一部分与订货次数有关,如差旅费、邮资等,称为订货的变动成本,用 K 表示。订货次数等于存货年需要量 D 与每次进货量 Q 之商。订货成本的计算公式为

$$订货成本 = F_1 + \frac{D}{Q} \cdot K$$

(2)购置成本

购置成本是指存货本身的价值,经常用数量与单价的乘积来确定。存货年需要量用 D 表示,单价用 U 表示,于是购置成本为 $D \cdot U$。

订货成本加上购置成本,就等于存货的取得成本。其公式可表达为

取得成本 = 订货成本 + 购置成本 = 订货固定成本 + 订货变动成本 + 购置成本

2. 储存成本

储存成本是指为储存存货而发生的成本,包括存货占用资金所应计的利息(若企业用现有现金购买存货,便失去了现金存放银行或投资于证券本应取得的利息,是为"放弃利息";若企业借款购买存货,便要支付利息费用,是为"付出利息")、仓库费用、保险费用、存货破损

和变质损失等,通常用 TC_c 来表示。

储存成本也分为固定成本和变动成本。固定成本与存货数量的多少无关,如仓库折旧、仓库职工的固定月工资等,常用 F_2 表示。变动成本与存货数量有关,如存货资金的应计利息、存货的破损和变质损失、存货的保险费用等,单位变动成本用 K_c 来表示。用公式表达的储存成本为

$$储存成本=储存固定成本+储存变动成本$$

$$TC_c=F_2+K_c \cdot \frac{Q}{2}$$

3. 缺货成本

缺货成本是指存货供应中断造成的损失,包括材料供应中断造成的停工损失、产成品库存缺货造成的拖欠发货损失和丧失销售机会的损失(还应包括需要主观估计的商誉损失);如果生产企业以紧急采购代用材料解库存材料中断之急,那么缺货成本表现为紧急额外购入成本(紧急额外购入的开支会大于正常采购的开支)。缺货成本用 TC_s 表示。

如果以 TC 来表示储备存货的总成本,它的计算公式为

$$TC=TC_a+TC_c+TC_s=F_1+\frac{D}{Q} \cdot K+D \cdot U+F_2+K_c \cdot \frac{Q}{2}+TC_s$$

企业存货的最优化,即使 TC 值最小。

三、存货决策

存货决策涉及四项内容:决定进货项目、选择供应单位、决定进货时间和决定进货批量。决定进货项目和选择供应单位是销售部门、采购部门和生产部门的职责。财务部门要做的是决定进货时间和决定进货批量(分别用 T 和 Q 表示)。按照存货管理的目的,需要确定合理的进货批量和进货时间,使存货的总成本最低,这个批量叫作经济订货量或经济批量。有了经济订货量,就可以很容易地找出最适宜的进货时间。

与存货总成本有关的变量(即影响总成本的因素)有很多,为了解决比较复杂的问题,有必要简化或舍弃一些变量,先研究、解决简单的问题,然后再扩展到复杂的问题。这需要设定一些假设条件,在此基础上建立经济订货量基本模型。

(一)经济订货量基本模型

经济订货量基本模型需要设定的假设条件如下:

(1)企业能够及时补充存货,即需要订货时便可立即取得存货。

在线视频9-9

(2)能集中到货,而不是陆续入库。

(3)不允许缺货,即无缺货成本,TC_s 为零,这是因为良好的存货管理本来就不应该出现缺货成本。

(4)需求量稳定,并且能被预测,即 D 为已知常量。

(5)存货单价不变,即 U 为已知常量。

(6)企业现金充足,不会因现金短缺影响进货。

(7)所需存货市场供应充足,不会因买不到需要的存货影响其他方面。

设定了上述假设条件后,存货总成本的公式可以简化为

$$TC=F_1+\frac{D}{Q}\cdot K+D\cdot U+F_2+K_c\cdot\frac{Q}{2}$$

当 F_1、K、D、U、F_2、K_c 为常数时,TC 的大小取决于 Q。为了求出 TC 的极小值,对其进行求导演算,可得出下列公式:

$$Q^*=\sqrt{\frac{2K\cdot D}{K_c}}$$

这一公式称为经济订货量基本模型,求出的每次订货批量,可使 TC 值达到最小。

这个基本模型还可以演变为其他形式:

每年最佳订货次数公式为

$$N^*=\frac{D}{Q^*}=\frac{D}{\sqrt{\dfrac{2K\cdot D}{K_c}}}=\sqrt{\frac{D\cdot K_c}{2K}}$$

与批量有关的存货总成本公式为

$$TC_{(Q^*)}=\frac{K\cdot D}{\sqrt{\dfrac{2K\cdot D}{K_c}}}+\frac{\sqrt{\dfrac{2K\cdot D}{K_c}}}{2}\cdot K_c=\sqrt{2K\cdot D\cdot K_c}$$

最佳订货周期公式为

$$t^*=\frac{1}{\sqrt{\dfrac{D\cdot K_c}{2K}}}$$

经济订货量占用资金公式为

$$I^*=\frac{Q^*}{2}\cdot U=\frac{\sqrt{\dfrac{2K\cdot D}{K_c}}}{2}\cdot U=\sqrt{\frac{K\cdot D}{2K_c}}\cdot U$$

【例 9-7】 某企业每年耗用某种材料 3 600 千克,单价为 10 元,单位存储成本为 2 元,一次订货成本为 25 元。则

$$Q^*=\sqrt{\frac{2K\cdot D}{K_c}}=\sqrt{\frac{2\times3\ 600\times25}{2}}=300(千克)$$

$$N^*=\frac{D}{Q^*}=\frac{3\ 600}{300}=12(次)$$

$$TC_{(Q^*)}=\sqrt{2K\cdot D\cdot K_c}=\sqrt{2\times25\times3\ 600\times2}=600(元)$$

$$t^*=\frac{1}{N^*}=\frac{1}{12}(年)=1(月)$$

$$I^*=\frac{Q^*}{2}\cdot U=\frac{300}{2}\times10=1\ 500(元)$$

经济订货量也可以用图解法求得:先计算出一系列不同批量下的有关成本,然后在坐标

图上描出由各有关成本构成的订货成本线、储存成本线和总成本线,总成本线的最低点(或者订货成本线和储存成本线的交点)对应的批量,即经济订货量。

不同批量下的有关成本指标见表 9-9。

表 9-9　不同批量下的有关成本

订货批量/件	平均存量/件	储存成本/元	订货次数/次	订货成本/元	总成本/元
100	50	100	36.0	900	1 000
200	100	200	18.0	450	650
300	150	300	12.0	300	600
400	200	400	9.0	225	625
500	250	500	7.2	180	680
600	300	600	6.0	150	750

(二)经济订货量基本模型的扩展

经济订货量基本模型是在前述各假设条件下建立的,但现实生活中能够满足这些假设条件的情况罕见。为使模型更接近于实际情况,具有较高的可用性,需逐一放宽假设,同时改进模型。

1. 订货提前期

一般情况下,企业的存货不能做到随用随时补充,因此不能等存货用光再去订货,而需要在没有用完时提前订货。在提前订货的情况下,企业再次发出订货单时,尚有存货的库存量,称为再订货点,用 R 来表示。它的数量等于交货时间(L)和每日平均需用量(d)的乘积。

在线视频 9-10

$$R = L \cdot d$$

例如,企业订货日至到货期的时间为 10 天,每日存货需要量为 10 千克,那么:

$R = L \cdot d = 10 \times 10 = 100$(千克)

即企业在尚存 100 千克存货时,就应当再次订货,等到下批订货到达时(再次发出订货单 10 天后),原有库存刚好用完。此时,有关存货的每次订货批量、订货次数、订货间隔时间等并无变化,与瞬时补充时相同。订货提前期如图 9-7 所示。从图 9-7 中可看出,订货提前期对经济订货量并无影响,可仍以原来瞬时补充情况下的 300 千克为订货批量,只不过在达到再订货点(库存 100 千克)时即发出订货单罢了。

2. 存货陆续供应和使用

在建立经济订货量基本模型时,是假设存货一次性全部入库的,故存货增加时存量变化为一条直线。事实上,各批存货可能陆续入库,使存量陆续增加。尤其是产成品入库和在产品转移,几乎总是陆续供应和陆续耗用的。在这种情况下,需要对图 9-7 做一些修改。

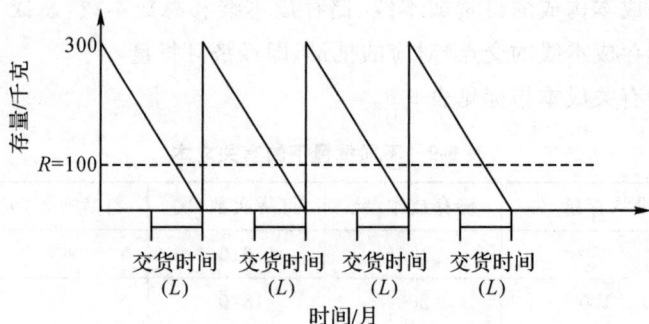

图 9-7　订货提前期

【例 9-8】　某零件年需用量为 3 600 件,每日送货量为 30 件,每日耗用量为 10 件,单价为 10 元,一次订货成本(生产准备成本)为 25 元,储存费率为 20%,求经济订货量及存货总成本。

【解析】　$Q^* = \sqrt{\dfrac{2K \cdot D}{K_c} \cdot \dfrac{P}{P-d}} = \sqrt{\dfrac{2 \times 25 \times 3\ 600}{10 \times 20\%} \times \dfrac{30}{30-10}} \approx 367(件)$

$TC_{(Q^*)} = \sqrt{2K \cdot D \cdot K_c \cdot \left(1 - \dfrac{d}{P}\right)} = \sqrt{2 \times 25 \times 3\ 600 \times 10 \times 20\% \times \left(1 - \dfrac{10}{30}\right)} \approx 490(元)$

【例 9-9】　某生产企业使用 A 零件,可以外购,也可以自制。如果外购,单价为 4 元,一次订货成本为 10 元;如果自制,单位成本为 3 元,每次生产准备成本为 600 元,每日产量为 50 件。零件的全年需求量为 3 600 件,储存变动成本为零件价值的 20%,每日平均需求量为 10 件。

下面分别计算零件外购和自制的总成本,以选择较优的方案。

(1)外购零件

$Q^* = \sqrt{\dfrac{2K \cdot D}{K_c}} = \sqrt{\dfrac{2 \times 10 \times 3\ 600}{4 \times 20\%}} = 300(件)$

$TC_{(Q^*)} = \sqrt{2K \cdot D \cdot K_c} = \sqrt{2 \times 10 \times 3\ 600 \times 4 \times 20\%} = 240(元)$

$TC = D \cdot U + TC_{(Q^*)} = 3\ 600 \times 4 + 240 = 14\ 640(元)$

(2)自制零件

$Q^* = \sqrt{\dfrac{2K \cdot D}{K_c} \cdot \dfrac{P}{P-d}} = \sqrt{\dfrac{2 \times 600 \times 3\ 600}{3 \times 20\%} \times \dfrac{50}{50-10}} = 3\ 000(件)$

$TC_{(Q^*)} = \sqrt{2K \cdot D \cdot K_c \cdot \left(1 - \dfrac{d}{P}\right)} = \sqrt{2 \times 600 \times 3\ 600 \times 3 \times 20\% \times \left(1 - \dfrac{10}{50}\right)} = 1\ 440(元)$

$TC = D \cdot U + TC_{(Q^*)} = 3\ 600 \times 3 + 1\ 440 = 12\ 240(元)$

由于自制零件的总成本(12 240 元)低于外购零件的总成本(14 640 元),故以自制零件为宜。

3. 数量折扣

存货管理的数量折扣决策是指在购买存货时,根据供应商提供的数量折扣(也称为批量折扣)来决定采购的数量。这种决策涉及平衡采购成本、存储成本以及供应链需求之间的关系,以最大化利润或降低总成本。

数量折扣是供应商为鼓励客户购买更大数量的商品而提供的价格优惠。随着购买数量的增加,每单位商品的价格逐渐降低,这可以在一定程度上降低单位成本。数量折扣决策涉及多个方面的影响,包括采购成本、存储成本、库存水平以及供应链灵活性。较大的采购量通常意味着较低的购买成本,但也可能导致更高的存储成本和可能的过剩库存。

在进行数量折扣决策时,需要考虑以下因素。

采购成本:随着采购数量的增加,单位成本是否会显著降低?

存储成本:较大的采购数量可能导致更高的存储成本,如仓库租金、保险等。

需求的不确定性:购买更多的存货可能会增加库存,从而增加过剩库存的风险。

供应链的灵活性:较大的采购数量可能会减少供应链的灵活性,难以应对变化的市场需求。

决策分析:在进行数量折扣决策时,通常需要进行成本分析和收益分析。比较不同采购数量下的总成本,同时考虑供应链的需求和灵活性。在一些情况下,即使较大的采购数量导致存储成本增加,但购买成本的降低可能仍然可以使总体成本降低。在实际应用中,数量折扣决策需要综合考虑多个因素,并根据企业的具体情况进行权衡和分析。这可以帮助企业做出最优的存货采购决策,从而在维持合理库存水平的同时降低成本。

【例 9-10】 希望公司每年耗用某种材料 3 600 千克,该材料单位成本为 10 元,单位存储成本为 2 元,一次订货成本为 25 元。假设现在每件价格为 10 元,供货方提出如果每次购买 500 件,则可给予 2% 的数量折扣,计算可按何种批量进行采购?

$$Q^* = \sqrt{\frac{2KD}{K_c}} = \sqrt{\frac{2 \times 25 \times 3\ 600}{2}} = 300(件)$$

按计算的经济批量(300 件)采购,则相关总成本为:

年总成本 $= 3\ 600 \times 10 + \sqrt{2 \times 3\ 600 \times 25 \times 2} = 36\ 600(元)$

按享受数量折扣的批量(500 件)采购,则其年总成本为:

年总成本 $= 3\ 600 \times 10 \times (1 - 2\%) + 3\ 600/500 \times 25 + 500/2 \times 2 = 35\ 960(元)$

通过计算选择总成本最小的订货量,应选择每次采购 500 件的订货批量。

4. 保险储备

之前的讨论假定存货的供需稳定且确知,即每日需求量不变,交货时间也固定不变。实际上,每日需求量可能发生变化,交货时间也可能发生变化。按照某一订货批量(如经济订货批量)和再订货点发出订单后,如果需求增大或送货延迟,就会发生缺货或供货中断。为防止由此造成的损失,就需要多储备一些存货以备应急之需,这称为保险储备(安全存量)。这些存货在正常情况下不动用,只有当存货过量使用或送货延迟时才动用。

在线视频 9-11

如年需用量(D)为 3 600 件,已计算出经济订货量为 300 件,每年订货 12 次。又知全年平均日需求量(d)为 10 件,平均每次交货时间(L)为 10 天。为防止需求变化引起缺货损失,设保险储备量(B)为 100 件,再订货点 R 由此而相应提高:

$R=$ 交货时间×平均日需求量+保险储备 $=L \cdot d + B = 10 \times 10 + 100 = 200$（件）

在第一个订货周期里，$d=10$，不需要动用保险储备；在第二个订货周期内，$d>10$，需求量大于供货量，需要动用保险储备；在第三个订货周期内，$d<10$，不仅不需动用保险储备，正常储备还未用完，下次存货即已送到。

建立保险储备，固然可以使企业避免缺货或供应中断造成的损失，但存货平均储备量加大却会使储备成本升高。研究保险储备的目的，就是要找出合理的保险储备量，使缺货或供应中断损失和储备成本之和最小。方法上可先计算出各不同保险储备量的总成本，然后再对总成本进行比较，选定其中最低的。

如果设与此有关的总成本为 $TC(S,B)$，缺货成本为 C_S，保险储备成本为 C_B，则

$$TC(S,B)=C_S+C_B$$

设单位缺货成本为 K_U，一次订货缺货量为 S，年订货次数为 N，保险储备量为 B，单位存货成本为 K_C，则

$$C_S=K_U \cdot S \cdot N$$
$$C_B=B \cdot K_C$$
$$TC(S,B)=K_u \cdot S \cdot N + B \cdot K_C$$

现实中，一次订货缺货量 S 具有存在的可能性，其存在的概率可根据历史经验估计得出；保险储备量 B 可选择而定。

【例 9-11】 远大公司在生产中使用甲零件，全年共需耗用 3 600 件，购入单价为 11 元，从发出订单到货物到达需要 10 天时间，一次订货成本 72 元。外购零件时可能发生延迟交货，延迟的时间和概率如表 9-10 所示。

表 9-10 外购零件发生延迟交货的时间和概率

到货延迟天数/天	0	1	2	3
概率	0.5	0.3	0.1	0.1

假设该零件的单位储存变动成本为 4 元，单位缺货成本为 5 元，一年按 360 天计算。建立保险储备时，最小增量为 10 件。要求：

(1)计算甲零件的经济订货批量；

(2)计算最小存货成本；

(3)计算每年订货次数；

(4)计算交货期内的平均每天需要量；

(5)确定最合理的保险储备量和再订货点。

【解析】 (1)经济订货批量 $=\sqrt{\dfrac{2 \times 72 \times 3\ 600}{4}} = 360$（件）

(2)最小存货成本 $=\sqrt{2 \times 3\ 600 \times 72 \times 4} = 1\ 440$（元）

(3)每年订货次数 $= 3\ 600/360 = 10$（次）

（4）交货期内的平均每天需要量＝3 600/360＝10（件）

（5）如果延迟交货 1 天,则交货期为 10＋1＝11（天）,交货期内的需要量＝11×10＝110（件）,概率为 0.3

如果延迟交货 2 天,则交货期为 10＋2＝12（天）,交货期内的需要量＝12×10＝120（件）,概率为 0.1

如果延迟交货 3 天,则交货期为 10＋3＝13（天）,交货期内的需要量＝13×10＝130（件）,概率为 0.1

保险储备 $B＝0$ 时,再订货点 $R＝10×10＝100$（件）

$S＝(110－100)×0.3＋(120－100)×0.1＋(130－100)×0.1＝8$（件）

$TC(S,B)＝8×5×10＋0×4＝400$（元）

保险储备 $B＝10$ 时,再订货点 $R＝100＋10＝110$（件）

$S＝(120－110)×0.1＋(130－110)×0.1＝3$（件）

$TC(S,B)＝3×5×10＋10×4＝190$（元）

保险储备 $B＝20$ 时,再订货点 $R＝100＋20＝120$（件）

$S＝(130－120)×0.1＝1$（件）

$TC(S,B)＝1×5×10＋20×4＝130$（元）

保险储备 $B＝30$ 时,再订货点 $R＝100＋30＝130$（件）

$S＝0$（件）

$TC(S,B)＝30×4＝120$（元）

通过比较得出,最合理的保险储备为 30 件,再订货点为 130 件。

四、存货控制

（一）存货的归口分级管理

存货的归口分级管理,是加强存货日常管理的一种重要办法。这一管理办法包括如下三项内容。

1.在厂长、经理的指导下,财务部门对存货资金实行统一管理

企业必须加强对存货资金的集中、统一管理,促进供、产、销相互协调,实现资金运用的综合均衡,加速资金周转。其中财务部门的统一管理主要包括依据国家财务制度和企业详细状况制定企业资金管理的各种制度;认真测算各种资金占用额,汇总编制存货资金运用方案;将有关方案指标分解,落实到有关单位和个人;对各单位的资金运用状况进行检查和剖析,统一考核资金的运用状况。

2.实行资金的归口管理

依据运用资金和管理资金相分离、物资管理和资金管理相分离的准绳,每项资金由哪个部门运用,就归哪个部门管理。各项存货资金归口管理的分工是:原材料、燃料、包装物等存货资金归供给部门管理,在产品和自制半成品归消费部门管理,成品资金归销售部门管理,工具、用具占用的资金归工具部门管理,修理用备件占用的资金归设备动力部门管理。

3.实行资金的分级管理

资金归口管理部门要依据详细状况,将资金方案指标分解,分配给所属单位或个人,层层落实,实行分级管理。详细分配过程是:原材料资金方案指标可分配给材料采购、仓库保管、整理准备各业务组管理;在产品资金方案指标可分配给各车间、半成品管理;成品资金方案指标可分配给销售、仓库保管、成品发运各业务组管理。

（二）存货的 ABC 库存分类管理法

在线视频 9-12

1. ABC 库存分类管理法的思想与原理

ABC 库存分类管理法又称为重点管理法。其基本点是:将企业的全部存货分为 A、B、C 三类,属于 A 类的是少数价值高的、最重要的项目,这些存货品种少,而单位价值较大。实务中,这类存货的品种数大约只占全部存货总品种数的 10%;而从一定期间出库的金额来看,这类存货出库的金额大约要占到全部存货出库总金额的 70%。属于 C 类的是为数众多的低值项目。其特点是,从品种数量来看,这类存货的品种数大约要占到全部存货总品种数的 70%;而从一定期间出库的金额来看,这类存货出库的金额大约只占全部存货出库总金额的 10%。B 类存货则介于 A 类、C 类之间,从品种数和出库金额看,其大约都只占全部存货总数的 20%。实务中,将金额高的 A 类物资作为重点加强管理与控制;按照通常的方法对 B 类物资进行管理和控制;C 类物资品种、数量繁多,但价值不大,可以采用最简便的方法加以管理和控制。

2. ABC 库存分类管理法的程序

ABC 库存分类管理法的程序可以分为以下几步。

(1)把各种库存物资全年平均耗用量分别乘以它的单价,计算出各种物资耗用总量以及总金额。

(2)按照各品种物资耗费的金额的大小顺序对其重新排列,并分别计算出各种物资在领用总数量和总金额中所占的比重,即百分比。

(3)把耗费金额适当分段,计算各段中各项物资领用数占总领用数的百分比,分段累计耗费金额占总金额的百分比,并根据一定标准将它们划分为 A、B、C 三类,分类的标准如表 9-11所示。

表 9-11 物资分类标准

物资类别	占物资总品种数的百分比	占物资总金额数的百分比
A	5%～10%	70%～80%
B	20%～30%	15%～20%
C	50%～70%	5%～10%

3. ABC库存分类控制方法

上述 A、B、C 三类存货中,根据重要程度不同,一般可以采用下列控制方法。

(1)对 A 类存货的控制,要计算每个项目的经济订货量和再订货点,尽可能适当增加订购次数,以减少存货积压,也就是减少其昂贵的存储费用和大量的资金占用;同时,还可以为该类存货分别设置永续盘存卡片,以加强日常控制。

(2)对 B 类存货的控制,也要事先计算每个项目的经济订货量和再订货点,同时也可以分别设置永续盘存卡片来反映库存动态,但要求不像 A 类那样严格,只要定期进行概括性的检查就可以了,以节省存储和管理成本。

(3)对于 C 类存货的控制,由于它们为数众多,而且单价又很低,存货成本也较低,因此,可以适当增加每次订货数量,减少全年的订货次数,对这类物资的日常管理和控制,一般可以采用较为简单的方法,常用的是"双箱法"。所谓"双箱法",就是将某项库存物资分装成两个货箱,第一箱的库存量是达到订货点的耗用量,当第一箱用完时,就意味着必须马上提出订货申请,以补充生产中已经领用和即将领用的部分。

(三)提高企业存货管理水平的途径

1. 严格执行财务制度,使账、物、卡三相符

存货管理要严格执行财务制度,对货到发票未到的存货,月末应及时办理暂估入库手续,使账、物、卡三相符。

2. 采用 ABC 库存分类管理法,降低存货库存量,加速资金周转

对存货的日常管理,根据存货的重要程度,将其分为 A、B、C 三种类型。对 A 类存货实行重点管理,如大型备品备件等。对 B 类存货实行日常管理,如日常生产消耗用材料等。对 C 类存货实行一般管理,如办公用品、劳保用品等随时都可以采购。分类后,抓住重点存货,控制一般存货(B 类存货),制订出较为合理的存货采购计划,从而有效地控制存货库存量,减少储备资金占用,加速资金周转。

3. 加强存货采购管理,合理运作采购资金,控制采购成本

首先,计划员要有较高的业务素质,对生产工艺流程及设备运行情况要有充分的了解,掌握设备维修、备件消耗情况及生产耗用材料情况,进而制订出科学合理的存货采购计划。其次,要规范采购行为,增加采购的透明度。本着节约的原则,采购员要对供货单位的品质、价格、财务信誉进行动态监控;收集各种信息,就同类产品货比多家,以求价格最低、质量最优;同时对大宗原燃材料、大型备品备件实行招标采购,杜绝暗箱操作,杜绝采购黑洞。这样,既可确保生产的正常进行,又能有效地控制采购成本,加速资金周转,提高资金的使用效率。

4. 充分利用 ERP(企业资源计划)系统等先进的管理模式,实现存货资金信息化管理

要想使存货管理达到现代化企业管理的要求,就要使企业尽快采用先进的管理模式,如 ERP 系统。利用 ERP 系统全方位、科学、高效地集中管理人、财、物、产、供、销,最大限度地堵塞漏洞,降低库存,使存货管理上一个新台阶。

【复习思考题】

1. 企业如何制定存货管理策略,以平衡成本控制和满足市场需求?

2. 作为财务部门的领导,你将如何审慎运用融资手段,以平衡企业的营运资金需求和降低融资成本? 此外,企业如何将社会责任融入融资决策,为社会创造更大的价值?

3. 企业应如何将营运资金有效地应用于创新项目,推动企业的数字化转型,以响应国家的政策导向和发展战略? 同时,如何确保这些创新项目在财务可持续性和社会效益之间保持平衡?

【自测题】

在线测试

第五单元

利润分配
管理

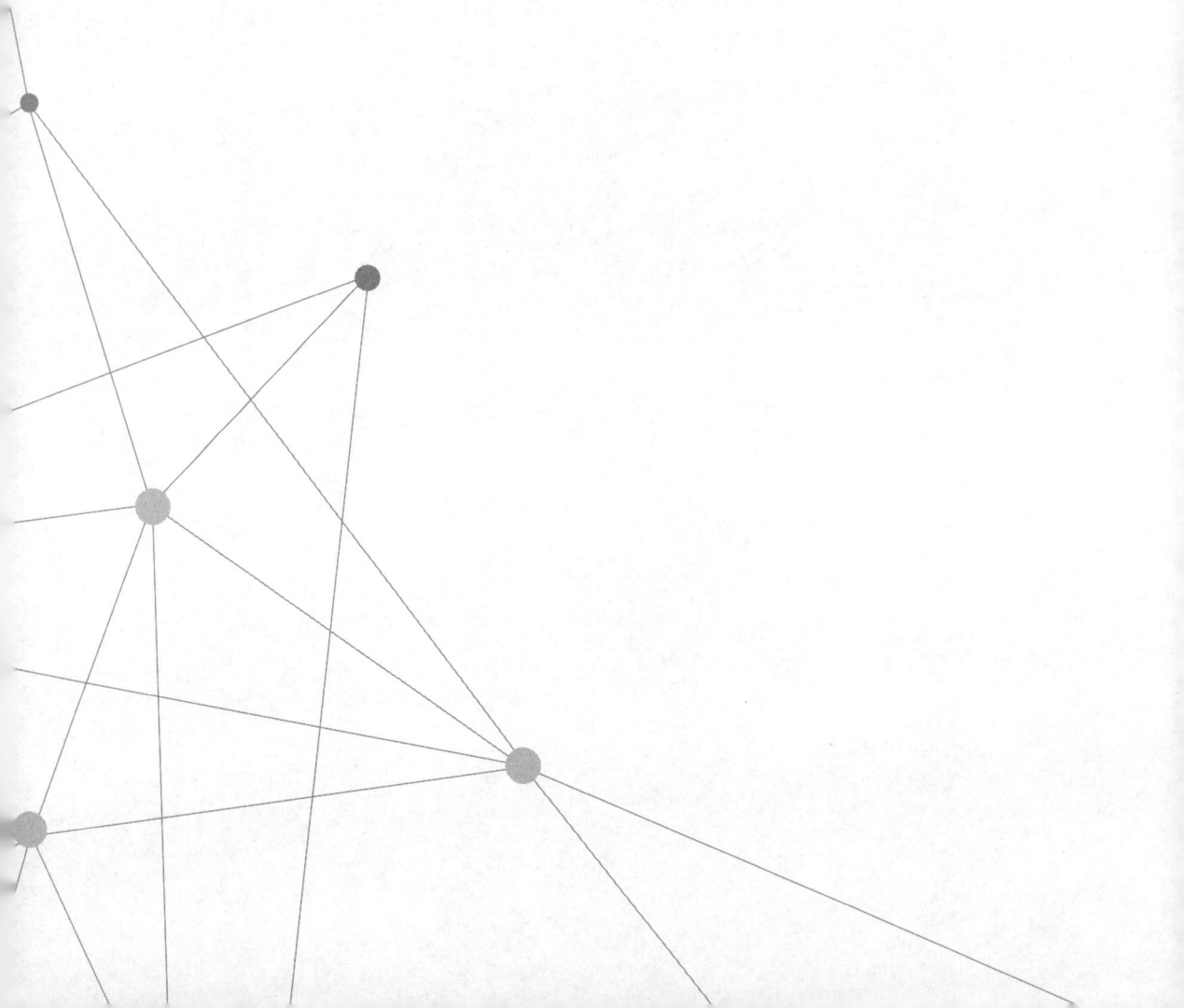

利润分配管理概述

■■■ 学习目标

通过本章学习,学生应了解企业利润分配的内容、原则和意义,掌握利润分配的顺序,熟悉股利支付的程序及方式。

■■■ 关键知识点

利润分配的原则,利润分配的内容,利润分配的顺序,股利支付的方式和程序。

■■■ 案例导入

上市公司是证券市场发展的基石。有关资料显示,现金分红的上市公司数量在增加——从 2006 年的 681 家增加到 2010 年的 1 257 家,现金分红的绝对金额在扩张——从 2006 年的 1 183 亿元增加到 2010 年的 4 911 亿元,平均每家上市公司的派现金额在提高——从 2006 年的 0.85 亿元增加到 2011 年的 2.41 亿元,上市公司的现金分红面在拓宽——从 2006 年的 49.1% 拓宽到 2010 年的 61.68%;从机制上看,越来越多的上市公司将现金分红政策写入了公司章程,越来越多的上市公司将现金分红情况列入了信息披露的重要内容。

根据有关统计数据,2009 年至 2011 年 11 月 9 日,沪、深两市通过发行新股和再融资途径合计募集资金 22 164.93 亿元,其中 IPO(首次公开募股)、增发和配股的募集资金额分别为 9 431 亿元、9 691 亿元和 1 958 亿元,而 2009 年 1 月至 2011 年 9 月的 A 股印花税高达 847 亿元。从利润与分红金额的比例来看,沪、深两市所有上市公司现金分红为 8 885.20 亿元,利润为 38 829.88 亿元,分红占 22.88%。262 家上市公司近 3 年来没分红或送股,其中有 94 家属于创业板公司,占 274 家创业板上市公司的 34.31%,占沪、深两市所有同类上市公司的 35%。其中,股利支付率为 0 的上市公司有 794 家,占沪、深两市 2 290 家上市公司的 34.67%,股利支付率为 50% 以上的有 115 家,股利支付率为 10%~50% 的有 1 088 家,股利支付率为 1%~10% 的有 269 家,23 家的股利支付率为负数。

从 1990 年年末到 2010 年年末的 20 年间,上市公司从市场获得的资金总额高达 4.3 万亿元,但同期现金分红总额只有 1.8 万亿元,而且 70% 以上都分给了大股东,普通投资者分得的红利不足 30%,也就是不足 0.54 万亿元。大股东的套现行为也越来越普遍。仅在

2011年,发布重要股东增减持公告的上市公司就有758家,合计净卖出股份数量为41.746亿股,为2010年同期的2.55倍,金额达到了619.96亿元。

现金分红不仅是传递信息的重要渠道,还是上市公司回报现有投资者、吸引潜在投资者的重要方式,但是大部分上市公司的分红缺乏连续性和稳定性,甚至还有部分上市公司零分红,故而在资本市场上并未形成良好的现金分红文化。为规范上市公司的分红行为、保障投资者的合法权益并培育长期价值投资理念,中国证监会颁布了一系列政策文件,包括2013年出台的"强制分红政策",该政策以上市公司发展阶段、重大资金支出安排情况为划分标准,制定了差异化的分红要求。

有学者以2008—2019年期间A股上市公司面板数据为分析样本,把强制分红政策作为独特的"实验场所",考察我国上市公司分红表现能否增加股价信息含量。实证研究发现:上市公司现金分红表现传递了有关盈利水平的特质信息,对股价信息含量有显著的提升作用,分红水平越高的上市公司其股价信息含量也越高,并且,强制分红政策有助于上市公司分红提高股价信息含量效应的发挥。进一步研究还发现,信息渠道和公司治理渠道会影响现金股利信号的传递,在信息环境好、公司治理水平高的情况下,上市公司分红提升股价信息含量的效应越显著。

资料来源:施光耀.中国上市公司分红状况分析[J].中国金融,2012(6):67-68;张翀.强制分红,距离上市公司有多远?[J].财会学习,2011(12):18-20;杨宝,年洁.强制分红政策下上市公司分红表现对股价信息含量的影响[J].广西财经学院学报,2022(2):74-91.

■■■■ 思 考

1.什么是利润分配?如何进行利润分配?

2.上市公司必须分红吗?

3.中国证监会陆续颁布的强制分红系列政策文件,逐步规范了上市公司的分红行为,探讨此举对提升中小投资者财商素养培育的积极意义。

第一节　利润分配概述

利润分配管理是对企业利润与分配的主要活动及其形成的财务关系的组织与调节,是企业将一定时期内所创造的经营成果在企业内外部各利益相关者之间进行合理、有效分配的过程。

企业通过经营活动取得收入后,要按照补偿成本、缴纳所得税、提取公积金、向投资者分配利润等顺序进行收益分配。对于企业来说,利润分配不仅是资产保值、保证简单再生产的手段,同时也是资产增值、实现扩大再生产的工具。利润分配可以满足国家政治职能与组织经济职能的需要,是处理所有者、经营者等各方面物质利益关系的基本手段。

一、利润分配的概念

利润分配就是根据企业所有权的归属及各项权益所占的比例,对企业生产经营成果进行划分,利用财务手段确保生产成果的合理归属和正确分配的管理过程。简单地讲,利润分配就是对企业一定生产成果的分配。

企业的利润分配有广义和狭义两种概念。广义的利润分配是指对企业的收入和净利润进行分配,包含两个层次的内容:第一层次是对企业收入的分配;第二层次是对企业净利润的分配。狭义的利润分配则仅仅是指对企业净利润的分配。本章所指的利润分配采用狭义的概念,即对企业净利润的分配。

企业要正确地组织利润分配,兼顾不同方面的利益,处理好投资者近期利益与企业长远发展之间的关系,确保分配决策与筹资、投资决策相互协调,建立利润分配的激励机制与约束机制,为实现最佳经济效益奠定基础。

思考 10-1　企业的利润分配有狭义和广义之分,下列(　　)属于狭义的利润分配。

A.企业收入的分配　　　　　　　　B.企业净利润的分配

C.企业产品成本的分配　　　　　　D.企业职工薪酬的分配

解析　正确答案是 B。企业的利润分配有广义和狭义两种概念。广义的利润分配是指对企业的收入和净利润进行分配,包括两个层次的内容:第一层次是对企业收入的分配;第二层次是对企业净利润的分配。狭义的收益分配则仅仅是指对企业净利润的分配。因此,选项 B 是正确的。

二、利润分配的内容

支付股利是一项税后净利润的分配,但不是利润分配的全部。按照《中华人民共和国公司法》的规定,公司利润分配包括以下内容。

（一）法定公积金

公积金包括法定公积金和任意公积金两部分。法定公积金从净利润中提取形成,用于弥补公司亏损、扩大公司生产经营或者转为增加公司资本。公司分配当年税后利润时应当按照10％的比例提取法定公积金;当法定公积金累计额达到公司注册资本的50％后,可不再提取。任意公积金的提取由股东会根据需要决定。

（二）股利（向投资者分配的利润）

公司向股东（投资者）支付股利（分配利润）,要在提取公积金之后。股利（利润）的分配应以各股东（投资者）持有股份的数额（投资额）为依据,每一股东（投资者）取得的股利（分得的利润）与其持有的股份数（投资额）成正比。股份有限公司原则上应从累计盈利中分派股利,无盈利不得支付股利,即所谓"无利不分"的原则。但若公司用公积金抵补亏损以后,为维护其股票信誉,经股东大会特别决议,也可用公积金支付股利。

三、利润分配的原则

利润分配不仅会影响企业筹资和投资活动,而且还涉及眼前利益与长远利益、集体利益与局部利益乃至整个社会积累与消费的关系。为了组织好企业的财务活动,处理好企业的财务关系,必须依法进行合理的利润分配。企业在进行利润分配时,必须遵循以下几个原则。

（一）依法分配原则

企业的利润分配必须依法进行。为了规范企业的利润分配行为,维护各利益相关者的合法权益,国家颁布了相关法规。这些法规规定了企业利润分配的基本要求、一般程序和重要比例,企业应当认真执行,不得违反。

（二）分配与积累并重原则

企业的利润分配必须坚持积累与分配并重的原则。企业通过经营活动赚取收益,既要保证企业简单再生产的持续进行,又要不断积累企业扩大再生产的财力基础。恰当处理分配与积累之间的关系,留存一部分净收益以供未来分配之需,能够增强企业抵抗风险的能力,同时,也可以提高企业经营的稳定性与安全性。

（三）兼顾各方利益原则

企业的利润分配必须兼顾各方面的利益。企业是经济社会的基本单元,企业的利润分配涉及国家、股东、债权人、职工等多方面的利益。正确处理他们之间的关系,协调其矛盾,对企业的生存、发展是至关重要的。企业在进行利润分配时,应当统筹兼顾,维护各利益相关者的合法权益。

（四）投资与收益对等原则

企业进行利润分配时应当体现"谁投资谁受益"、收益大小与投资比例相对等的原则。这是正确处理投资者利益关系的关键。企业在向投资者分配利润时,应本着平等、一致的原则,按照投资者投资额的比例进行分配,不允许任何一方随意多分多占,以从根本上实现利润分配的公开、公平和公正,保护投资者的利益。

■■■ **思考** 10-2 企业的利润分配应当遵循的原则包括( )。

    A. 投资与收益对等   B. 投资机会优先

    C. 兼顾各方面利益   D. 分配与积累并重

■■■ **解析** 正确答案是 ACD。收益分配的基本原则是依法分配、分配与积累并重、兼顾各方利益、投资与收益对等。所以,选项 B 不对。

四、利润分配的顺序

根据我国《公司法》及相关法律、制度的规定,公司净利润的分配应按照下列顺序进行。

（一）弥补以前年度亏损

企业在提取法定公积金之前,应先用当年利润弥补亏损。企业年度亏损可以用下一年度的税前利润弥补,下一年度不足弥补的,可以在 5 年之内用税前利润连续弥补,连续 5 年未弥补的亏损则用税后利润弥补。其中,税后利润弥补亏损可以用当年实现的净利润,也可以用盈余公积转入。

（二）提取法定盈余公积金

根据《公司法》的规定,法定盈余公积金的提取比例为当年税后利润(弥补亏损后)的 10％。法定盈余公积累计额达到注册资本的 50％后,可以不再提取。法定盈余公积金提取后,根据企业的需要,可用于弥补亏损或转增资本,但企业用盈余公积金转增资本后,法定盈余公积金的余额不得低于转增前公司注册资本的 25％。提取法定盈余公积金的目的是增加企业内部积累,以利于企业扩大再生产。

（三）提取任意盈余公积金

根据《公司法》的规定,公司从税后利润中提取法定公积金后,经股东会或股东大会决议,还可以从税后利润中提取任意盈余公积。这是为了满足企业经营管理的需要,控制向投资者分配利润的水平,以及调整各年度利润分配的波动。

（四）向股东（投资者）分配股利（利润）

根据《公司法》的规定,公司弥补亏损和提取公积金后所余税后利润,可以向股东(投资

者)分配股利(利润)。其中,有限责任公司股东按照实缴的出资比例分取红利,但全体股东约定不按照出资比例分取红利的除外;股份有限公司按照股东持有的股份比例分配,但股份有限公司章程规定不按照持股比例分配的除外。

在线视频

第二节　股利支付的方式与程序

一、股利支付方式

股利支付方式主要有以下四种。

(一)现金股利

现金股利,是以现金支付的股利,它是股利支付的主要方式。公司支付现金股利除了要有累计盈余(特殊情况下可用弥补亏损后的盈余公积金支付)外,还要有足够的现金,因此公司在支付现金股利前须筹备充足的现金。

(二)财产股利

财产股利,是以现金以外的资产支付的股利,主要是以公司所拥有的其他企业的有价证券,如债券、股票,作为股利支付给股东。

(三)负债股利

负债股利,是公司以负债支付的股利,通常以公司的应付票据向股东支付股利,在不得已的情况下也有发行公司债券抵付股利的。财产股利和负债股利实际上是现金股利的替代。这两种股利方式目前在我国公司实务中很少使用,但并非法律所禁止。

■■■ **思考 10-3** 如果上市公司以其应付票据作为股利支付给股东,则我们可以将这种股利支付方式称为( )。

        A. 现金股利　　　　B. 股票股利　　　　C. 财产股利　　　　D. 负债股利

■■■ **解析**　正确答案是 D。负债股利,是以负债方式支付的股利,通常以公司的应付票据向股东支付股利,有时也以发行公司债券的方式抵付股利。

(四)股票股利

股票股利,是公司以增发的股票作为股利的支付方式,我国实务中通常也称其为"红股"。股票股利对公司来说,并没有现金流出企业,也不会导致公司的财产减少,而只是将公司的留存收益转化为股本。但股票股利会增加流通在外的股票数量,同时降低股票的每股价值。它不会改变公司股东权益总额,但会改变股东权益的构成。

发行股票股利对公司的影响如下：

（1）发放股票股利既不需要向股东支付现金，又可以在心理上给股东以从公司取得投资回报的感觉。因此，股票股利有派发股利之"名"，而无派发股利之"实"。

（2）发放股票股利可以降低公司股票的市场价格，一些公司在其股票价格较高、不利于股票交易和流通时，通过发放股票股利来适当降低股价水平，促进公司股票的交易和流通。

（3）发放股票股利，可以降低股价水平，如果日后公司以发行股票方式筹资，则可以降低发行价格，有利于吸引投资者。

（4）发放股票股利可以传递公司未来发展前景良好的信息，增强投资者的信心。

（5）股票股利降低每股市价的时候，会吸引更多的投资者成为公司的股东，从而可以使股权更为分散，有效地防止公司被恶意控制。

二、股利支付程序

分配股利必须遵循法定的程序，先由公司董事会根据公司盈利水平和股利政策制定股利分派方案，提交股东大会审议，通过后方能生效。然后，由董事会依股利分配方案向股东宣布分配股利，并在规定的股利发放日以约定的支付方式派发。股份有限公司向股东支付股利的过程主要经历股利宣告日、股权登记日、除息日和股利支付日。

（一）股利宣告日

股利宣告日，即公司董事会将股东大会通过本年度利润分配方案的情况以及股利支付情况予以公告的日期。公告中包括每股支付的股利、股权登记期限、股利支付日期等事项。

（二）股权登记日

股权登记日，即有权领取本期股利的股东有资格登记的截止日期。只有在股权登记日这一天登记在册的股东（即在次日及之前持有或买入股票的股东）才有资格领取本期分配的股利，而在这一天之后登记在册的股东，即使是在股利支付日之前买入的股票，也无权领取本期分配的股利。

（三）除息日

除息日，也称除权日，是指股利所有权与股票本身分离的日期，将股票中含有的股利分配权予以解除，即在除息日当日及以后买入的股票不再享有本次股利分配的权利。我国上市公司的除息日通常是在登记日的下一个交易日。另外，由于失去了"附息"的权利，除息日的股价会下跌，下跌的幅度约等于分派的股息。

（四）股利支付日

股利支付日，是公司确定的向股东正式发放股利的日期。公司通过资金清算系统或其他方式将股利支付给股东。

【例 10-1】 某上市公司于 2018 年 4 月 10 日公布 2017 年度的最后分红方案,其公告如下:"2018 年 4 月 9 日在北京召开的股东大会,通过了董事会关于每股分派 0.15 元的 2017 年股息分配方案。股权登记日为 4 月 25 日,除息日为 4 月 26 日,股东可在 5 月 10 日至 25 日之间通过深圳证券交易所按交易方式领取股息。特此公告。"

【解析】 该公司的股利支付程序如图 10-1 所示。

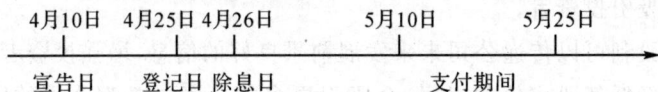

图 10-1　股利支付程序

■■■ 思考 10-4 假定 A 公司 2017 年 11 月 15 日发布公告:"本公司董事会在 2017 年 11 月 15 日的会议上决定,本年度发放每股 5 元的股利;本公司将于 2018 年 1 月 2 日将上述股利支付给已在 2017 年 12 月 15 日登记为本公司股东的人士。"

■■■ 解析 2017 年 11 月 15 日为 A 公司的股利宣告日,2017 年 12 月 15 日为其股权登记日,2018 年 1 月 2 日则为其股利支付日。

【复习思考题】

1. 利润分配应遵循哪些基本原则?

2. 基本的利润分配顺序是怎样的?

3. 股利支付的方式有哪些?

4. 国有企业税后利润按比例上缴政府的利润分配制度设计,如何体现了我国国有企业社会责任的履行?

【自测题】

在线测试

第十一章

利润分配管理

■■■ 学习目标

通过本章学习,学生应熟悉股利理论的内容,掌握各种股利政策的基本原理、优缺点和适用范围,掌握股利分配方案的确定,熟悉股票分割的含义、目的与作用,了解股票回购的含义、意义及负面影响。

■■■ 关键知识点

股利政策的基本原理、优缺点及适用范围,股票股利,股票分割,股票回购。

■■■ 案例导入

自布莱克在1976年提出"股利之谜"以来,对股利政策的解释一直被认为是金融领域最难解决的问题之一,不少研究者提出了自己的看法。伊斯特布鲁克和詹森认为,股利政策有利于降低管理者与股东之间的代理成本。科雷亚等认为,股利政策是传递公司盈利的有效信号,然而现实中很多银行家却觉得派发股利是向投资者坦陈没有更好的项目可以投资。艾伦等认为,公司派发高股利可以吸引低税率的投资者,进而投资者可以提高公司质量并保证公司的优良管理。法马和弗伦奇指出了股利普遍性衰减的"股利消失"现象,引发了对传统股利政策理论的质疑。肯特等对加拿大多伦多股票交易所291家上市公司的管理者进行了股利政策感知的调查,结果表明,股利的影响因素是当前和未来的盈利及其稳定性、过去的股利政策,尽管美国和加拿大上市公司的股权集中度差异较大,但管理者们对股利政策决定因素的看法是相似的,股利政策具有较强的信号传递功能,而其对"在手之鸟"、税收偏好和顾客效应、代理成本、股利迎合等理论没有支持作用。基于标准金融学角度的主要研究结果表明,顾客效应论、信号传递论、代理理论等经典股利理论在实证上并未取得一致的结果,股利之谜仍悬而未决。

资料来源:陈修谦.论股利政策理论行为学研究视角的演进路径[J].湖南商学院学报,2012(4):94-98.

■■■ 思 考

1.利润分配应该考虑哪些因素?

2.不同股利政策对股东和公司的影响如何?

3.我国上市公司应如何发挥股利政策的积极作用,践行共同富裕理念?

第一节　股利理论与股利政策

一、股利理论

在线视频 11-1　企业的股利分配方案既取决于企业的股利政策,又取决于决策者对股利分配的理解与认识,即股利分配理论。股利分配理论是指人们对股利分配的客观规律的科学认识与总结,其核心问题是股利政策与公司价值的关系问题。市场经济条件下,股利分配要符合财务管理目标。人们对股利分配与财务目标之间关系的认识存在不同的流派与观念,还没有一种被大多数人所接受的权威观点和结论。股利政策的最终目标是使公司价值最大化。目前主要有以下两种较流行的股利理论。

(一)股利无关论

股利无关论是由美国经济学家莫迪利亚尼和财务学家米勒于 1961 年在他们的论文《股利政策、增长与股票价格》中提出,该理论也简称 MM 理论。这种理论是建立在一种完整无缺的市场假设之上的,因而又称为完全市场理论。股利无关论认为,在一定的假设条件限制下,股利政策不会对公司的价值或股票的价格产生任何影响,投资者不关心公司股利的分配。公司市场价值的高低,由公司所选择的投资决策的获利能力和风险组合决定,与公司的利润分配政策无关。

由于公司对股东的分红只是盈利减去投资之后的差额部分,且分红只能采取派现或股票回购等方式,因此,一旦投资政策已定,那么,在完全的资本市场上,股利政策的改变就仅仅意味着收益在现金股利与资本利得之间分配上的变化。如果投资者按理性行事的话,这种改变不会影响公司的市场价值以及股东的财富。该理论是建立在完全资本市场理论之上的,假定条件包括:第一,市场具有强式效率;第二,不存在任何公司或个人所得税;第三,不存在任何筹资费用;第四,公司的投资决策与股利决策彼此独立。

在这些特定的假设条件下,MM 理论认为,假如某一公司给股东发放较高的股利,那么它就必须发行更多的股票,其数额正好等于公司的股利。也就是说,在不改变投资决策和目标资本结构的条件下,公司要增发股利,唯一的方法是靠增发新股的方式筹得投资所需资金。在完善的市场条件下,新股东购买股票愿付的价格必须与企业价值相一致。因此,这个活动的结果是新老股东之间的价值转移,即老股东将自己拥有的一部分资产转让给新股东,新股东则把同等价值的现金交付给老股东,企业的价值不变。

在上述假设基础上,股利无关理论的结论如下:

(1)投资者不会关心公司股利的分配情况,公司的股利政策不会对公司的资产价值产生影响。

(2)公司的股票价格完全由公司投资方案和获利能力决定,而并非取决于公司的股利政策。

（3）当公司保持较多的盈余用于投资，并有较好的投资收益时，公司股票将会上涨，股东可通过出售所持股票取得资本收益。

（4）如果公司发放较多的现金股利，投资者可将其用于其他投资获利。

（5）当公司有较好的投资机会，而又要支付较高的现金股利时，公司可通过发行新股等方法筹集资金。

综上所述，该理论认为股票价格与股利政策是无关的。对理性的投资者来说，其在对股利和资本利得的选择上并无明显的偏好。从公司或股东的角度来看，根本没有最佳股利政策的存在，公司的价值完全取决于投资决策的成败。虽然 MM 理论与实际情况相距甚远，但它为股利理论研究奠定了基础。

（二）股利相关论

与股利无关论相反，股利相关论认为，股利分配不仅影响股票价格，也影响公司的资产价值。这一理论认为现实中市场并不完善，存在税收和信息不对称等，其代表性观点主要有以下几种。

1. "一鸟在手"理论

这一理论是由戈登和林特纳首先提出来的。"一鸟在手"的说法来源于英国的一句格言"双鸟在林，不如一鸟在手"。该理论认为，用留存收益再投资给投资者带来的收益具有较大的不确定性，并且随着时间的推移投资的风险会进一步加大，因此，厌恶风险的投资者会偏好确定的股利收益，而不愿将收益留存在公司内部，去承担未来的投资风险。该理论认为，公司的股利政策与公司的股票价格是密切相关的，即当公司支付较高的股利时，公司的股票价格会随之上升，公司价值将得到提高。

但这一理论对股利政策的解释存在一定的问题。从长远来看，不论是现金股利，还是资本利得，都需要有企业的实际业绩支撑才能真正实现。因此，尽管企业可以在短期内依靠资金的调度和安排可满足既定数额的现金股利的发放，但如果没有长期盈利的业绩支持，必然会在某一时期无法保证优于以往的现金股利发放。相反，如果企业能够长期保持良好的盈利业绩，尽管市场在一段时间可能未能充分估计公司股票的价值而导致其价格被低估，但从长远看公司的实际价值一定会在股票价格上表现出来。因此，如果股票市场在较长时期内是一个有效率的市场，就不存在现金股利的风险一定低于资本利得的风险的结论，现金股利也就不一定优于资本利得。

2. 信号传递理论

该理论认为，在信息不对称的情况下，公司可以通过股利政策向市场传递有关公司未来获利能力的信息，从而影响公司的股价。一般来讲，预期未来获利能力强的公司，往往愿意通过相对较高的股利支付水平吸引更多的投资者。对于市场上的投资者来讲，股利政策的差异或许是反映公司预期获利能力的有价值的信号。如果公司连续保持较为稳定的股利支付水平，那么投资者会对公司未来的盈利能力与现金流量抱有乐观的预期。如果公司的股利支付水平突然发生变动,那么股票市价也会对这种变动做出反应。

不过,公司以支付现金股利的方式向市场传递信息,通常也要付出较为昂贵的代价,这些代价包括:①较高的所得税负担;②一旦公司因分派现金股利造成现金流量短缺,就有可能被迫重返资本市场发行新股,而这一方面会随之产生必不可少的交易成本,另一方面又会扩大股本,摊薄每股的税后盈利,对公司的市场价值产生不利影响;③如果公司因分派现金股利造成投资不足,并丧失有利的投资机会,还会产生一定的机会成本。

3. 所得税差异理论

该理论认为,由于普遍存在的税率和纳税时间的差异,资本利得收入比股利收入更有助于实现收益最大化目标,公司应当采用低股利政策。一般来说,对资本利得收入征收的税率低于对股利收入征收的税率;再者,即使两者没有税率上的差异,由于投资者对资本利得收入纳税时间的选择更具有弹性,投资者仍可以享受延迟纳税带来的收益差异。

所得税差异理论的结论主要有两点:一是股票价格与股利支付率成反比;二是权益资本成本与股利支付率成正比。按照所得税差异理论,企业在制定股利政策时必须采取低股利支付率政策,才能使企业价值最大化。

4. 代理理论

该理论认为,股利政策有助于减缓股东与管理者之间的代理冲突,即股利政策是协调股东与管理者之间代理关系的一种约束机制。该理论认为,股利的支付能够有效地降低代理成本。首先,股利的支付减少了管理者对自由现金流量的支配权,这在一定程度上可以抑制公司管理者的过度投资或在职消费行为,从而保护外部投资者的利益;其次,较多的现金股利发放,减少了内部融资,导致公司进入资本市场寻求外部融资,从而使公司接受资本市场上更多的、更严格的监督,这样便通过资本市场的监督减少了代理成本。因此,高水平的股利政策降低了企业的代理成本,但同时增加了外部融资成本,理想的股利政策应当使两种成本之和最小。

一般而言,保持股利的稳定,并根据收益状况增加股利发放,可使投资者增强对企业的信任,有利于维护企业良好的财务形象,从而引起股价的上升;反之,则会引起股价的下跌。一般投资者根据股价变动来判断是否对企业进行投资,因而股价的升降将对企业产生重大影响,实际上股利政策将影响企业价值。

■■■**思考** 11-1 股利的支付可减少管理层可支配的自由现金流量,在一定程度上可抑制管理层的过度投资或在职消费行为。这种观点体现的股利理论是( )。

        A. 股利无关论   B. 信号传递论

        C. "一鸟在手"理论   D. 代理理论

■■■**解析** 正确答案为 D。代理理论认为,股利的支付能够有效地降低代理成本。首先,股利的支付减少了管理者对自由现金流量的支配权,这在一定程度上可以抑制公司管理者的过度投资或在职消费行为,从而保护外部投资者的利益;其次,较多的现金股利发放,减少了内部融资,导致公司进入资本市场寻求外部融资,从而使公司接受资本市场上更多的、更严格的监督,这样便通过资本市场的监督减少了代理成本。

■■■ **思考 11-2** 下列关于股利理论的说法中不正确的是( )。

　　A. 股利无关论是建立在完全市场理论之上的,其假设之一是不存在任何公司或个人所得税

　　B. "一鸟在手"理论认为投资者更喜欢现金股利,而不愿意将收益留存在公司内部

　　C. 信号传递理论认为在信息对称的情况下,公司可以通过股利政策向市场传递有关公司未来盈利能力的信息,从而影响公司的股价

　　D. 所得税差异理论认为企业应当采用低股利政策

■■■ **解析** 正确答案为 C。选项 C 中,应该把"信息对称"改为"信息不对称"。

二、股利政策

股利政策是指在法律允许的范围内,企业是否发放股利、发放多少股利以及何时发放股利的方针及对策。股利政策由企业在不违反国家有关法律、法规的前提下,根据本企业具体情况制定。股利政策既要保持相对稳定,又要符合公司财务目标和发展目标。在实际工作中,通常有以下几种股利政策可选择。

(一)剩余股利政策

剩余股利政策是指公司在有良好的投资机会时,根据目标资本结构,测算出投资所需的权益资本额,先从盈余中留用,然后将剩余的盈余作为股利来分配,即净利润首先满足公司的资金需求,如果还有剩余,就派发股利;如果没有,则不派发股利。剩余股利政策的理论依据是股利无关论。根据股利无关论,在完全理想状态下的资本市场中,公司的股利政策与普通股每股市价无关,因而股利政策只需随着公司投资、融资方案的制定而自然确定。因此,采用剩余股利政策时,公司要遵循如下四个步骤:

(1)设定目标资本结构,在此资本结构下,公司的加权平均资本将达到最低水平;

(2)确定公司的最佳资本预算,并根据公司的目标资本结构预计资金需求中所需增加的权益资本数额;

(3)最大限度地使用留存收益来满足资金需求中所需增加的权益资本数额;

(4)留存收益在满足公司权益资本增加需求后,若还有剩余再用来发放股利。

【例 11-1】 某公司 2017 年税后净利润为 600 万元,根据 2018 年的投资计划需要资金 800 万元,公司的目标资本结构为权益资本占 60%,债务资本占 40%。

【解析】 按照目标资本结构的要求,公司投资方案所需的权益资本数额＝800×60%＝480(万元)。

公司当年全部可用于分派的盈余为 600 万元,除了满足上述投资方案所需的权益资本数额外,还有剩余可用于发放股利。2017 年,公司可以发放的股利额＝600－480＝120(万元)。

假设该公司当年流通在外的普通股为 100 万股,那么,每股股利＝120÷100＝1.2(元)。

剩余股利政策的优点是:留存收益优先保证再投资的需要,有助于降低再投资的资金成本,保持最佳的资本结构,实现企业价值的长期最大化。

剩余股利政策的缺陷是:若完全遵照执行剩余股利政策,股利发放额就会每年随着投资机会和盈利水平的波动而波动。在盈利水平不变的前提下,股利发放额与投资机会的多寡反方向变动;而在投资机会维持不变的情况下,股利发放额与公司盈利水平同方向波动。剩余股利政策不利于投资者安排收入与支出,也不利于公司树立良好的形象,一般适用于公司初创阶段。

■■■ **思考 11-3** 已知某公司 2017 年年初未分配利润和 2017 年净利润均为正数,但该公司 2017 年却没有支付股利,则该公司采用的股利政策是(　　　)。

      A. 剩余股利政策

      B. 固定或稳定增长的股利政策

      C. 固定股利支付率政策

      D. 低正常股利加额外股利政策

■■■ **解析** 正确答案为 A。在年初未分配利润和本年净利润均为正数的情况下,固定或稳定增长的股利政策、固定股利支付率政策和低正常股利加额外股利政策下公司均需支付股利,只有在剩余股利政策下,公司在有大量的投资需求,并且投资所需的权益资本大于本年净利润的情况下,公司才不支付股利。

(二)固定或稳定增长的股利政策

固定或稳定增长的股利政策是指公司将每年派发的股利额固定在某一特定水平或是在此基础上维持某一固定比率逐年稳定增长。公司只有在确信未来不会发生逆转时才会宣布实施固定或稳定增长的股利政策。在这一政策下,应首先确定股利分配额,而且该分配额一般不随资金需求的波动而波动。每股股利如图 11-1 中的虚线所示。

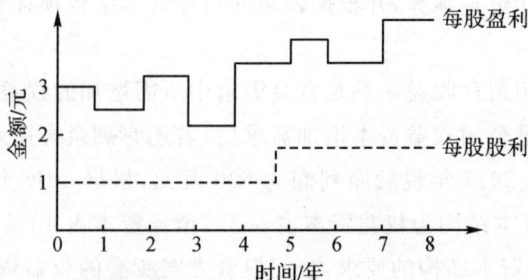

在线视频 11-2

图 11-1　固定或稳定增长的股利政策

固定或稳定增长股利政策的优点是:①基于股利政策本身的信息含量,稳定的股利向市场传递着公司正常发展的信息,有利于树立公司的良好形象,增强投资者对公司的信心,稳定股票的价格。②稳定的股利额有助于投资者安排股利收入和支出,有利于吸引那些打算进行长期投资并对股利有很强依赖性的股东。③固定或稳定增长的股利政策可能会不符合剩余股利理论,但考虑到股票市场会受多种因素(包括股东的心理状态和其他要求)影响,为了将股利维持在稳定的水平上,即使推迟某些投资方案或暂时偏离目标资本结构,也可能比降低股利或股利增长率更为有利。

固定或稳定增长股利政策的缺点是:股利的支付与企业的盈利相脱节,即不论公司盈利多少,均要支付固定的或按固定比率增长的股利,这可能会导致企业资金紧缺,财务状况恶化。此外,在企业无利可分的情况下,若依然实施固定或稳定增长的股利政策,也是违反《公司法》的。

因此,采用固定或稳定增长的股利政策,要求公司能对未来的盈利和支付能力做出准确的判断。一般来说,公司确定的固定股利额不宜太高,以免陷入无力支付的被动局面。固定或稳定增长的股利政策通常适用于经营比较稳定或正处于成长期的企业,且很难被长期采用。

(三)固定股利支付率政策

固定股利支付率政策是指公司将某一固定比例的每年净利润作为股利分派给股东。这一比例通常称为股利支付率,股利支付率一经确定,一般不得随意变更。在这一股利政策下,只要公司的税后利润经计算确定,所派发的股利也就确定了。固定股利支付率越高,公司留存的净利润越少。每股股利如图 11-2 中的虚线所示。

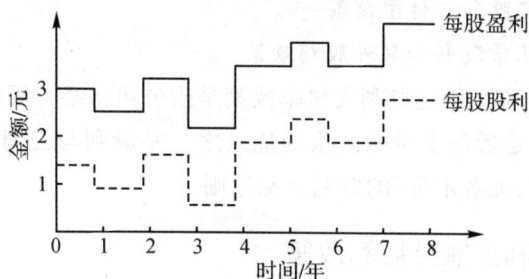

图 11-2 固定股利支付率政策

固定股利支付率政策的优点是:①采用固定股利支付率政策,股利与公司盈余紧密地配合,体现了"多盈多分、少盈少分、无盈不分"的股利分配原则。②由于公司的获利能力在年度间是经常变动的,因此,每年的股利也应当随着公司收益的变动而变动。采用固定股利支付率政策,公司每年按固定的比例从税后利润中支付现金股利,从企业的支付能力角度看,这是一种稳定的股利政策。

固定股利支付率政策的缺点是:①大多数公司每年的收益很难保持稳定不变,这导致年度间的股利波动较大,由于股利的信号传递作用,波动的股利很容易给投资者造成公司经营状况不稳定、投资风险较大的不良印象,成为公司的不利因素。②容易使公司面临较大的财务压力。这是因为公司实现的盈利多,并不能代表公司有足够的现金流来支付较多的股利。③合适的固定股利支付率的确定难度比较大。

由于公司每年面临的投资机会、筹资渠道都不同,而这些都可能影响到公司的股利分配,所以,一成不变地奉行固定股利支付率政策的公司在实际中并不多见,固定股利支付率政策只是比较适用于那些处于稳定发展阶段且财务状况也较稳定的公司。

【例 11-2】 某公司长期以来用固定股利支付率政策进行股利分配,确定的股利支付率为 30%,2017 年税后净利润为 1 500 万元。

【解析】 如果仍然继续执行固定股利支付率政策,公司本年度将要支付的股利＝1 500×30%＝450(万元)。

但公司 2018 年度有较大的投资需求,因此,准备本年度采用剩余股利政策。如果公司下一年度的投资预算为 2 000 万元,目标资本结构为权益资本占 60%。按照目标资本结构的要求,公司投资方案所需的权益资本额＝2 000×60%＝1 200(万元)。

公司 2017 年度可以发放的股利＝1 500－1 200＝300(万元)。

■■■ **思考 11-4** 某公司近年来经营业务不断拓展,目前处于成长阶段,预计现有的生产经营能力能够满足未来 10 年稳定增长的需要,公司希望其股利与盈余紧密配合。基于以上条件,最为适宜该公司的股利政策是(   )。

        A. 剩余股利政策

        B. 固定或稳定增长的股利政策

        C. 固定股利支付率政策

        D. 低正常股利加额外股利政策

■■■ **解析** 正确答案为 C。固定股利支付率政策是指公司将某一固定比例的每年净收益作为股利分派给股东。固定股利支付率政策的优点之一是股利与公司盈余紧密地配合,体现了"多盈多分、少盈少分、无盈不分"的股利分配原则。

(四)低正常股利加额外股利政策

低正常股利加额外股利政策是指公司事先设定一个较低的正常股利额,除了每年按正常股利额向股东发放股利外,还在公司盈余较多、资金较为充裕的年份向股东发放额外股利。但是,额外股利并不固定,不意味着公司永久地提高了股利支付率。可以用以下公式表示:

$$Y = a + bX$$

式中,Y 为每股股利;X 为每股收益;a 为低正常股利;b 为股利支付比率。

每股股利如图 11-3 中的虚线所示。

低正常股利加额外股利政策的优点是:①赋予公司较强的灵活性,使公司在股利发放上留有余地,并具有较大的财务弹性。公司可根据每年的具体情况,选择不同的股利发放水

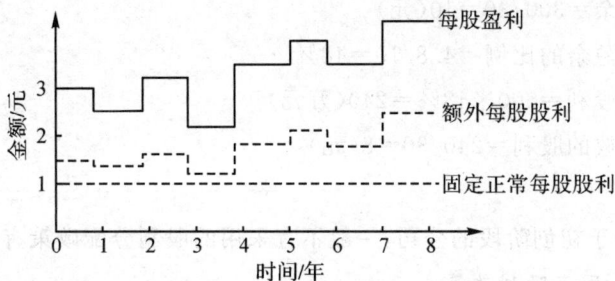

图 11-3　低正常股利加额外股利政策

平,以稳定和提高股价,进而实现公司价值的最大化。②使那些依靠股利度日的股东每年至少可以得到虽然较低但比较稳定的股利收入,从而吸引住这部分股东。

低正常股利加额外股利政策的缺点是:①年份之间公司盈利的波动使得额外股利不断变化,造成分派的股利不同,容易给投资者收益不稳定的感觉。②当公司在较长时间持续发放额外股利,可能会被股东误认为"正常股利",一旦取消,传递出的信号可能会使股东认为这是公司财务状况恶化的表现,进而导致股价下跌。

相对来说,对那些盈利随着经济周期波动较大的公司或者盈利与现金流量很不稳定时,低正常股利加额外股利政策也许是一种不错的选择。

【例 11-3】　某股份公司发行在外的普通股为 30 万股,该公司 2016 年的税后利润为 300 万元。2017 年的税后利润为 500 万元。该公司准备在 2018 年再投资 250 万元,目前的资金结构为最佳资金结构,资金总额为 10 000 万元,其中,权益资金为 6 000 万元,负债资金为 4 000万元。另外,已知该企业 2016 年的每股股利为 4.8 元。

要求:(1)如果该公司采用剩余股利政策,则其 2017 年的每股股利为多少?

(2)如果该公司采用固定或稳定增长的股利政策,则其 2017 年的每股股利为多少?

(3)如果该公司采用固定股利支付率政策,则其 2017 年的每股股利为多少?

【解析】　(1)采用剩余股利政策。设定目标资金结构如下:

权益资本占总资本的比率＝6 000/10 000＝60％

负债资本占总资本的比率＝4 000/10 000＝40％

目标资金结构下投资所需的股东权益数额＝250×60％＝150(万元)

用于股利发放的盈余＝500－150＝350(万元)

所以每股发放的股利＝350/30≈11.67(元)

(2)采用固定或稳定增长的股利政策。固定或稳定增长的股利政策是将每年发放的股利固定在某个水平上,并在较长的时期内保持不变,只有当公司认为未来盈余将会显著地、不可逆转地增长时,才会提高年度的股利发放额。所以,2017 年每股发放的股利应该和 2016 年每股发放的股利相等。2017 年每股发放的股利为 4.8 元。

(3)采用固定股利支付率政策。固定股利支付率政策是公司确定一个股利占盈余的比例,长期按此比例支付股利的政策,所以计算如下:

2016 年每股盈余＝300/30＝10(元)

2016 年股利占盈余的比例＝4.8/10＝48％

2017 年发放的股利＝500×48％＝240(万元)

2017 年每股发放的股利＝240/30＝8(元)

■■■ **思考 11-5** 处于初创阶段的公司,一般不宜采用的股利分配政策有( )。

A. 固定股利政策

B. 剩余股利政策

C. 固定股利支付率政策

D. 稳定增长股利政策

■■■ **解析** 正确答案为 ACD。固定或稳定增长的股利政策通常适用于经营比较稳定或正处于成长期的公司,但很难被长期采用,所以选项 A、D 是正确答案;剩余股利政策不利于投资者安排收入与支出,也不利于公司树立良好的形象,一般适用于公司初创阶段,所以选项B 不是正确答案;固定股利支付率政策比较适用于那些处于稳定发展阶段且财务状况也较稳定的公司,所以选项 C 是正确答案。

■■■ **思考 11-6** 下列关于股利分配政策的表述中,正确的是( )。

A. 公司盈余的稳定程度与股利支付水平负相关

B. 偿债能力弱的公司一般不应采用高现金股利政策

C. 基于控制权的考虑,股东会倾向于较高的股利支付水平

D. 债权人不会影响公司的股利分配政策

■■■ **解析** 正确答案为 B。一般来讲,公司的盈余越稳定,其股利支付水平也就越高,所以选项 A 的说法不正确;公司要考虑现金股利分配对偿债能力的影响,确定在分配后仍能保持较强的偿债能力,所以偿债能力弱的公司一般不应采用高现金股利政策,选项 B 的说法正确;基于控制权的考虑,股东会倾向于较低的股利支付水平,以便从内部的留存收益中取得所需资金,所以选项 C 的说法不正确;一般来说,股利支付水平越高,留存收益越少,公司的破产风险加大,就越有可能损害债权人的利益,因此,为了保证自己的利益不受侵害,债权人通常都会在债务契约、租赁合同中加入关于借款公司股利政策的限制条款,所以选项 D 的说法不正确。

三、影响股利政策的因素

公司的利润分配涉及公司各相关方的切身利益,受众多不确定因素的影响,在确定分配政策时,应当考虑各种相关因素的影响,主要包括法律、公司、股东及其他因素:

(一)法律因素

为了保护债权人和股东的利益,相关法律就公司的利润分配做出了如下规定。

1. 资本保全约束

规定公司不能用资本（包括实收资本或股本和资本公积）发放股利，目的在于维持公司资本的完整性，保护公司完整的产权基础，保障债权人的利益。

2. 资本积累约束

规定公司必须按照一定的比例和基数提取各种公积金，股利只能从公司的可供分配利润中支付。此处可供分配利润包含公司当期的净利润按照规定提取各种公积金后的余额和以前累积的未分配利润。另外，在进行利润分配时，一般应当贯彻"无利不分"的原则，即当公司出现年度亏损时，一般不进行利润分配。

3. 超额累积利润约束

资本利得与股利收入的税率不一致，如果公司为了避税而使盈余的保留大大超过公司目前及未来的投资需要，将被加征额外的税款。

4. 偿债能力约束

要求公司考虑现金股利分配对偿债能力的影响，确定在分配后仍能保持较强的偿债能力，以维持公司的信誉和借贷能力，从而保证公司的正常资金周转。

5. 净利润的限制

规定公司年度累计净利润为正数时才可发放股利，以前年度亏损必须足额弥补。

■■■ **思考 11-7**　在确定公司的利润分配政策时，应当考虑相关因素的影响，其中"资本保全约束"属于（　　）。

    A.股东因素   B.公司因素

    C.法律因素   D.债务契约因素

■■■ **解析**　正确答案为 C。在确定公司的利润分配政策时，应当考虑相关因素的影响，其中法律因素包括资本保全约束、资本积累约束、超额累积利润约束、偿债能力约束。

（二）公司因素

公司基于短期经营和长期发展的考虑，在确定利润分配政策时，需要关注以下因素。

1. 现金流量

由于会计规范的要求和核算方法的选择，公司盈余与现金流量并非完全同步，净收益的增加不一定意味着可供分配的现金流量的增加。公司在进行利润分配时，要保证正常的经营活动对现金的需求，以维持资金的正常周转，使生产经营得以有序进行。

2. 资产的流动性

公司现金股利的支付会减少其现金持有量，降低资产的流动性，而保持一定的资产流动性是公司正常运转的必备条件。

3. 盈余的稳定性

一般来讲,公司的盈余越稳定,其股利支付水平也就越高。

4. 投资机会

如果公司的投资机会多,对资金的需求量大,那么它就很可能会考虑采用低股利支付水平的分配政策;相反,如果公司的投资机会少,对资金的需求量小,那么它就很可能倾向于采用较高的股利支付水平。此外,如果公司将留存收益用于再投资所得的报酬低于股东个人单独将股利收入投资于其他投资机会所得的报酬时,公司就不应多留存收益,而应多发股利,这样有利于股东价值的最大化。

5. 筹资因素

如果公司具有较强的筹资能力,随时能筹集到所需资金,那么它会具有较强的股利支付能力。另外,留存收益是公司内部筹资的一种重要方式,它同发行新股或举债相比,不需花费筹资费用,同时增加了公司权益资本的比重,降低了财务风险,便于低成本取得债务资本。

6. 其他因素

由于股利的信号传递作用,公司不宜经常改变其利润分配政策,应保持一定的连续性和稳定性。此外,利润分配政策还会受到其他公司的影响,比如处于不同发展阶段、不同行业的公司股利支付比例会有差异,这就要求公司在进行政策选择时考虑发展阶段以及所处行业状况。

(三)股东因素

股东在控制权、收入和税赋方面的考虑也会对公司的利润分配政策产生影响。

1. 控制权

现有股东往往将股利政策作为维持其控制地位的工具。公司支付较高的股利导致留存收益的减少,当公司为有利可图的投资机会筹集所需资金时,发行新股的可能性增大,新股东的加入必然稀释现有股东的控制权。所以,股东会倾向于较低的股利支付水平,以便从内部的留存收益中取得所需资金。

2. 稳定的收入

如果股东靠现金股利维持生活,他们往往要求公司能够支付稳定的股利,而反对过多的留存。

3. 避税

由于股利收入的税率要高于资本利得的税率,因此一些高股利收入的股东出于避税的考虑往往倾向于较低的股利支付水平。

（四）其他因素

1. 债务契约

一般来说，股利支付水平越高，留存收益越少，公司的破产风险加大，就越有可能损害债权人的利益。因此，为了保证自己的利益不受侵害，债权人通常都会在债务契约、租赁合同中加入关于借款公司股利政策的限制条款。

2. 通货膨胀

通货膨胀会使货币购买力水平下降，导致固定资产重置资金不足，此时，公司往往不得不考虑留用一定的利润，以便弥补由于购买力下降而造成的固定资产重置资金缺口。因此，在通货膨胀时期，公司一般会采取偏紧的利润分配政策。

3. 股利政策的稳定性和连续性

一般而言，股利政策的重大调整，一方面会给投资者带来公司经营不稳定的印象，从而导致股票价格下跌；另一方面股利收入是一部分股东生产和消费资金的来源，他们一般不愿持有股利大幅波动的股票。因此，公司的股利政策要保持一定的稳定性和连续性。

总之，确定股利政策要考虑许多因素，而这些因素之间往往是相互联系、相互制约的，其影响也不可能完全用定量方法来分析。所以，股利政策的制定主要依赖对具体公司所处的具体环境进行定性分析，以实现各种利益关系的平衡。

知识拓展

第二节　股票股利与股票分割

一、股票股利

（一）股票股利的概念

股票股利是指公司用增发股票的方式代替现金发放股利的一种形式。因其既可以不减少公司的现金，又可以使股东分享利润，免缴个人所得税，因而对长期投资者更为有利。股票股利侧重于反映公司长远利益，着重公司的发展潜力，所以对不太计较即期分红多少的股东更具有吸引力。

股票股利是把原来属于股东所有的盈余公积转化为股东所有的投入资本，只不过不能再用来分派股利，实际上是留存利润的凝固化、资本化，不是真实意义上的股利。股票股利并无资产从公司流出，发给股东的仅仅是他在公司的股东权益份额和价值，但发放股票股利会发生资金在各股东权益项目之间的再分配。发放股票股利后，如果公司盈利总额和市盈率不变，会由于普通股股数增加而引起每股收益和每股市价下降，但由于每位股东所持股份比例不变，所以每位股东所持股票的市场总值也不会变化。

　　如果用作股票股利的股票在证券市场上是热门股,股价坚挺,以股利形式发行的股票又不多,那么股票市价并不会因为增发少量股票而有所下降,股票市价基本保持稳定,此时股东可将分得的股票股利在证券市场上抛销,换取现金利益。但这容易引起股东的错觉,即认为股票股利与现金股利无异,的确是实在股利,但这毕竟是假象,实际是在用拥有多一点股票来体现其在公司中的所有者权益份额情况,出售用作股票股利的股票就是出售股东在公司所拥有的权益。出售股票的所得当然有可能包括一部分利润,同时也包括一部分投入资本。

(二)股票股利的影响

　　采用股票股利时,公司的资产和负债保持不变,股东财富并未增加,只是所有者权益的结构发生了变化(税后利润或盈余公积转为股本)。虽然如此,股票股利也会对公司和股东产生影响。

　　1. 发放股票股利对公司的影响

　　【例 11-4】 某公司发放股票股利前,所有者权益情况如表 11-1 所示。

表 11-1　某公司所有者权益(发放股票股利前)　　　　　　　　　　单位:元

所有者权益	金　额
股本(普通股,面值 1 元,1 000 000 股)	1 000 000
资本公积	4 000 000
盈余公积	6 000 000
未分配利润	10 000 000
所有者权益合计	21 000 000

　　现假定公司宣告发放 10% 的股票股利,即现有股东每持 10 股可得 1 股新股票,则公司增发 100 000 股新股票。假定该股票的现行市价为每股 15 元,随着股票股利的发放,需从"未分配利润"项目中转出 1 500 000 元(1 500 000＝15×100 000),其中"股本"项目增加 100 000元,其余 1 400 000 元是股本溢价,增加至"资本公积"项目,发放完股票股利后,所有者权益情况如表 11-2 所示。

表 11-2　某公司所有者权益(发放股票股利后)　　　　　　　　　　单位:元

所有者权益	金　额
股本(普通股,面值 1 元,1 100 000 股)	1 100 000
资本公积	5 400 000
盈余公积	6 000 000
未分配利润	8 500 000
所有者权益合计	21 000 000

　　可见,发放股票股利对公司的影响如下:

（1）对公司的资产和负债没有任何影响，所有者权益总数也不受影响，只是资金在所有者权益的各项目之间发生转移。

（2）发放股票股利使公司既维持了稳定的股利分配政策，又保留了现金，便于进行再投资，有利于树立良好的公司形象并促进公司的长期发展。但在某些情况下，发放股票股利会被认为是公司资金周转不灵的征兆，从而降低投资者对公司的信心，不利于股价的稳定。

（3）在盈余和现金股利预期不会增加的情况下，发放股票股利可以降低每股价格，吸引更多的投资者。

（4）公司要发放股票股利，需要按法律规定办妥增资手续，所需时间较长，费用也较高，会增加公司负担。

2. 发放股票股利对股东的影响

发放股票股利后，如果公司的盈利总额不变，由于普通股股数增加，会引起每股收益和每股市价的下降，但由于每位股东所持股份比例保持不变，因此每位股东所持股票的市场价值总额不变。

【例 11-5】 假定例 11-4 中，公司本年盈利为 2 200 000 元，某股东持有 10 000 股普通股，发放股票股利对该股东的影响如表 11-3 所示。

表 11-3 发放股票股利对股东的影响

项 目	发放前	发放后
每股收益（EPS）	2 200 000/1 000 000＝2.2 元	2 200 000/1 100 000＝2 元
每股市价	15 元	15/(1＋10％)≈13.64 元
所持股数	10 000 股	11 000 股
持股比例	10 000/1 000 000＝1％	11 000/1 100 000＝1％
所持股票总价值	15×10 000＝150 000 元	15/(1＋10％)×11 000≈150 000 元

可见，发放股票股利对股东的影响如下：

（1）发放股票股利后，股价以股票股利的发放比例下降，股东的财富总值保持不变。但在实际中，有时公司发放股票股利后，股价下降的比例小于股票股利的发放比例，这可以使股东财富增加。

（2）股东如需现金，可以出售分得的股票。很多国家对出售股票所得的资本利得的征税比率低于对分得的现金股利的征税比率。

（三）股票股利的意义

从纯粹经济的角度看，股票股利没有改变公司所有者权益总额，既不增加股东财富与公司的价值，也不改变财富的分配，仅仅增加了股份数量，但对公司和股东都有特殊意义。股票股利的意义主要表现在以下几个方面。

1. 使股票的交易价格保持在合理的范围之内

在盈余和现金股利不变的情况下,发放股票股利可以降低每股价值,使股价保持在合理的范围之内,从而吸引更多的投资者。我们可以设想,如果微软等优秀公司从不发放股票股利或进行股票分割,其股价可能已经达到几千美元,会大大超出正常的交易价格范围。

2. 以较低的成本向市场传达利好信号

通常,管理者在公司前景较好时,才会发放股票股利。管理者拥有比外部人更多的信息,外部人把股票股利的发放视为利好信号。因此,平均说来发放股票股利后股价会在短时间内上升。不过,如果未来几个月内市场没有见到股利或盈余真的增加,股价就会回到原来水平。

3. 有利于保持公司的流动性

公司持有一定数量的现金是公司流动性的标志。向股东分派股票股利本身并未发生现金流出公司,仅改变了所有者权益的内部结构。如果每股现金股利的水平较高,会影响到公司现金持有水平,配合适当发放一定数量的股票股利可以使股东在分享公司盈余的同时使现金留存在公司内部,作为营运资金或用于其他用途。

二、股票分割

(一)股票分割的概念

股票分割又称拆股,即将一股面值较大的股票拆分成数股面值较小股票的行为。例如,将原来的 1 股股票分成 5 股股票。

股票分割不属于某种股利支付方式,但其所产生的效果与发放股票股利近似,因而在此一并介绍。

股票分割一般只会增加发行在外的股票总数,但不会对公司的资本结构产生任何影响。股票分割与股票股利非常相似,都是在不增加股东权益的情况下增加了股份的数量,所不同的是,股票股利虽不会引起股东权益总额的改变,但股东权益的内部结构会发生变化,而股票分割之后,股东权益总额及其内部结构都不会发生任何变化,变化的只是股票面值。

(二)股票分割的意义

【例 11-6】 某上市公司 2017 年年末资产负债表上的股东权益情况如表 11-4 所示。

表 11-4　某公司股东权益(发放股票股利前)　　　　　　　　单位:万元

股东权益	金　额
普通股(面值 10 元,发行在外 1 000 万股)	10 000
资本公积	10 000
盈余公积	5 000

续表

股东权益	金 额
未分配利润	8 000
股东权益合计	33 000

(1)假设股票市价为 20 元,该公司宣布发放 10% 的股票股利,即现有股东每持有 10 股即可获赠 1 股普通股。发放股票股利后,股东权益有何变化? 每股净资产是多少?

(2)假设该公司按照 1:2 的比例进行股票分割。股票分割后,股东权益有何变化? 每股净资产是多少?

【解析】 (1)发放股票股利后股东权益情况如表 11-5 所示。

表 11-5 某公司股东权益(发放股票股利后) 单位:万元

股东权益	金 额
普通股(面值 10 元,发行在外 1 100 万股)	11 000
资本公积	11 000
盈余公积	5 000
未分配利润	6 000
股东权益合计	33 000

每股净资产 = 33 000 ÷ (1 000 + 100) = 30(元)

(2)股票分割后股东权益情况如表 11-6 所示。

表 11-6 某公司股东权益(股票分割后) 单位:万元

股东权益	金 额
普通股(面值 5 元,发行在外 2 000 万股)	10 000
资本公积	10 000
盈余公积	5 000
未分配利润	8 000
股东权益合计	33 000

每股净资产 = 33 000 ÷ (1 000 × 2) = 16.5(元)

由上述分析可知,股票分割对公司的股东权益结构不会产生任何影响,一般只会使发行在外的股票股数增加,每股面值降低,每股盈余下降,并由此使每股市价下跌。公司总值不变,股东权益总额不变,这与发放股票股利基本相同,但股东权益各项目的金额及相互之间的比例不会改变,这与发放股票股利的情况就不同了。

从实践效果看,由于股票分割与发放股票股利非常接近,所以一般根据证券管理部门的规定加以区别。例如,美国纽约证券交易所规定,发行 25% 以上的股票股利被认为是股票分割。虽然股票分割和股票股利一样,既不增加公司的价值,也不增加股东财富,但采用股票分割对公司和股东都具有重要意义。

1. 股票分割对公司的影响

股票分配对公司的影响有:①降低股票价格。股票分割会使每股市价降低,买卖该股票所需的资金量减少,从而可以促进股票的流通和交易。流通性的增强和股东数量的增加,会在一定程度上加大对公司股票恶意收购的难度。此外,降低股票价格还可以为公司发行新股做准备,因为股价太高会使许多潜在投资者力不从心而不敢轻易对公司股票进行投资。②有助于公司兼并、合并政策的实施。当一个公司兼并或合并另一个公司时,首先将自己的股票加以分割,有助于增强对被兼并方股东的吸引力。

2. 股票分割对股东的影响

股票分割对股东的影响是可能会增加股东的现金股利。一般来说,股票分割后,只有极少数的公司还能维持分割之前的每股股利,不过,只要股票分割后每股现金股利的下降幅度小于股票分割幅度,股东就仍能多获现金股利。股票分割能向市场和投资者传递"公司发展前景良好"的信号,有助于提高投资者对公司股票的信心。

与股票分割相反,如果公司认为其股票价格过低,不利于其在市场上的声誉和未来的再筹资,为提高股票的价格,会采取反分割(也称股票合并或逆向分割)措施,是指将多股股票合并为一股股票的行为。反分割显然会削弱股票的流通性,提高公司股票投资的门槛,它向市场传递的信息通常都是不利的。

■■■ **思考 11-8** 判断:在其他条件不变的情况下,股票分割会使发行在外的股票总数增加,进而降低公司资产负债率。 (　　)

■■■ **解析** 该说法错误。股票分割会使发行在外的股票总数增加,但并没有改变公司的权益总额,也没有改变公司的资本结构,公司的资产负债率不变。

(三)发放股票股利与股票分割的比较

(1)从发放股票股利与股票分割对公司的影响来看,共同之处在于公司股东权益总额均不变。不同之处在于发放股票股利将使股本总数扩大,公司留存收益减少,每股面值不变;而股票分割则不影响公司的股本总额和留存收益,仅使每股面值变小。

(2)从两者对市场的影响来看,共同之处在于都对投资者传递了较为积极的信息。不同之处在于股票分割必定使股票市价下降,而发放股票股利则不一定。一般来说,发放股票股利的数额较大时,才可能使股票市价大幅下降。因此,只有在公司股价急剧上涨且预期难以下降时,才较多采用股票分割的方法降低股价。而在公司股价上涨幅度不大时,通常采用发放股票股利的方法将股价维持在理想的范围之内。

发放股票股利与股票分割的比较如表 11-7 所示。

表 11-7　发放股票股利与股票分割的比较

内　容	股票股利	股票分割
不同点	(1)股票面值不变	(1)股票面值变小
	(2)股东权益结构改变	(2)股东权益结构不变
	(3)属于股利支付方式	(3)不属于股利支付方式
相同点	(1)普通股股数增加(股票分割增加更多)	
	(2)每股收益和每股市价下降(股票分割下降更多)	
	(3)股东持股比例不变	
	(4)资产总额、负债总额、股东权益总额不变	

■■■ **思考 11-9**　发放股票股利和股票分割都会导致(　　　)。

A. 普通股股数增加

B. 股东持股比例上升

C. 资产总额增加

D. 每股收益下降

■■■ **解析**　正确答案为 AD。发放股票股利和股票分割都会使普通股股数增加,只是股票分割增加更多;也会使每股收益和每股市价下降,只是股票分割下降更多。但是,股东持股比例、资产总额、负债总额、股东权益总额都不变。

第三节　股票回购

一、股票回购的含义及方式

(一)股票回购的含义

股票回购是指上市公司出资将其发行在外的普通股以一定价格购买回来予以注销或作为库藏股的一种资本运作方式。它是国外成熟证券市场上一种常见的资本运作方式和公司理财行为。

股票回购最早产生于美国,起源于公司规避政府对现金红利的限制。1973—1974 年,美国政府对公司支付现金红利施加了限制条款,许多公司转而采用股票回购方式向股东分配收益。

股票回购作为一种合法的公司行为,和杠杆收购一样,是公司所有权与控制权变更的一种公司重组形式。公司在股票回购完成后可以将所回购的股票注销,但在绝大多数情况下,公司将回购的股份作为库藏股保留,其仍属于发行在外的股份,但不参与每股收益的计算和收益分配。库藏股日后可移作他用（例如，雇员福利计划、发行可转换债券等），或在需要资金时将其出售。我国《公司法》规定，公司不得收购本公司股份，有以下情形之一的除外：①减少公司注册资本；②与持有本公司股份的其他公司合并；③将股份用于员工持股计划或者股权激励；④股东因对股东大会做出的公司合并、分立决议持异议，要求公司收购其股份；⑤将股份用于转换上市公司发行的可转换为股票的公司债券；⑥上市公司为维护公司价值及股东权益所必需。

（二）股票回购的方式

在相对成熟的美国证券市场上，股票回购的方式主要有以下几种。

1. 公开市场回购

即公司在股票的公开交易市场上回购股票，这种方法的缺点是在公开市场购买时会推高股价，从而增加回购成本，另外交易税和交易佣金也是不可忽视的成本。

2. 要约回购

公司以事先确定的价格向市场要约回购股票，为吸引卖者，要约价格一般会定得略高于市价。如果愿意售回的股票多于要约数量，公司将按一定的配购比例向股东配购。

3. 协议回购

当公司欲从一个或几个主要股东手中回购股票时，一般会采用这种方式。但这种交易需要制定合理的回购价格，需防止大股东借此高价售回股票，损害未售回股份的股东利益。

二、股票回购的动机

在证券市场上，股票回购的动机多种多样，主要有以下几个。

1. 现金股利的替代

现金股利政策会对公司产生未来的派现压力，而股票回购不会。当公司有富余资金时，通过回购股东所持股票将现金分配给股东，这样，股东就可以根据自己的需要选择继续持有股票或出售获得现金。

2. 改变公司的资本结构

无论是现金回购还是举债回购股份，都会提高公司的财务杠杆水平，改变公司的资本结构。公司认为权益资本在资本结构中所占比例较大时，为了调整资本结构而进行股票回购，可以在一定程度上降低整体资金成本。

3. 传递公司信息

由于信息不对称和预期差异，证券市场上的公司股票价格可能被低估，而过低的股价将会对公司产生负面影响。一般情况下，投资者会认为股票回购意味着公司认为其股票价值被低估而采取的应对措施。

4. 基于控制权的考虑

控股股东为了保证其控制权,往往采取直接或间接的回购股票方式,从而巩固既有的控制权。另外,股票回购使流通在外的股份数变少,股价上升,从而可以有效地防止敌意收购。

三、股票回购的意义

近年来,股票回购已成为公司向股东分配利润的一个重要形式,尤其当避税效用显著时,股票回购就可能成为股利政策的一个有效的替代方式。

股票回购是指公司出资购回自身发行在外的股票。公司以多余现金购回股东所持有的股份,使流通在外的股份减少,每股股利增加,从而会使股价上升,股东能因此获得资本利得,这相当于公司支付给股东现金股利。所以,可以将股票回购看作是一种现金股利的替代方式。股票回购与现金股利对股东的同等效用,可以通过例11-7说明。

【例11-7】 某公司普通股的每股收益、每股市价等资料如表11-8所示。

表11-8 某公司的普通股资料

税后利润	4 000 000元
流通股数	1 000 000 股
每股收益	4 000 000÷1 000 000＝4 元
每股市价	40 元
市盈率	40÷4＝10

若公司改为用1 000 000元以每股41元的价格回购股票,可购得24 390股(24 390≈1 000 000/41),那么每股收益(EPS)＝4 000 000/(1 000 000−24390)≈4.1(元)。

如果市盈率仍为10,股票回购后的每股市价将为41元(41＝4.1×10),这与支付现金股利之后的每股市价相同。可见,公司不论采用支付现金股利的方式还是股票回购的方式,分配给股东的每股现金股利都是1元。

然而,股票回购却有着与发放现金股利不同的意义。

(1)对股东而言,股票回购后股东得到的资本利得需缴纳资本利得税,发放现金股利后股东则需缴纳股息税。在前者低于后者的情况下,股东将得到纳税上的好处。但上述分析是建立在各种假设之上的,如假设可以用41元(计算出的市价)回购股票、假设股票回购后市盈率不变,等等。实际上这些因素是很可能因股票回购而发生变化的,其结果是否对股东有利难以预料。也就是说,股票回购对股东利益具有不确定的影响。

(2)对公司而言,进行股票回购最终有利于增加公司的价值。

第一,公司进行股票回购的目的之一是向市场传递股价被低估的信号。股票回购有着与股票发行相反的作用。股票发行被认为是公司股票被高估的信号,如果公司管理层认为公司目前的股价被低估,通过股票回购,则向市场传递了积极信息。股票回购的市场反应通常提升了股价,有利于稳定公司股票价格。如果回购以后股票仍被低估,剩余股东也可以从低价回购中获利。

第二,当公司可支配的现金流明显超过投资项目所需的现金流时,可以用自由现金流进行股票回购,这有助于提高每股盈利水平。股票回购减少了公司自由现金流,起到了降低管理层代理成本的作用。管理层通过股票回购试图使投资者相信公司的股票是具有投资吸引力的,公司没有把股东的钱浪费在收益不佳的投资中。

第三,避免股利波动带来的负面影响。当公司剩余现金流是暂时的或者是不稳定的,没有把握能够长期维持高股利政策时,可以在维持一个相对稳定的股利支付率的基础上,通过股票回购发放股利。

第四,发挥财务杠杆的作用。如果公司认为资本结构中权益资本的比例较高,可以通过股票回购提高负债比率,改变公司的资本结构,并有助于降低加权平均资本成本。虽然发放现金股利也可以减少股东权益,增加财务杠杆,但两者在收益相同情形下的每股收益不同。特别是通过发行债券融资回购本公司的股票,可以快速提高负债比率。

第五,通过股票回购,可以减少外部流通股的数量,提高股票价格,可在一定程度上降低公司被收购的风险。

第六,调节所有权结构。公司拥有回购的股票(库藏股),可以用来交换被收购或被兼并公司的股票,也可用来满足认股权证持有人认购公司股票或可转换债券持有人转换公司普通股的需要,还可以在执行管理层与员工股票期权时使用,避免发行新股而稀释收益。

股票回购对上市公司的影响主要表现在以下几个方面。

第一,股票回购需要大量资金支付回购成本,容易造成资金紧张,降低资产流动性,影响公司的后续发展。

第二,股票回购无异于股东退股和公司资本的减少,也可能会使公司的发起人股东更注重创业利润的实现,从而不仅在一定程度上削弱了对债权人利益的保护,而且忽视了公司的长远发展,损害了公司的根本利益。

第三,股票回购容易导致公司操纵股价。公司回购自己的股票容易导致其利用内幕消息进行炒作,加剧公司行为的非规范化,损害投资者的利益。

股票回购在国外通常是一种重要的反收购措施,有助于公司管理者避开竞争对手企图收购的威胁。股票回购导致股价上升和公司流通在外的股票数量减少,从而使收购方要获得控制公司的法定股份的比例变得更为困难;股票回购后,公司流通在外的股份少了,可以防止浮动股票落入进攻公司手中(不过,由于回购的股票无表决权,回购后进攻公司持股比例也会有所上升,因此公司需将回购股票再卖给稳定股东,才能起到反收购的作用);在反收购战中,目标公司通常在股价上升后实施股票回购,此举使得目标公司流动资金减少,财务状况恶化,减弱了公司被作为收购目标的吸引力。

■■■ **思考 11-10** 下列关于股票回购的说法中正确的是(　　　)。

    A. 替代现金股利

    B. 提高每股收益

  C. 规避经营风险

  D. 稳定公司股价

■■■ **解析** 正确答案为 ABD。公司以多余现金购回股东所持有的股份,使流通在外的股份减少,每股股利增加,从而会使股价上升,股东能因此获得资本利得,这相当于公司支付给股东现金股利。所以,可以将股票回购看作是一种现金股利的替代方式。股票回购与现金股利对股东有同等效用,可以稳定公司股价。

【复习思考题】

  1. 常用股利政策有哪些?

  2. 影响股利政策的因素有哪些?

  3. 社会责任也是影响股利政策的因素之一,上市公司社会责任的履行究竟是会促进股利的发放还是会抑制股利的发放?

  4. 目前主要的股利理论有哪些?哪种理论能够更好地解释我国的股利实践?

  5. 发放股票股利与股票分割有什么不同?

  6. 什么是股票回购?它有哪些积极的意义?

【自测题】

在线测试

第六单元

财务分析

第十二章

财务分析概述

■■■ 学习目标

通过本章学习,学生应掌握财务分析的含义及作用,理解各种财务分析方法的基本原理。

■■■ 关键知识点

财务分析的含义及作用,比较分析法、比率分析法及因素分析法的内容,财务综合评价分析法的种类。

■■■ 案例导入

最近,退休不久的老朱遇上了一件令他既丧气又困惑的事。丧气的是:他于年初所投资的旺财公司,居然在不到一年的时间内破产了! 困惑的是:赚钱的公司也会破产? 投资前,他曾查阅了该公司的上一期利润表,当期实现 280 000 元的销售收入,净利润达 24 000 元,而资产负债表显示该公司应收账款与存货增加,厂房设备也增加,数据显示的结果似乎非常好。郁闷之余,老朱去找了一位在会计师事务所执业的好朋友刘会计师咨询。

假设你就是这位刘会计师,请你为老朱指点迷津。

■■■ 思　考

1.投资人应重点关注哪些会计信息?

2.从会计角度如何评价旺财公司?

3.执业会计师应如何履行资本市场"看门人"的职业操守,方可切实地保护投资者的利益?

第一节 财务分析基础知识

一、财务分析的作用、主体与内容

财务分析是根据企业财务报表等资料,采用专门方法,系统分析和评价企业财务状况、经营成果以及未来发展趋势的过程。

财务分析以企业财务报告及其他相关资料为主要依据,对企业的财务状况

在线视频 12-1 和经营成果进行评价和剖析,反映企业在运营过程中的利弊得失和发展趋势,从而为改进企业财务管理工作和优化经济决策提供重要的财务信息。

(一)财务分析的作用

财务分析对不同的信息使用者具有不同的用途。具体来说,财务分析的意义主要体现在如下方面。

(1)可以判断企业的财务实力。通过对资产负债表和利润表有关资料进行分析,计算相关指标,可以了解企业的资产结构和负债水平是否合理,从而判断企业的偿债能力、营运能力及获利能力等财务实力,揭示企业在财务状况方面可能存在的问题。

(2)可以评价和考核企业的经营业绩,揭示财务活动存在的问题。通过指标的计算、分析和比较,能够评价和考核企业的盈利能力和资金周转状况,揭示其经营管理各个方面和各个环节的问题,找出差距,得出结论。

(3)可以挖掘企业潜力,寻求提高企业经营管理水平和经济效益的途径。企业进行财务分析的目的不仅仅是发现问题,更重要的是分析问题和解决问题。通过财务分析,保持和进一步发挥生产经营管理中成功的经验,对存在的问题提出解决的策略和措施,以达到扬长避短、提高经营管理水平和经济效益的目的。

(4)可以评价企业的发展趋势。通过各种财务分析,可以判断企业的发展趋势,预测其生产经营的前景及偿债能力,从而为企业领导层进行生产经营决策、投资者进行投资决策和债权人进行信贷决策提供重要的依据,避免因决策错误给其带来重大的损失。

(二)财务分析的主体

财务分析的主体主要包括企业所有者、企业债权人、企业经营决策者和政府等。不同主体出于不同的利益考虑,对财务分析信息有着各自不同的要求。

(1)企业所有者作为投资人,关心其资本的保值和增值状况,因此较为重视企业获利能力指标,主要进行企业盈利能力分析。

(2)企业债权人因不能参与企业剩余收益分享,首先关注的是其投资的安全性,因此更重视企业偿债能力指标,主要进行企业偿债能力分析,同时也关注企业盈利能力分析。

（3）企业经营决策者必须对企业经营理财的各个方面，包括运营能力、偿债能力、获利能力及发展能力的全部信息予以详尽地了解和掌握，主要进行各方面综合分析，并关注企业财务风险和经营风险。

（4）政府兼具多重身份，既是宏观经济管理者，又是国有企业的所有者和重要的市场参与者，因此政府对企业财务分析的关注点因身份不同而异。

（5）供应商、客户等其他利益关系人，为决定是否建立合作关系，需了解企业的盈利能力和偿债能力，分析企业的经营风险和破产风险。

（三）财务分析的内容

尽管不同企业的经营状况、经营规模、经营特点不同，不同利益主体进行财务分析有着各自的侧重点，但运用价值形式进行的财务分析，归纳起来其内容基本可以分为偿债能力分析、营运能力分析、获利能力分析和发展能力分析四个方面。除就某一方面能力进行分析之外还可进行综合能力分析，通过相关指标间的内在联系进行综合财务分析。

■■■ **思考 12-1** 下列是财务分析的主体的有（　　）。

　　　　A. 发放贷款的银行　　　　B. 股东　　　　C. 公司 CEO　　　　D. 税局

■■■ **解析**　正确答案是 ABCD。企业经营管理者、投资人、债权人和政府都是企业会计信息的使用者，都需要通过财务分析了解企业财务和经营状况，因而他们都是财务分析的主体。

二、财务分析的基础

客观真实的财务分析以全面了解企业的财务状况和经营成绩为前提，一切反映企业经营活动的财务报告都是财务分析的基础。

广义的财务报告包括财务报表及其他应当在财务报告中披露的相关信息和资料，它是财务分析的信息来源。财务报表由报表及附注组成，企业编制的财务报表主要有资产负债表、利润表、现金流量表等。如图 12-1 所示。

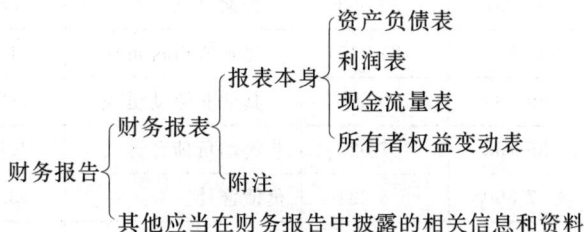

图 12-1　财务报告的构成

财务报表，是反映企业在一定时期财务状况、经营成果及现金流量的文件。财务分析中，通常结合资产负债表、利润表和现金流量表构建出相关财务指标，来反映企业的经营风险、盈利能力及质量、资产营运效率，评价企业的管理、成本控制水平以及分配的合理性。

1. 资产负债表

资产负债表是反映企业在某一时点(月末、季末、年末)的资产、负债和所有者权益情况的报表,它是根据"资产＝负债＋所有者(股东)权益"这一会计恒等式来编制的静态报表。

资产负债表可以反映企业在某一日期所拥有的资产规模及分布,使用者可以了解其所拥有的经济资源情况;可以反映企业在这一日期的资本来源及结构,使用者可以了解其负债及所有者权益情况。

资产负债表有助于使用者评价企业资产质量以及短期偿债能力和长期偿债能力等,评价企业财务状况的优劣,预测企业未来财务状况的变动趋势,以做出决策。

资产负债表如表 12-1 所示。

表 12-1 资产负债表

编制单位:SP 股份有限公司 　　　　　　2017 年 12 月 31 日 　　　　　　　　　　单位:万元

资 产	期末余额	年初余额	负债与股东权益	期末余额	年初余额
流动资产:			流动负债:		
货币资金	18 140	10 018	短期借款	29 298	34 900
交易性金融资产	0	0	应付票据	3 818	23 111
应收票据	15 950	2 110	应付账款	132 528	96 762
应收账款	43 093	26 592	预收账款	57 324	37 270
其他应收款	9 880	4 505	应付职工薪酬	7 444	4 526
预付账款	5 247	3 614	应交税费	33 814	16 777
存货	156 546	141 727	其他应付款	54 871	50 202
其他流动资产	594	856	其他流动负债	6 530	40 316
流动资产合计	249 450	189 422	流动负债合计	325 627	303 864
非流动资产:			非流动负债:		
长期股权投资	45 037	33 503	长期借款	58 895	58 962
固定资产	540 700	484 815	递延所得税负债	15 017	9 707
在建工程	89 599	120 375	其他非流动负债	133 168	107 815
无形资产	35 738	37 025	非流动负债合计	207 080	176 484
长期待摊费用	7 560	6 281	负债合计	532 707	480 348
递延所得税资产	15 578	13 683	股东权益:		
其他非流动资产	1 727	1 792	股本	86 702	86 702

资　产	期末余额	年初余额	负债与股东权益	期末余额	年初余额
非流动资产合计	735 939	697 474	资本公积	28 257	38 132
			盈余公积	143 036	115 031
			未分配利润	163 132	140 596
			少数股东权益	31 555	26 087
			股东权益合计	452 682	406 548
资产总计	985 389	886 896	负债与股东权益总计	985 389	886 896

2. 利润表

利润表是反映企业在一定会计期间（月度、季度、半年度、年度）经营成果的报表，它是按照"利润＝收入－费用"这一基本关系编制的动态报表。

利润表反映了企业一定会计期间的收入实现情况、费用耗费情况，以及生产经营活动的成果，即实现的利润或发生的亏损。

作为使用者进行财务分析的基本资料之一，利润表能反映出企业经营业绩的主要来源和构成情况，有助于使用者判断净利润的质量及风险，客观评价和考核企业经营管理者的绩效；有助于使用者预测净利润的持续性，并进一步分析、预测未来的现金流动状况，从而做出正确的经营决策。

利润表如表 12-2 所示。

表 12-2　利润表

编制单位：SP 股份有限公司　　　　2017 年度　　　　单位：万元

项　目	本年累计	上年同期
一、营业收入	1 913 182	1 345 052
减：营业成本	1 537 131	1 029 443
税金及附加	157 547	133 614
销售费用	42 936	38 189
管理费用	57 774	46 821
财务费用	6 847	7 248
资产减值损失	15 445	7 453
加：公允价值变动收益（损失以"－"列示）	179	365
投资收益（损失以"－"列示）	5 671	3 589
二、营业利润（亏损以"－"填列）	101 352	86 238
加：营业外收入	2 108	1 275

续表

项　目	本年累计	上年同期
减：营业外支出	1 282	1 401
三、利润总额（亏损以"－"列示）	102 178	86 112
减：所得税费用	25 335	19 591
四、净利润（净亏损以"－"填列）	76 843	66 521

3. 现金流量表

现金流量表是反映企业在一定会计期间（月度、季度、半年度、年度）现金和现金等价物流入和流出的报表。现金流量表是以收付实现制为原则进行编制的，从内容上看，它分为经营活动、投资活动和筹资活动三个部分，每类活动又分为各个具体项目，这些项目从不同角度反映公司业务活动的现金流入与流出情况。

现金流量表弥补了资产负债表和利润表提供信息的不足，便于报表使用者了解企业净利润的质量。它一方面提供了企业资金来源与运用的信息，便于分析企业资金来源与运用的合理性，判断其营运效果，评价其经营业绩；另一方面提供了企业现金增减变动及其原因的信息，便于分析企业现金变动的具体原因，判断其当期现金增减的合理性。

作为使用者进行财务分析的基本资料之一，现金流量表可以与资产负债表和利润表结合使用，使用者能够全面了解现金流量的影响因素，评价公司获取现金和现金等价物的能力、偿债能力和周转能力，并据以预测企业未来现金流量，分析企业投资和理财活动对经营成果和财务状况的影响，评价企业盈利的质量。

现金流量表如表 12-3 所示。

表 12-3　现金流量表

编制单位：SP 股份有限公司　　　　　　　　2017 年度　　　　　　　　单位：万元

项　目	本年累计	上年同期
一、经营活动产生的现金流量		
销售商品、提供劳务收到的现金	2 215 212	1 550 786
收到的税费返还	392	388
收到的其他与经营活动有关的现金	8 279	7 481
现金流入小计	2 223 883	1 558 655
购买商品、接受劳务支付的现金	1 758 556	1 155 786
支付给职工以及为职工支付的现金	30 754	29 182
支付的各项税费	231 999	181 070
支付的其他与经营活动有关的现金	31 312	26 608
现金流出小计	2 052 621	1 392 646

项　目	本年累计	上年同期
经营活动产生的现金流量净额	171 262	166 009
二、投资活动产生的现金流量		
收回投资收到的现金	1 687	504
取得投资收益收到的现金	1 335	1 133
处置固定资产、无形资产和其他长期资产收回的现金净额	16 145	692
处置子公司及其他营业单位收到的现金净额	0	0
收到的其他与投资活动有关的现金	8 932	5 350
现金流入小计	28 099	7 679
购建固定资产、无形资产和其他长期资产支付的现金	114 815	116 789
投资支付的现金	11 310	3 240
取得子公司及其他营业单位支付的现金净额	0	0
支付的其他与投资活动有关的现金	8 795	5 501
现金流出小计	134 920	125 530
投资活动产生的现金流量净额	−106 821	−117 851
三、筹资活动产生的现金流量		
吸收投资收到的现金	410	714
取得借款收到的现金	663 491	781 212
收到的其他与筹资活动有关的现金	21 000	61 000
现金流入小计	684 901	842 926
偿还债务支付的现金	703 804	865 683
分配股利、利润或偿付利息支付的现金	23 130	21 321
支付的其他与筹资活动有关的现金	14 261	2 333
现金流出小计	741 195	889 337
筹资活动产生的现金流量净额	−56 294	−46 411
四、汇率变动对现金及现金等价物的影响	−25	−5
五、现金及现金等价物净增加额	8 122	1 742
加：期初现金及现金等价物余额	10 018	8 276
六、期末现金及现金等价物余额	18 140	10 018

第二节　财务分析的方法

一、财务分析的基本方法

（一）比较分析法

比较分析法，是通过对比两期或连续数期财务报告中的相同指标，确定其增减变动的方向、数额和幅度，来说明企业财务状况或经营成果变动趋势的一种方法。采用这种方法，可以分析变动的主要原因、变动的性质，并预测企业未来的发展趋势。

比较分析法的具体运用主要有重要财务指标的比较、会计报表的比较和会计报表项目构成的比较三种方式。

1. 重要财务指标的比较

这种方法是指将不同时期财务报告中的相同指标或比率进行纵向比较，直接观察其增减变动情况及变动幅度，考察其发展趋势，预测其发展前景。可以进行比较的不同时期的财务指标主要有以下两个。

（1）定基动态比率，是以某一时期的数额为固定的基期数额而计算出来的动态比率。其计算公式为

$$定基动态比率＝\frac{分析期数额}{固定基期数额}\times100\%$$

（2）环比动态比率，是将每一分析期的数据与上期数据相比较计算出来的动态比率。其计算公式为

$$环比动态比率＝\frac{分析期数额}{前期数额}\times100\%$$

2. 会计报表的比较

这是指将连续数期的会计报表的金额并列起来，比较各指标不同期间的增减变动金额和幅度，据以判断企业财务状况和经营成果发展变化的一种方法，具体包括资产负债表比较、利润表比较和现金流量表比较等。

3. 会计报表项目构成的比较

这种方法是在会计报表比较的基础上发展而来的，是以会计报表中的某个总体指标为100%，再计算出各组成项目占该总体指标的百分比，从而比较各个项目百分比的增减变动，以此来判断有关财务活动的变化趋势。

采用比较分析法时，应当注意以下问题：①用于对比的各个时期的指标，其计算口径必须保持一致；②应剔除偶发性项目的影响，使分析所利用的数据能反映正常的生产经营状

况；③应运用例外原则对某项显著变动的指标做重点分析，研究其产生的原因，以便采取对策，趋利避害。

（二）比率分析法

比率分析法是通过计算各种比率指标来确定财务活动变动程度的方法。比率指标主要有构成比率、效率比率和相关比率三类。

1. 构成比率

构成比率又称结构比率，是某项财务指标的各组成部分数值占总体数值的百分比，反映部分与总体的关系。比如，企业资产中流动资产、固定资产和无形资产占资产总额的百分比（资产构成比率），企业负债中流动负债和长期负债占负债总额的百分比（负债构成比率）等。构成比率的计算公式为

$$构成比率 = \frac{某个组成部分数值}{总体数值} \times 100\%$$

利用构成比率，可以考察总体中某个部分的形成和安排是否合理，以便协调各项财务活动。

2. 效率比率

效率比率，是某项财务活动中所费与所得的比率，反映投入与产出的关系。利用效率比率指标，可以进行得失比较，考察经营成果，评价经济效益。

比如，将利润项目与销售成本、销售收入、资本金等项目进行对比，可以计算出成本利润率、销售利润率和资本金利润率指标，从不同角度观察比较企业获利能力的高低及其增减变化情况。

3. 相关比率

相关比率，是将某个项目和与其有关但又不同的项目进行对比所得的比率，反映有关经济活动的相互关系。利用相关比率指标，可以考察企业相互关联的业务安排是否合理，以保障经营活动顺畅进行。

比如，将流动资产与流动负债进行对比，计算出流动比率指标，可以判断企业的短期偿债能力；将负债总额与资产总额进行对比，计算出资产负债率指标，可以判断企业长期偿债能力。

采用比率分析法时，应当注意以下几点：①对比项目的相关性；②对比口径的一致性；③衡量标准的科学性。

（三）因素分析法

因素分析法，是依据分析指标与其影响因素的关系，从数量上确定各因素对分析指标影响方向和影响程度的一种方法。

因素分析法具体有两种：连环替代法和差额分析法。

1. 连环替代法

连环替代法,是将分析指标分解为各个可以计量的因素,并根据各因素之间的依存关系,顺次用各因素的比较值(通常为实际值)替代基准值(通常为标准值或计划值),据以测定各因素对分析指标的影响。

【例 12-1】 某企业 201× 年 10 月某种材料费用的实际数是 4 620 元,而其计划数是 4 000 元,实际数比计划数增加 620 元。由于材料费用由产品产量、单位产品材料消耗量和材料单价三个因素的乘积组成,因此就可以把材料费用这一总指标分解为三个因素,然后逐个来分析它们对材料费用总额的影响程度。现假设这三个因素的数值如表 12-4 所示。

表 12-4　某企业某种材料费用的相关资料

项　　目	单　位	计划数	实际数	差　异
产品产量	件	100	110	10
单位产品材料消耗量	千克	8	7	—1
材料单价	元	5	6	1
材料费用总额	元	4 000	4 620	620

根据表 12-4 中的资料,材料费用总额实际数较计划数增加 620 元。运用连环替代法,可以计算各因素变动对材料费用总额的影响。

计划指标:$100 \times 8 \times 5 = 4\ 000$(元)　　　　　　　　　①

第一次替代:$110 \times 8 \times 5 = 4\ 400$(元)　　　　　　　②

第二次替代:$110 \times 7 \times 5 = 3\ 850$(元)　　　　　　　③

第三次替代:$110 \times 7 \times 6 = 4\ 620$(元)　　　　　　　④

实际指标:

②—①=4 400—4 000=400(元)　　　　　　产量增加的影响

③—②=3 850—4 400=—550(元)　　　　　材料节约的影响

④—③=4 620—3 850=770(元)　　　　　　价格提高的影响

400—550+770=620(元)　　　　　　　　　全部因素的影响

2. 差额分析法

差额分析法是连环替代法的一种简化形式,是利用各因素的比较值与基准值之间的差额,来计算各因素对分析指标的影响。

【例 12-2】 仍沿用表 12-4 中的资料。可采用差额分析法计算各因素变动对材料费用的影响。

(1)产量增加对材料费用的影响:$(110-100) \times 8 \times 5 = 400$(元)

(2)材料节约对材料费用的影响:$(7-8) \times 110 \times 5 = -550$(元)

(3)价格提高对材料费用的影响:$(6-5) \times 110 \times 7 = 770$(元)

采用因素分析法时,必须注意以下几个问题:①因素分解的关联性。构成经济指标的因素,客观上必须与经济指标存在因果关系,要能够反映形成该项指标差异的内在原因,否则就失去了应用价值。②因素替代的顺序性。确定替代因素时,必须根据各因素的依存关系,遵循一定的顺序并依次替代,不可随意加以颠倒,否则就会得出不同的计算结果。③顺序替代的连环性。因素分析法在计算每一因素变动的影响时,都是在前一次计算的基础上进行的,并采用连环比较的方法确定因素变化影响结果。④计算结果的假定性。由于采用因素分析法计算的各因素变动的影响数,会因替代顺序不同而有差别,因而计算结果不免带有假定性,即它不可能使每个因素计算的结果,都达到绝对的准确。为此,分析时应力求使这种假定合乎逻辑,具有实际经济意义。这样,计算结果的假定性,才不至于妨碍分析的有效性。

■■■ **思考 12-2** 因素分析法既可以全面分析各因素对某一经济指标的影响,又可以单独分析某个因素对某一经济指标的影响。但采用因素分析法时,必须注意的问题有( )。

    A.因素替代的顺序性   B.因素分解的可比性

    C.顺序替代的连环性   D.计算结果的假定性

■■■ **解析** 正确答案是 ACD。B 项应为因素分解的关联性。

二、财务综合评价分析法

财务综合分析评价,是对企业财务状况和经营情况进行的总结和评价。它以企业的财务报表和其他财务分析资料为依据,以实现综合财务分析为目的的 在线视频 12-2 分析和评价方法。运用该方法能得出系统、综合的财务分析评价指标和结果。

财务综合评价分析方法有很多,总体上可以分为两种:综合指标法和指标体系法。

综合指标法是定量分析方法,即通过确定各分项指标之间的函数关系,进而确定各分项指标与最终综合指标之间的函数关系,最后依据分项指标计算出综合指标。这种方法的特点是:综合指标与分项指标均具有明确的经济含义。综合指标和各分项指标之间存在明确的函数关系,而且,其函数关系不随财务分析主体的变化而变化。财务综合评价分析中常用的综合指标法有杜邦分析法,亦称杜邦财务分析体系。

指标体系法是综合定量化方法,即当各分项指标与最终综合指标之间难以确定函数关系时,采取影响主观赋值(如以权重量化)的方式,确定各分项指标的影响。这种方法的特点是:各分项指标具有明确的经济含义,而综合指标并不具有明确的经济含义,因而,综合指标和各分项指标分析之间难以确定函数关系。分项指标的综合影响程度主要采取主观赋值方式确定;权重量化时会随不同财务分析主体、经营规模及方式、环境等变化而变化。最终的综合指标,一般表现为定性问题定量化的结果形式(如评分值);为确保综合指标能体现系统综合的分析结果,分项指标应尽可能全面、完整,所以,分项指标具有数量多、分层次的特征。财务综合评价分析中常用的指标体系法有沃尔比重评分法。

运用科学的财务综合评价分析手段,实施财务绩效综合评价分析,不仅可以真实反映企业经营绩效状况,判断企业的财务管理水平,而且有利于适时揭示财务风险,引导企业持续、快速、健康地发展。

【复习思考题】

1. 什么是财务分析，其作用是什么？
2. 财务分析的基本方法有哪些？
3. 试述财务综合评价分析中的两种不同分析方法的差异。
4. 大数据时代对财务分析从业人员提出了财商素养的哪些更高要求？

【自测题】

在线测试

财务分析

▪▪▪ 学习目标

通过本章学习,学生应熟练计算并运用各项财务指标对企业的相关能力进行分析,理解各种综合分析法的原理并能运用具体方法对企业的业绩与财务状况进行分析评价。

▪▪▪ 关键知识点

分析偿债能力、营运能力、盈利能力及发展能力等财务指标的计算,综合财务分析中的杜邦分析法和沃尔比重评分法的运用。

▪▪▪ 案例导入

2016年,这家公司(保千里,股票代码600074)的财务报表看上去还颇为光鲜,实现营业收入41.14亿元,净利润7.99亿元,同比上升114.07%。而在2017年前三季度,保千里的营业收入只有29.61亿元,净利润只有4.04亿元,同比下滑34.48%。财报显示,2017年第三季度末保千里的货币资金为5.07亿元,上年同期为28.6亿元。

究其原因,保千里在原控股股东及实控人、原董事长庄敏的主导下,投资"狂热"一发不可收拾。从2015年起,保千里的投资并购活动达到29项。2016年以来的20项投资总金额合计38亿元。仅在2017年上半年的6个月中,保千里的股权投资已有6项,期内投资额达18.5亿元。

庄敏涉嫌以对外投资收购资产为由侵占上市公司利益,中国证监会已对庄敏和保千里进行立案调查。但停牌中的保千里的危机还在进一步发酵,不但债权人提前追偿债务,公司高管还拟减持股份。

截至2017年11月30日,保千里账面净资产为47.60亿元,总资产为105.04亿元(报表尚未经审计)。同时,公司存在风险的预付账款余额为8.73亿元,应收账款余额为25.66亿元,商誉余额为24.3亿元,涉嫌违规担保余额6.52亿元,合计金额为65.21亿元,占同期总资产的62.08%、净资产的137.00%。并且,公司还存在庞大的负债。据披露,截至2017年12月20日,保千里及其子公司在金融机构的债务本息余额总计约44亿元。其中,逾期本金8.64亿元,逾期利息0.72亿元,共计9.36亿元。

保千里自 2017 年 12 月 29 日复牌之后,股价持续走低,创下了连续 29 个跌停板的 A 股市场连跌记录,投资者损失惨重,于 2020 年 4 月被终止上市。从几年内的最高股价算起,保千里股价累计跌幅已超过 99%。历史最高股价逼近 30 元,最终以 0.17 元在 A 股谢幕。累计市值蒸发超过 700 亿元。

资料来源:ST 保千里生态崩塌　20 跌停市值狂泻 160 亿元　人均亏 7.5 万元[EB/OL].(2018-01-26)[2019-08-01]. http://finance. sina. com. cn/roll/2018-01-26/doc-ifyqwiqk8264444. Shtml;700 亿市值灰飞烟灭!30 元股价跌至 0.17 元,A 股再无"保千里"……实控人去向仍成谜[EB/OL].(2020-05-26)[2024-01-31]. http://www. stcn. com/ article/detail/175711. html.

■■■ 思 考

1. 保千里财务危机的主要导火索是什么?

2. 根据相关数据信息,试对保千里的财务状况进行分析。

3. 结合保千里案例,探讨上市公司该如何发挥主力军作用,推进中国式现代化。

第一节　财务指标分析

分析和评价企业财务状况与经营成果的财务指标主要包括偿债能力指标、营运能力指标、盈利能力指标和发展能力指标。在对上市公司的价值评价中,还常使用一些市价比率指标。

为便于说明,本节各项财务指标的计算主要以本章前述 SP 股份有限公司为例,该公司的资产负债表、利润表和现金流量表如表 12-1、表 12-2 和表 12-3 所示。

一、偿债能力分析

企业偿债能力是反映企业财务状况和经营能力的重要标志。企业偿债能力低不仅说明企业资金紧张,难以应付日常经营支出,而且说明企业资金周转不灵,难以偿还到期债务,甚至面临破产危险。企业偿债能力分析包括短期偿债能力分析和长期偿债能力分析。

(一)短期偿债能力分析

企业短期债务一般要用流动资产来偿付,短期偿债能力是企业流动资产对流动负债及时足额偿还的保证程度,是衡量企业当前财务能力特别是流动资产变现能力的重要标志。衡量指标主要有流动比率、速动比率、现金比率和现金流量比率。

1. 流动比率

流动比率是流动资产与流动负债的比率,它表明企业每一元流动负债有多少流动资产

作为偿还的保证,反映企业可用在短期内变成现金的流动资产偿还到期流动负债的能力。其计算公式为

$$流动比率 = \frac{流动资产}{流动负债}$$

根据表 12-1 资产负债表中的数据,SP 股份有限公司 2017 年的流动比率计算如下:

$$年初流动比率 = \frac{189\ 422}{303\ 864} \approx 0.623$$

$$年末流动比率 = \frac{249\ 450}{325\ 627} \approx 0.766$$

经验表明,流动比率在 2 左右比较适宜。一般情况下,流动比率越高,说明企业短期偿债能力越强,债权人的权益越有保证。究竟应保持多高的流动比率,主要视企业对待风险与收益的态度确定。运用流动比率应注意以下三个方面的问题:

(1)虽然流动比率越高,企业偿还短期债务的流动资产保证程度越高,但流动比率高也可能是存货积压、应收账款等增多且收账期限延长所致,而真正可用来偿债的现金或存款却严重短缺。

(2)从短期债权人的角度来看,自然希望流动比率越高越好。但从企业经营者的角度来看,过高的流动比率通常意味着企业闲置现金的持有量过多,必然造成企业机会成本的增加和获利能力的降低,因此,企业应尽可能将流动比率维持在不使货币资金闲置的水平。

(3)流动比率是否合理,不同企业以及同一企业不同时期的评价标准是不同的。

2. 速动比率

速动比率是企业速动资产与流动负债的比率。所谓速动资产,是指流动资产减去变现能力较差且不稳定的存货后的余额。由于剔除了变现能力较弱且不稳定的资产,因此,速动比率较流动比率能够更加准确、可靠地评价企业资产的流动性及偿还短期负债的能力。速动比率的计算公式为

$$速动比率 = \frac{速动资产}{流动负债}$$

根据表 12-1 资产负债表中的数据,SP 股份有限公司 2017 年的速动比率计算如下:

$$年初速动比率 = \frac{189\ 422 - 141\ 727}{303\ 864} = \frac{47\ 695}{303\ 864} \approx 0.157$$

$$年末速动比率 = \frac{249\ 450 - 156\ 546}{325\ 627} = \frac{92\ 904}{325\ 627} \approx 0.285$$

一般认为,速动比率为 1 是安全标准。因为如果速动比率小于 1,必使企业面临很大的偿债风险;如果速动比率大于 1,尽管债务偿还的安全性很高,但却会因企业现金及应收账款资金占用过多而大大增加企业的机会成本。

尽管速动比率较流动比率更能反映流动负债偿还的安全性和稳定性,但并不能认为速动比率较低的企业的流动负债绝对不能偿还。实际上,如果企业存货流转顺畅,变现能力较

强,即使速动比率较低,只要流动比率高,企业仍然有望偿还到期的债务本息。

3. 现金比率

现金比率是企业现金类资产与流动负债的比率。现金类资产包括企业所拥有的货币资金和交易性金融资产,它是速动资产中扣除应收类款项后的余额。该部分资产属于流动性最强的流动资产,最能反映企业直接偿付流动负债的能力。现金比率的计算公式为

$$现金比率=\frac{货币资金+交易性金融资产}{流动负债}$$

根据表 12-1 资产负债表中的数据,SP 股份有限公司 2017 年的现金比率计算如下:

$$年初现金比率=\frac{10\ 018+0}{303\ 864}\approx0.033$$

$$年末现金比率=\frac{18\ 140+0}{325\ 627}\approx0.056$$

一般认为,现金比率在 0.2 以上为好。但这一比率过高,就意味着企业流动负债未能得到合理运用,而现金类资产获利能力低,这类资产金额太高会导致企业机会成本增加。

当某企业流动比率和速动比率都较高,而现金比率偏低时,说明该企业短期偿债能力还是有一定风险,应缩短收账期,加大应收账款催收力度,以加速应收账款资金的周转。

4. 现金流量比率

现金流量比率,也称现金流动负债比率,是企业一定时期的经营现金净流量同流动负债的比率,它可以从现金流量角度来反映企业当期偿付短期负债能力。现金流量比率的计算公式为

$$现金流量比率=\frac{年经营现金净流量}{年末流动负债}$$

根据表 12-1 资产负债表、表 12-3 现金流量表中的数据,SP 股份有限公司 2017 年的现金流动比率计算如下:

$$现金流量比率=\frac{171\ 262}{325\ 627}\approx0.526$$

公式中年现金净流量是指一定时期内,由企业经营活动所产生的现金及现金等价物的流入量与流出量的差额。

该指标是从现金流入和流出的动态角度对企业实际偿债能力进行考查。以收付实现制为基础的现金流量比率指标,能充分体现企业经营活动所产生的现金净流量可以在多大程度上保证当期流动负债的偿还,直观反映出企业偿还负流动负债的实际能力。该指标高,表明企业经营活动产生的现金净流量较多,能够保障企业按时偿还到期债务,但也不是越高越好,太高则表示企业流动资金利用不充分,收益能力不强。

(二)长期偿债能力分析

长期偿债能力,是指企业偿还长期负债的能力,衡量指标主要有资产负债率、产权比率、权益乘数和利息保障倍数。

1. 资产负债率

资产负债率又称负债比率,是企业负债总额与资产总额的比率。它表明企业资产对债权人权益的保障程度。其计算公式为

$$资产负债率 = \frac{负债总额}{资产总额} \times 100\%$$

根据表 12-1 资产负债表中的数据,SP 股份有限公司 2017 年的资产负债率计算如下:

$$年初资产负债率 = \frac{480\,348}{886\,896} \times 100\% \approx 54.16$$

$$年末资产负债率 = \frac{532\,707}{985\,389} \times 100\% \approx 54.06$$

该比率越小,表明企业的长期偿债能力越强。如果比率较大,从企业所有者角度来说,利用较少的自由资金投资,形成较多的生产经营资产,不仅扩大了生产经营规模,而且在经营状况良好的情况下,还可以利用财务杠杆作用,得到较多的投资利润。如果比率过大,则表明企业的债务负担重,企业资金实力不强,不仅对债权人不利,而且企业有濒临倒闭的危险。

2. 产权比率

产权比率是指负债总额与所有者(股东)权益总额的比率,是企业财务结构稳健与否的重要标志,也称资本负债率。它反映企业所有者权益对负债人权益的保障程度。其计算公式为

$$产权比率 = \frac{负债总额}{所有者权益总额} \times 100\%$$

根据表 12-1 资产负债表中的数据,SP 股份有限公司 2017 年的产权比率计算如下:

$$年初产权比率 = \frac{480\,348}{406\,548} \times 100\% \approx 118.15\%$$

$$年末产权比率 = \frac{532\,707}{452\,682} \times 100\% \approx 117.68\%$$

该指标越低,表明企业的长期偿债能力越强,债权人权益的保障程度越高,承担的风险越小,但企业不能充分地发挥负债的杠杆效应。所以,评价产权比率适度与否时,应从提高获利能力和增强偿债能力两个方面综合分析,即在保障债务偿还安全的前提下,应尽可能提高产权比率。

资产负债率与产权比率对评价偿债能力的作用基本相同,主要区别是:资产负债率侧重于分析债务偿付安全性的物质保障程度,产权比率则侧重于揭示财务结构的稳健程度以及自有资金对偿债风险的承受能力。

3. 权益乘数

权益乘数是指资产总额与所有者(股东)权益总额的比率,是反映企业负债程度的重要标志之一。它反映股东投入企业的资本在全部资产中所占的比重。其计算公式为

$$权益乘数 = \frac{资产总额}{所有者权益总额}$$

根据表 12-1 资产负债表中的数据,SP 股份有限公司 2017 年的权益乘数计算如下:

$$年初权益乘数 = \frac{886\ 896}{406\ 548} \approx 2.18$$

$$年末权益乘数 = \frac{985\ 389}{452\ 682} \approx 2.18$$

该指标越高,表明股东投入的资本占企业全部资产的比重越小,企业对外融资的数额越大,企业负债的程度越高,承担的财务风险越大,偿债能力相对越弱。反之,偿债能力越强。但是,如果企业处于高速成长时期,较高的权益乘数提高了财务杠杆比率,从而可以提高企业的净资产收益率,有利于实现企业价值最大化。

■■■■ **思考 13-1** 产权比率与权益乘数的关系可以表达为(　　　)。

A. 产权比率 × 权益乘数 = 1　　　　B. 权益乘数 = $\dfrac{1}{1 - 产权比率}$

C. 权益乘数 = $\dfrac{1 + 产权比率}{产权比率}$　　　　D. 权益乘数 = 1 + 产权比率

■■■■ **解析**　正确答案是 D。将产权比率指标的表达式、权益乘数指标的表达式代入 ABCD 四个关系式中,只有 $1 + \dfrac{负债总额}{所有者权益总额} = \dfrac{资产总额}{所有者权益总额}$ 关系式成立,其余关系式均不成立。

4. 利息保障倍数

利息保障倍数,又称已获利息倍数,是指企业息税前利润与利息费用的比率,它可以反映获利能力对债务偿付的保障程度。其计算公式为

$$利息保障倍数 = \frac{息税前利润}{利息费用} = \frac{净利润 + 利息费用 + 所得税费用}{利息费用}$$

上式中,分母的“利息费用”是指本期的全部应付利息,不仅包括计入利润表财务费用的利息费用,还包括计入资产负债表固定资产等成本的资本化利息;相应地,分子“利息费用”则是指本期的全部费用化的利息,不仅包括计入利润表财务费用的利息费用,还包括计入资产负债表固定资产等成本的资本化利息的本期费用化部分(也包括以前期间资本化利息的本期费用化部分)。实务中,如果本期资本化利息金额较小,可将财务费用金额作为分母中的利息费用;如果资本化利息的本期费用化部分金额较小,则分子中此部分可以忽略不计,不做调整。

根据表 12-2 利润表中的数据,SP 股份有限公司 2017 年的利息保障倍数计算如下:

$$年初利息保障倍数 = \frac{93\ 360}{7\ 248} \approx 12.88$$

$$年末利息保障倍数 = \frac{109\ 025}{6\ 847} \approx 15.92$$

息税前利润是指包括利息支出和所得税的正常业务经营利润,不包括非正常项目的利润。这是由于负债与资本项目一般属于正常业务经营范围,因此计算利息保障倍数时就应当以正常业务经营的息税前利润为基础。

该指标不仅反映企业获利能力的强弱,而且反映获利能力对偿还到期债务的保证程度,它既是企业举债经营的依据,也是衡量企业长期偿债能力强弱的重要标志。由此可以得出这样的启示:若要维持正常偿债能力,从长期看,利息保障倍数应大于1,且比值越高,企业长期偿债能力一般也就越强。究竟企业利息保障倍数应是多少,要根据往年经验结合行业特点来判断。

■■■ **思考 13-2**　下列指标属于企业长期偿债能力衡量指标的有(　　　)。

　　A.固定资产周转率　　　　　　　　B.速动比率

　　C.利息保障倍数　　　　　　　　　D.总资产周转率

■■■ **解析**　正确答案是 C。AD 项反映资产周转效率,属于企业营运能力指标;B 项属于衡量企业短期偿债能力的指标。

二、营运能力分析

营运能力是指企业基于外部市场环境的约束,通过内部人力资源和生产资料的配置、组合而对财务目标所产生的作用的大小。营运能力通过资产管理比率来衡量,反映企业经营管理中运营资金的能力。对企业营运能力的分析,实质上就是对各项资产的周转使用情况进行分析。一般而言,资金周转速度越快,说明企业的资金管理水平越高,资金利用效率越高。

(一)应收账款周转率

应收账款周转率是一定时期内营业收入净额与应收账款平均余额的比率,它是反映应收账款周转速度的指标。其计算公式为

$$应收账款周转率(次数) = \frac{营业收入净额}{应收账款平均余额}$$

其中

$$营业收入净额 = 营业收入 - 销售折扣与折让$$

$$应收账款平均余额 = \frac{应收账款期初数 + 应收账款期末数}{2}$$

$$应收账款周转天数 = \frac{360}{应收账款周转率} = \frac{应收账款平均余额 \times 360}{营业收入净额}$$

根据表 12-1 资产负债表、表 12-2 利润表中的数据,SP 股份有限公司 2017 年的应收账款周转率及周转天数计算如下:

$$应收账款周转率 = \frac{1\ 913\ 182}{(43\ 093 + 15\ 950 + 26\ 592 + 2\ 110) \div 2} \approx 43.61(次/年)$$

$$应收账款周转天数 = \frac{360}{43.61} \approx 9（天）$$

应收账款周转率反映企业应收账款变现速度的快慢及管理效率的高低，周转率高表明：①收账迅速，账龄较短；②资产流动性强，短期偿债能力较强；③可以减少收账费用和坏账损失，从而相对增加企业流动资产的投资收益。同时借助应收账款周转期与企业信用期间的比较，还可以评价购买单位信用程度，以及企业原订的信用条件是否适当。

利用上述公式计算应收账款周转率时，应当注意，公式中的应收账款包括会计核算中的"应收账款"和"应收票据"等全部赊销账款在内，且其金额应为扣除坏账准备后的净额；如果应收账款余额的波动较大，应尽可能使用更详尽的计算资料，如按月应收账款余额来计算其平均占用额。

（二）存货周转率

存货周转率是一定时期内企业主营业务成本与存货平均资金占用额的比率，它是衡量企业生产经营各环节中存货运营效率的一个综合指标。其计算公式为

$$存货周转率（次数） = \frac{主营业务成本}{平均存货}$$

$$平均存货 = \frac{存货年初数 + 存货年末数}{2}$$

$$存货周转天数 = \frac{360}{存货周转率} = \frac{平均存货 \times 360}{主营业务成本}$$

根据表 12-1 资产负债表、表 12-2 利润表中的数据，SP 股份有限公司 2017 年的存货周转率及周转天数计算如下：

$$存货周转率（次数） = \frac{1\ 537\ 131}{(156\ 546 + 141\ 727)/2} \approx 10.31（次/年）$$

$$存货周转天数 = \frac{360}{10.31} \approx 35（天）$$

一般来说，存货周转率越高越好，存货周转率越高，表明其变现的速度越快，周转额越大，资金占用水平越低。因此，通过存货周转率分析，有利于找出存货管理存在的问题，尽可能降低存货资金占用水平。存货既不能储存过少，否则可能造成生产中断或销售紧张；又不能储存过多，否则可能形成呆滞、积压。存货是流动资产的重要组成部分，一定要加强存货管理，保证其结构合理、质量可靠，提高其变现能力和盈利能力。

存货计价方法对存货周转率影响较大，在分析企业不同时期或不同企业存货周转率时，应注意存货的计价方法口径是否一致。分子、分母的数据应注意时间上的对应性。

（三）流动资产周转率

流动资产周转率是流动资产在一定时期所完成的周转额（营业收入）与流动资产平均占用额的比率，它是反映企业流动资产周转速度的指标。其计算公式为

$$流动资产周转率（次数）=\frac{营业收入净额}{平均流动资产总额}$$

$$平均流动资产总额=\frac{流动资产年初数+流动资产年末数}{2}$$

$$流动资产周转期（天数）=\frac{360}{流动资产周转率}=\frac{平均流动资产总额\times360}{营业收入净额}$$

根据表 12-1 资产负债表、表 12-2 利润表中的数据，SP 股份有限公司 2017 年的流动资产周转率及周转天数计算如下：

$$流动资产周转率（次数）=\frac{1\ 913\ 182}{（249\ 450+189\ 422）/2}\approx8.72（次/年）$$

$$流动资产周转天数=\frac{360}{8.72}\approx42（天）$$

流动资产周转次数越多，表明以相同的流动资产完成的周转额越多，流动资产利用效果越好。流动资产周转率用周转天数表示时，周转一次需要的天数越少，表明生产和销售阶段占用流动资产的时间越短。

（四）固定资产周转率

固定资产周转率是指企业年营业收入净额与固定资产平均净值的比率，它是反映企业固定资产周转情况，从而衡量固定资产利用效果的指标。其计算公式为

$$固定资产周转率=\frac{营业收入净额}{固定资产平均净值}$$

根据表 12-1 资产负债表、表 12-2 利润表中的数据，SP 股份有限公司 2017 年的固定资产周转率计算如下：

$$固定资产周转率=\frac{1\ 913\ 182}{（540\ 700+484\ 815）/2}\approx3.73（次/年）$$

固定资产周转率高，表明企业固定资产利用得充分，同时也表明企业固定资产投资得当，固定资产结构合理，能充分发挥效率。反之，如果固定资产周转率不高，则表明固定资产使用效率不高，企业的营运能力不强。

需要考虑固定资产因计提折旧，其净值在不断地减少的影响以及因更新重置，其净值突然增加的影响。同时，由于折旧方法不同，可能影响其可比性。故在分析时，一定要剔除不可比因素。

（五）总资产周转率

总资产周转率是企业营业收入净额与资产总额的比率，该指标可用来反映企业全部资产利用效率。其计算公式为

$$总资产周转率=\frac{营业收入净额}{平均资产总额}$$

根据表 12-1 资产负债表、表 12-2 利润表中的数据，SP 股份有限公司 2017 年的总资产周转率计算如下：

$$总资产周转率 = \frac{1\ 913\ 182}{(985\ 389 + 886\ 896)/2} \approx 2.04(次/年)$$

如果资金时间占用的波动性较大,企业应采用更详细的资料计算总资产周转率,如按各月份的资金占用额来计算。如果各期占用额比较稳定,波动不大,季度、年度的平均资金占用额可以直接用"(期初数+期末数)÷2"来计算。

总资产周转率高,表明企业全部资产的使用效率高;如果这个比率较低,则表明企业全部资产的使用效率较低,最终会影响企业的盈利能力。企业应采用各项措施来提高企业的资产利用程度,如提高销售收入或处理多余资产以减少资产占用额。

知识拓展

■■■ **思考 13-3**　下列指标属于分析评价企业营运能力指标的有(　　)。

A. 存货周转率　　　　　　　　　　　B. 应收账款周转率

C. 固定资产周转率　　　　　　　　　D. 流动资产周转天数

■■■ **解析**　正确答案是 ABCD。营运能力是指企业资产周转速度的有关指标所反映的企业资产使用的效率。周转率和周转天数体现了周转速度,存货、应收账款、固定资产、流动资产均为企业资产的具体形态,因此,4 个选项都属于企业营运能力衡量指标。

三、盈利能力分析

对增值的不断追求是企业资金运动的动力源泉与直接目的。盈利能力就是企业资金增值的能力,这种获取利润的能力通常体现为企业收益数额的大小与水平的高低,主要分析指标有销售净利率、成本费用利润率、总资产净利率和净资产收益率等。

上市公司作为现代企业的一种形式,投资者可以通过购买公司股票的方式成为上市公司的股东。对上市公司进行财务分析,评估所(拟)投资的股票价值,是每位股东及潜在投资人必须高度关注的。在日常盈利能力分析中,除了运用上述分析指标外,还需着重对上市公司的每股收益、每股股利、市盈率等专项指标进行分析,补充反映其获利能力以及经营业绩。

(一)盈利能力分析的一般指标

1. 销售净利率

销售净利率是指企业净利润与营业收入的比率,它反映了企业经营者通过经营获取利润的能力。其计算公式为

$$销售净利率 = \frac{净利润}{营业收入} \times 100\%$$

根据表 12-2 利润表中的数据,SP 股份有限公司 2017 年的销售净利率计算如下:

$$销售净利率 = \frac{76\ 843}{1\ 913\ 182} \times 100\% \approx 4.02\%$$

销售净利率越大,说明企业的获利水平越高,盈利能力越强。当产品销售价格不变时,企业利润的多少受到产品成本及产品结构等方面的影响。因此,深入分析销售净利率,对改善产品结构、促进降本增效有着积极的作用。

2.成本费用利润率

成本费用利润率是指企业利润总额与成本费用总额的比率,它反映了企业主要成本利用效果,是企业加强成本管理的着眼点。其计算公式为

$$成本费用利润率 = \frac{利润总额}{成本费用总额} \times 100\%$$

根据表 12-2 利润表中的数据,SP 股份有限公司 2017 年的成本费用利润率计算如下:

$$成本费用利润率 = \frac{102\ 178}{1\ 913\ 182 - 101\ 352 - 5\ 671} \times 100\% \approx 5.66\%$$

成本费用利润率越高,说明企业为取得利润付出的代价越小,企业盈利能力越强;反之,则说明企业一定的成本费用消耗取得的利润越少,一定的利润所耗费的资源越多。

3.总资产净利率

总资产净利率是指企业一定时期的净利润与企业平均资产总额的比率,它反映企业所有资产综合利用效果,表明每占用 1 元的资产究竟能带来多少元的净利润。其计算公式为

$$总资产净利率 = \frac{净利润}{平均资产总额} \times 100\%$$

根据表 12-1 资产负债表、表 12-2 利润表中的数据,SP 股份有限公司 2017 年的总资产净利率计算如下:

$$总资产净利率 = \frac{76\ 843}{(985\ 389 + 886\ 896)/2} \times 100\% \approx 8.21\%$$

平均资产总额为年初资产总额与年末资产总额的平均数。

总资产净利率越高,表明企业的资产利用效率越高,整个企业的盈利能力越强,经营管理水平越高。企业还可以将该指标与市场资本利率相比较,若前者高于后者,则说明企业可以发挥财务杠杆效用,即适度举债经营,以实现利益最大化。

4.净资产收益率

净资产收益率又称权益报酬率,是指企业一定时期内的净利润同所有者权益(也可用净资产平均值)的比率。它反映了投资者投入企业的自有资本获取净收益的能力,即反映投资与报酬的关系,因而是评价企业资本经营效益的核心指标,在我国上市公司业绩综合排序中,该指标居于首位。其计算公式为

$$净资产收益率 = \frac{净利润}{平均净资产} \times 100\%$$

根据表 12-1 资产负债表、表 12-2 利润表中的数据,SP 股份有限公司 2017 年的净资产收益率计算如下:

$$净资产收益率 = \frac{76\ 843}{(452\ 682 + 406\ 548)/2} \approx 17.89\%$$

净资产收益率通用性强,不受行业限制。通过对比分析净资产收益率,可以看出企业获利能力在同行业中所处的地位以及与同类企业的差异。一般认为,企业净资产收益率越高,企业自有资本获取收益的能力越强,运营效率越高,对企业投资人、债权人权益的保障程度越高。

5. 资本保值增值率

资本保值增值率是指企业扣除客观因素后的年末所有者权益与年初所有者权益的比率,它表示企业当年资本的实际增减变动情况,是评价企业财务效益的辅助指标。其计算公式为

$$资本保值增值率 = \frac{扣除客观因素后的年末所有者权益}{年初所有者权益} \times 100\%$$

根据表 12-1 资产负债表中的数据,SP 股份有限公司 2017 年的资本保值增值率计算如下:

$$资本保值增值率 = \frac{452\ 682}{406\ 548} \times 100\% \approx 111.35\%$$

资本保值增值率是根据资本保全原则设计的指标,更加谨慎地反映了企业资本保全的增值状况,充分体现了对所有者权益的保护,能及时、有效地发现侵蚀所有者权益的现象。该指标越高,表明企业的资本保全状况越好,所有者的权益增长越快,债权人的债务越有保障,企业发展后劲越强。如该指标为负值,则表明企业资本受到侵蚀,没有实现资本保全,损害了所有者的权益。

■■■ **思考 13-4** 下列指标可以用于分析企业盈利能力的有（　　　）。

    A. 资本保值增值率   B. 成本费用利润率

    C. 总资产周转率   D. 权益乘数

■■■ **解析** 正确答案是 AB。C 项的总资产周转率属于反映企业营运能力的指标;D 项的权益乘数属于衡量企业长期偿债能力的指标。

在线视频

（二）上市公司盈利能力分析的专项指标

1. 每股收益

每股收益,又称每股盈余或每股净收益,是企业净收益与当期发行在外的普通股股数的比率,它反映企业普通股股东每持有一股普通股所能享有的企业净利润（或承担的企业净亏损）。每股收益量化了企业普通股的获利水平,是衡量上市公司盈利能力时最常用的专项指标。该指标一定程度上也反映了投资风险,成为股东据以做出相关决策的重要指标之一。其计算公式为

$$每股收益 = \frac{归属于公司普通股股东的净利润}{当期发行在外的普通股加权平均数}$$

$$当期发行在外的普通股加权平均数 = 期初发行在外的普通股 + 新发行普通股股数$$

$$\times \frac{已发行时间}{报告期时间} - 新回购普通股股数 \times \frac{已回购时间}{报告期时间}$$

已发行时间、报告期时间和已回购时间一般按照天数计算；在不影响计算结果合理性的前提下，也可以按月计算。

【例 13-1】　某上市公司 2017 年度归属于普通股股东的净利润为 25 000 万元，2016 年年末的股本为 8 000 万股。2017 年 2 月 8 日，经公司 2016 年度股东大会决议，以截至 2016 年年末的公司总股本为基础，给全体股东送红股，每 10 股送红股 10 股，工商注册登记变更完成后公司总股本变为 16 000 万股。2017 年 11 月 29 日，发行新股 6 000 万股。求该公司 2017 年度的每股收益。

【解析】　$2017 \text{ 年度的每股收益} = \dfrac{25\,000}{8\,000 + 8\,000 + 6\,000 \times 1/12} \approx 1.52 \text{（元）}$

每股收益越高，一般可以说明该上市公司盈利能力越强。该指标的高低，往往会对公司股票价格产生较大的影响。

单项的每股收益指标值并不能全面说明企业的盈利状况，通常还应对其进行纵向分析和横向分析。比较同一上市公司内部不同时期的每股收益，判断获利能力的变化趋势；比较同一行业内不同上市公司的每股收益，评价相对盈利能力。

2. 每股股利

每股股利是企业年度内发放的普通股现金股利总额与年末发行在外的普通股股数的比率，它反映企业普通股股东每持有一股普通股所能获取的现金股利额。其计算公式为

$$\text{每股股利} = \dfrac{\text{普通股现金股利总额}}{\text{年末发行在外的普通股股数}}$$

【例 13-2】　某上市公司 2016 年度发放普通股股利 3 600 万元，年末发行在外的普通股股数为 12 000 万股，求该公司 2016 年度的每股股利。

【解析】　$2016 \text{ 年度的每股股利} = \dfrac{3\,600}{12\,000} = 0.3 \text{（元）}$

每股股利反映的是上市公司每一股普通股获取股利的大小。每股股利越大，企业股本获利能力就越强；每股股利越小，企业股本获利能力就越弱。但须注意，每股股利并不能完全反映上市公司的盈利状况和现金流量状况，因为股利分配状况不仅取决于企业的盈利水平和现金流量状况，还与企业的股利分配政策相关。如果企业为了增强发展后劲而增加企业的公积金，则当前的每股股利必然会减少；反之，当前的每股股利会增加。

反映每股股利和每股收益之间关系的一个重要指标是股利发放率，即每股股利分配额与当期每股收益之比。因此，借助于该指标，投资者可以了解一家上市公司的股利分配政策。

3. 市盈率

市盈率是指普通股每股市价与每股收益的比率，它反映普通股股东愿意为每一元净利润支付的价格。市盈率在量上又表现为普通股每股市价是每股收益的倍数。其中，每股收益是指可分配给普通股股东的净利润与发行在外的普通股加权平均数的比率，它反映每只普通股当年创造的净利润。市盈率的计算公式为

$$\text{市盈率（倍数）} = \dfrac{\text{普通股每股市价}}{\text{普通股每股收益}}$$

【例 13-3】 假设例 13-1 中的某上市公司 2017 年无优先股,2017 年 12 月 31 日普通股每股市价为 19 元,求该公司 2017 年度的市盈率。

【解析】 2017 年度的市盈率 $= \dfrac{19}{1.52} = 12.5$

每股市价实际上反映了投资者对未来收益的预期。然而,市盈率是基于上年的收益。因此,如果投资者预期收益将大幅增长,市盈率将会相当高。但是如果投资者预期收益将下降,市盈率将会相当低。成熟市场上的成熟公司有非常稳定的收益,通常市盈率达到 10～12。

应注意:①每股市价实际上反映了投资者对未来收益的预期;②市盈率被广泛用于评估股票价值,该方法具有很强的适应性,易于理解,不需要耗费大量时间进行数据分析;③应用该方法仅需知道准备评估企业的收益和企业所属行业的市盈率。

4. 每股净资产

每股净资产,又称每股账面价值,是指普通股股东权益与发行在外的普通股股数的比率,它反映每只普通股享有的净资产。其计算公式为

$$每股净资产 = \frac{年末普通股股东权益}{年末发行在外的普通股股数}$$

【例 13-4】 假设前述的 SP 股份有限公司 2017 年无优先股,2017 年 12 月 31 日普通股每股市价为 10 元,年末发行在外的普通股股数为 86 703 万股,求该公司当年的每股净资产。

【解析】 结合表 12-1 资产负债表中的数据,SP 股份有限公司 2017 年的每股净资产计算如下:

$$每股净资产 = \frac{452\ 682}{86\ 703} \approx 5.22(元)$$

在计算每股净资产时,应注意使用的是资产负债表日发行在外的普通股股数,而不是当期发行在外的普通股加权平均数,因为每股净资产的计算公式中分子为时点数,分母应与其口径一致,应当选择同一时点数。

每股净资产代表了理论上的每股最低价值。若公司股票价格已低于净资产,股票价格低于净资产的成本,成本又接近变现价值,说明公司已无存在的价值。

在公司性质相同、股票市价相近的条件下,某一公司股票的每股净资产越高,则其发展潜力与股票的投资价值越大,投资者所承担的投资风险越小。同时,将该指标与每股市价相比较分析,还可以反映投资者对上市公司资产质量的评价。当每股市价大于每股净资产时,投资者认为公司资产质量好,有发展潜力;反之则认为公司资产质量差,发展前景不好。

四、发展能力分析

发展能力是企业在生存的基础上扩大规模、壮大实力的潜在能力,其主要分析指标有以下几个。

（一）销售增长率

销售增长率是指企业本年主营业务收入增长额与上年主营业务收入总额的比率。其计算公式为

$$销售增长率=\frac{本年主营业务收入增长额}{上年主营业务收入总额}\times100\%$$

该指标是衡量企业经营状况和市场占有能力、预测企业经营业务拓展趋势的重要标志，也是企业扩张增量和存量资本的重要前提。该指标越高，表明企业主营业务收入增长速度越快，企业市场前景越好；若该指标小于零，则说明企业产品不适销对路、质次价高，或是在售后服务等方面存在问题，产品销售不出去，市场份额萎缩。应结合企业历年的销售水平、企业市场占有情况、行业未来发展及其他影响企业发展的潜在因素进行前瞻性预测，或者结合企业前三年的营业收入增长率做出趋势性分析判断。

（二）资本积累率

资本积累率是指企业本年所有者权益增长额与年初所有者权益的比率。其计算公式为

$$资本积累率=\frac{本年所有者权益增长额}{年初所有者权益}\times100\%$$

该指标反映企业所有者权益在当年的变动水平、企业资本的积累情况以及投资者投入企业资本的保全性和增长性，是企业发展强盛与否、能否扩大再生产及持续发展的标志。该指标越高，表明发展的能力越强，如为负值，则表明企业资本受到侵蚀，所有者利益受到损害。

（三）总资产增长率

总资产增长率是企业本年总资产增长额与年初资产总额的比率。其计算公式为

$$总资产增长率=\frac{本年总资产增长额}{年初资产总额}\times100\%$$

该指标从企业资产总量扩张方面衡量企业的发展能力，表明企业规模增长水平对发展后劲的影响。该指标越高，表明企业一个经营周期内资产经营规模扩张的速度越快。实际操作时，应注意资产扩张质和量的关系以及企业的后续发展能力，避免资产盲目扩张。

（四）固定资产成新率

固定资产成新率是企业平均固定资产净值与平均固定资产原值的比率。其计算公式为

$$固定资产成新率=\frac{平均固定资产净值}{平均固定资产原值}\times100\%$$

固定资产成新率反映企业固定资产的新旧程度，体现企业固定资产更新的快慢和持续发展能力。该指标越高，表明企业固定资产比较新，对扩大再生产的准备比较充足，发展的可能性比较大。

■■■■ **思考** 13-5 发展能力是指企业在生存的基础上扩大规模、壮大实力的潜在能力。下列指标可以用于分析企业发展能力的有（　　　）。

    A.资本积累率   B.总资产周转率

    C.总资产增长率   D.资本保值增值率

■■■■ **解析** 正确答案是 AC。B 项的总资产周转率属于衡量企业营运能力的指标；D 项的资本保值增值率属于评价企业盈利能力的指标。

第二节　综合财务分析

在上一节中介绍的财务指标可以分析企业在偿债、资产管理、获利等方面的财务状况，但通常都是就企业某一方面的经营活动进行分析，这种分析不足以全面评价一个企业的总体财务状况及经营成果，为弥补这一不足，有必要将有关指标按其内在联系结合起来进行综合分析。

一、综合财务分析的概念及意义

（一）综合财务分析的概念

所谓财务综合分析，就是将企业营运能力、偿债能力和盈利能力等方面的分析纳入一个有机的分析系统，对企业经营及财务状况进行全面的分析，从而对企业经济效益做出较为准确的判断与评价。

（二）综合财务分析的意义

财务分析的最终目的在于全面、准确、客观地披露企业财务状况和经营情况，并对企业经济效益优劣做出合理的评价。显然，要达到这样一个分析目的，仅仅测算几个简单、孤立的财务指标，或者将一些孤立的财务指标堆砌在一起，彼此毫无联系的考察，是难以得出科学合理的综合性结论的。因此，只有将企业偿债能力、营运能力、盈利能力及发展能力的各项分析指标有机地联系起来，作为一个完整的体系，指出各指标之间、指标与报表之间的内在联系，做出系统地综合评价，才能从总体意义上把握财务状况和经营情况的优劣。

综合财务分析的意义在于能够全面、正确地评价企业的财务状况和经营成果，因为局部不能替代整体，某一指标的好坏不能说明整个企业经济效益的高低。除此之外，综合分析的结果在进行企业不同时期比较分析和不同企业之间比较分析时消除了时间上和空间上的差异，使之更具有可比性，有利于从整体上、本质上反映企业的财务状况和经营成果。

二、综合财务分析的方法

企业常用的综合财务分析方法有杜邦分析法和财务比率的综合评分法两种。

（一）杜邦分析法

1．杜邦分析法的定义

杜邦分析法，又称杜邦财务分析体系，是利用各主要财务指标间的内在联系，对企业财务状况及经济效益进行综合系统分析评价的方法。它是由美国杜邦公司在 20 世纪 20 年代率先采用的一种分析方法，故此得名。

杜邦分析法以评价企业绩效最具综合性和代表性的指标——净资产收益率为起点，逐级将其分解为多项财务指标乘积，从而可知企业最基本生产要素的使用、成本与费用的组成等情况，满足对企业经营业绩深入综合分析的需要。

2．杜邦财务分析体系中主要财务指标间的关系

杜邦财务分析体系以净资产收益率为核心，利用该指标等于总资产报酬率与权益乘数两指标乘积的关系，以及各相关财务指标间的内在联系，自上而下地建立起财务综合分析模型。通过分析影响净资产收益率的因素及其存在的主要问题，综合考察一个企业的财务状况和经营业绩。

杜邦财务分析体系主要运用了以下几个财务指标的关系：

$$(1) 净资产收益率 = \frac{净利润}{所有者权益} = \frac{净利润}{平均资产总额} \times \frac{资产总额}{所有者权益总额}$$

所以

$$净资产收益率 = 总资产净利率 \times 权益乘数$$

$$(2) 总资产净利率 = \frac{净利润}{平均资产总额} = \frac{净利润}{营业收入} \times \frac{营业收入}{平均资产总额}$$

所以

$$总资产净利率 = 销售净利率 \times 总资产周转率$$

$$(3) 净资产收益率 = 销售净利率 \times 总资产周转率 \times 权益乘数$$

$$(4) 权益乘数 = \frac{资产总额}{所有者权益总额} = \frac{1}{所有者权益/资产总额} = \frac{1}{1-(负债总额/资产总额)}$$

所以

$$权益乘数 = \frac{1}{1-资产负债率}$$

结合前述 SP 股份有限公司的相关财务数据，杜邦财务分析体系的结构如图 13-1 所示。

3．杜邦分析法所体现的财务信息

杜邦分析法可以体现出以下几种财务信息。

（1）净资产收益率是综合性最强的财务指标，是杜邦分析体系的起点

财务管理的目标之一是使股东财富最大化，净资产收益率反映了企业所有者投入资本的获利能力，说明了企业筹资、投资、资产营运等各项财务管理活动的效率，而不断提高净资产收益率是使所有者权益最大化的基本保证。所以，这一财务指标是企业所有者、经营者都

净资产收益率17.89%

总资产净利率8.21%　×　权益乘数2.18

销售净利率(4.02%)×总资产周转率(2.04)　　　1÷(1-资产负债率)

净利润 ÷营业收入　　营业收入÷平均资产总额　　　负债总额　÷　资产总额

76 843　　1 913 182　　1 913 182

营业收入－全部成本＋其他利润－所得税
1 913 182　　1 811 830　　826　　25 335

	负债总额		资产总额	
年初	年末	年初	年末
480 348	532 707	886 896	985 389

流动负债	非流动负债	流动负债	非流动负债	流动资产	非流动资产	流动资产	非流动资产
303 864	176 484	325 627	207 080	189 422	697 474	249 450	735 939

营业成本＋税金及附加＋销售费用＋管理费用＋财务费用＋资产减值损失－公允价值变动损益－投资收益
1 537 131　157 547　42 936　57 774　6 847　15 445　179　5 671

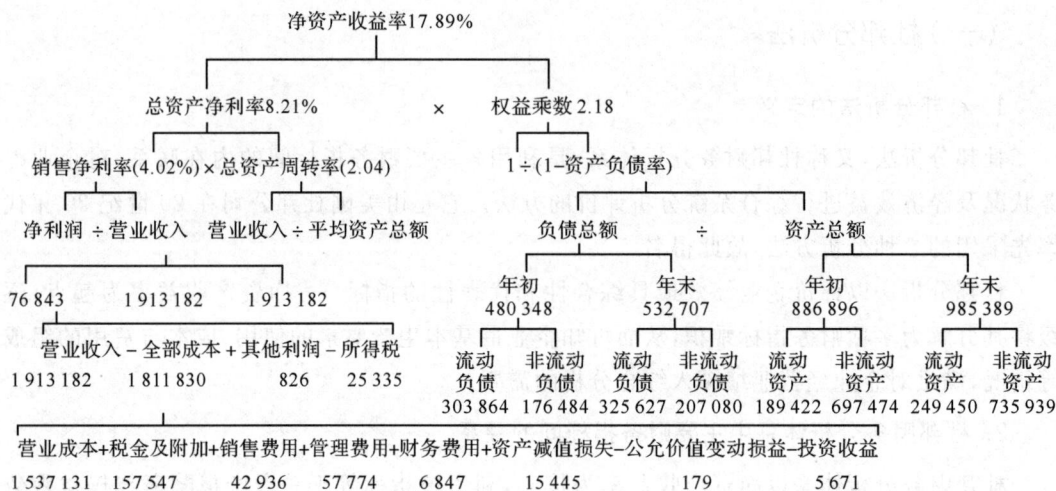

图 13-1　SP 股份有限公司 2017 年杜邦财务分析体系的结构

十分关心的。而净资产收益率的决定因素主要有三个，即销售净利率、总资产周转率和权益乘数。这样，在进行分解之后，就可以将净资产收益率这一综合性指标升降变化的原因具体化，比只用一项指标更能说明问题。

(2)销售净利率反映了企业净利润与营业收入的关系，它的高低取决于营业收入与成本总额两个因素

要想提高销售净利率，一是要扩大营业收入，二是要降低成本费用。扩大营业收入既有利于提高销售净利率，又有利于提高总资产周转率。从杜邦财务分析体系结构图中可以看出成本费用的基本结构是否合理，从而找出降低成本费用的途径和加强成本费用控制的办法。如果企业财务费用支出过高，就要进一步分析其负债比率是否过高；如果管理费用过高，就要进一步分析其资金周转情况；等等。此外，为了详细了解企业成本费用的发生情况，在具体列示成本总额时，还可根据重要性原则，将那些影响较大的费用单独列示，以便为寻求降低成本的途径提供依据。

(3)影响总资产周转率的一个重要因素是资产总额

资产总额由流动资产与非流动资产组成，其结构合理与否将直接影响资产的周转速度。一般来说，流动资产直接体现企业的偿债能力和变现能力，而非流动资产则体现了企业的经营规模、发展潜力。两者之间应该有一个合理的比例关系。如果发现某项资产比重过大，影响资金周转，就应深入分析其原因。如果企业持有的货币资金超过业务需要，就会影响企业的盈利能力；如果企业占有过多的存货和应收账款，则既会影响获利能力，又会影响偿债能力。因此，还应进一步分析各项资产的占用数额和周转速度。

(4)权益乘数主要受资产负债率指标的影响

资产负债率越高，权益乘数就越高，说明企业的负债程度比较高，给企业带来了较多的杠杆利益，同时，也带来了较大的风险。

■■■ 思考 13-6 杜邦财务分析体系中直接影响总资产报酬率的指标有（　　）。

　　A.资产负债率　　　　　　　　　　B.销售净利率

　　C.总资产周转率　　　　　　　　　D.营业收入

■■■ 解析 正确答案是BC。总资产报酬率，即总资产净利率，在杜邦财务分析体系中，该指标被分解为 $\dfrac{\text{净利润}}{\text{营业收入}} \times \dfrac{\text{营业收入}}{\text{资产总额}}$ 的表达式，形成关系式"总资产报酬率＝销售净利率×总资产周转率"。所以，销售净利率与总资产周转率对总资产报酬率有直接影响。

（二）财务比率的综合评分法

1. 财务比率综合评分法的原理

企业财务比率综合评分法是由美国银行家沃尔提出的，因而又被称为沃尔比重评分法。

沃尔在20世纪初出版的《信用晴雨表研究》和《财务报表比率分析》中提出了信用能力指数的概念，他把若干个财务比率指标用线性关系结合起来，以此来评价企业的信用水平。他首先选择了七项财务比率指标，即流动比率、产权比率、固定资产比率、存货周转率、应收账款周转率、固定资产周转率及净资产周转率，并分别赋予各个指标在总评分中的权重，总和为100；然后，确定标准比率，并与实际比率相比较，算出每项指标的得分，求出总评分。各财务比率指标及其权重和评分参见表13-1。

表 13-1　××公司沃尔综合评分表

财务比率指标	比重①	标准比率②	实际比率③	相对比率 ④＝③÷②	综合得分 ⑤＝①×④
流动比率	25	2.00	1.66	0.830	20.75
净资产/负债	25	1.50	2.39	1.590	39.75
资产/固定资产	15	2.50	1.84	0.736	11.04
销售成本/存货	10	8.00	9.94	1.243	12.43
销售收入/应收账款	10	6.00	8.61	1.435	14.35
销售收入/固定资产	10	4.00	0.55	0.138	1.38
销售收入/净资产	5	3.00	0.40	0.133	0.67
合　计	100				100.37

从表13-1中可知，××公司评分后的综合得分为100.37，综合评分达到标准要求，表明其总体财务状况较为良好。

沃尔比重评分法的优点是简便实用，但也存在明显缺点。在理论上，它未能证明为什么要选择这七项指标，而不是更多些或更少些，或者选择别的财务比率指标，以及未能证明每个指标所占比重的合理性，这些都约束了最终评价的客观性。在技术上，这种分析法在具体实施中,当某一个指标严重异常时,会对综合指数产生不合逻辑的重大影响,这个缺陷是由相对比率与比重相"乘"引起的。财务比率提高一倍,其综合指数增加100%;而财务比率缩小100%,其综合指数只减少50%。

尽管沃尔比重评分法在理论和技术上均存在不足,但其分析评价的原理在实践中仍被广泛地应用。

2. 财务比率综合评分法的运用

多年来,各国在财务比率综合评分法的实施中,不论是对财务指标的选取、评价结构的调整,还是对评价标准的修订、计分方法的改进,与当年的沃尔时代相比,都已有了很大的发展。

一般来说,当前运用沃尔比重评分法对企业财务状况进行的综合分析评价基本按以下程序实施。

(1)选择评价企业财务状况的财务比率指标。财务比率指标涉及企业四大能力,即盈利能力、偿债能力、营运能力和发展能力。能反映该四类能力的关键指标均为备选项,同时结合被评价企业的实际,选定财务比率指标。

(2)确定财务指标的重要性系数。根据各项比率指标的重要程度,分别赋予其权重,确定其评分值。约束条件为,各项财务比率指标的标准评分值之和应等于100。

(3)确定各项财务比率指标评分值的上限和下限,以降低某单个指标异常对总分以及结论不合理性的影响程度。

(4)确定各项财务比率指标的标准值。一般参考企业所处行业的平均水平并加以适当调整。

(5)计算各项财务比率指标的实际值。根据被评价企业实际的财务资料计算出各项财务比率指标的实际值。

(6)计算各项财务比率指标实际值与标准值的比率,即相对比率。将各财务比率指标的实际值除以标准值。

(7)计算出各项财务比率指标的实际得分。各指标的实际得分是相对比率与标准评分值相乘得来的,但得分不得超过或者低于前述(3)中确定的上下限。

(8)将各财务比率得分加总,即为企业财务状况的综合得分。

一般而言,如果综合得分为100或接近100,表明被评价企业财务状况良好,符合或高于行业平均水平;如果远远低于100,则表明其财务状况偏离标准要求,财务能力较差,存在较大问题。

■■■ **思考 13-7** 沃尔比重评分法以( )来量化各因素(指标)对综合指标的影响关系。

A. 评分   B. 指标对比   C. 指标标准   D. 权重

■■■ **解析** 正确答案是 D。沃尔比重评分法在分析各分项指标对综合指标的影响时,为利于量化分析,首先确定各分项指标的重要性系数,即根据各分项指标的重要程度,分别赋予其权重。

【复习思考题】

1.如何分析企业的偿债能力,有哪些具体的评价指标?

2.如何分析企业的盈利能力,可以运用哪些评价指标?

3.资产周转率指标能体现企业的哪一方面能力,如何进行分析评价?

4.高质量发展是全面建设社会主义现代化国家的首要任务,试探讨企业的发展能力与我国经济高质量发展的关联性。

5.试述分项财务指标分析与综合财务分析的关系。

6.杜邦财务分析体系的核心思想是什么?

【自测题】

在线测试

模拟测试卷

模拟测试卷 A

模拟测试卷 B

参考文献

[1] 陈小平.财务管理教程［M］.上海:华东理工大学出版社,2015.

[2] 财政部会计资格评价中心.财务管理(中级会计资格)［M］.北京:经济科学出版社,2018.

[3] 胡玉明.公司理财［M］.大连:东北财经大学出版社,2015.

[4] 吉布森.财务报表分析:利用财务会计信息［M］.马英麟,等译.北京:中国财政经济出版社,1996.

[5] 科勒,戈德哈特,威赛尔斯.价值评估:公司价值的衡量与管理:第4版［M］.高建,等译.北京:电子工业出版社,2007.

[6] Mchugh G, Wilson R. Financial Analysis:A Managerial Introduction［M］.London:Cassell,1987.

[7] 企业会计准则编审委员会.企业会计准则案例讲解(2016年版)［M］.上海:立信会计出版社,2016.

[8] 王化成.财务管理［M］.4版.北京:中国人民大学出版社,2013.

[9] 王化成,汤谷良.财务案例［M］.杭州:浙江人民出版社,2003.

[10] 韦弗,威斯顿.财务管理［M］.刘力,黄慧馨,等译.北京:中国财政经济出版社,2003.

[11] 杨义群.财务管理［M］.北京:清华大学出版社,2004.

[12] 张新民,钱爱民.企业财务报表分析［M］.北京:北京大学出版社,2008.

[13] 郑永强.世界500强CFO的财务管理笔记［M］.南昌:江西人民出版社,2015.

[14] 中国注册会计师协会.财务成本管理［M］.北京:中国财政经济出版社,2018.

附 录

附表 1 复利终值系数（$F/P,i,n$）表

期数	1%	2%	3%	4%	5%	6%	7%	8%	9%	10%	11%	12%	13%	14%	15%
1	1.01	1.02	1.03	1.04	1.05	1.06	1.07	1.08	1.09	1.1	1.11	1.12	1.13	1.14	1.15
2	1.0201	1.0404	1.0609	1.0816	1.1025	1.1236	1.1449	1.1664	1.1881	1.21	1.2321	1.2544	1.2769	1.2996	1.3225
3	1.0303	1.0612	1.0927	1.1249	1.1576	1.191	1.225	1.2597	1.295	1.331	1.3676	1.4049	1.4429	1.4815	1.5209
4	1.0406	1.0824	1.1255	1.1699	1.2155	1.2625	1.3108	1.3605	1.4116	1.4641	1.5181	1.5735	1.6305	1.689	1.749
5	1.051	1.1041	1.1593	1.2167	1.2763	1.3382	1.4026	1.4693	1.5386	1.6105	1.6851	1.7623	1.8424	1.9254	2.0114
6	1.0615	1.1262	1.1941	1.2653	1.3401	1.4185	1.5007	1.5869	1.6771	1.7716	1.8704	1.9738	2.082	2.195	2.3131
7	1.0721	1.1487	1.2299	1.3159	1.4071	1.5036	1.6058	1.7138	1.828	1.9487	2.0762	2.2107	2.3526	2.5023	2.66
8	1.0829	1.1717	1.2668	1.3686	1.4775	1.5938	1.7182	1.8509	1.9926	2.1436	2.3045	2.476	2.6584	2.8526	3.059
9	1.0937	1.1951	1.3048	1.4233	1.5513	1.6895	1.8385	1.999	2.1719	2.3579	2.558	2.7731	3.004	3.2519	3.5179
10	1.1046	1.219	1.3439	1.4802	1.6289	1.7908	1.9672	2.1589	2.3674	2.5937	2.8394	3.1058	3.3946	3.7072	4.0456
11	1.1157	1.2434	1.3842	1.5395	1.7103	1.8983	2.1049	2.3316	2.5804	2.8531	3.1518	3.4786	3.8359	4.2262	4.6524
12	1.1268	1.2682	1.4258	1.601	1.7959	2.0122	2.2522	2.5182	2.8127	3.1384	3.4985	3.896	4.3345	4.8179	5.3503
13	1.1381	1.2936	1.4685	1.6651	1.8856	2.1329	2.4098	2.7196	3.0658	3.4523	3.8833	4.3635	4.898	5.4924	6.1528
14	1.1495	1.3195	1.5126	1.7317	1.9799	2.2609	2.5785	2.9372	3.3417	3.7975	4.3104	4.8871	5.5348	6.2613	7.0757
15	1.161	1.3459	1.558	1.8009	2.0789	2.3966	2.759	3.1722	3.6425	4.1772	4.7846	5.4736	6.2543	7.1379	8.1371
16	1.1726	1.3728	1.6047	1.873	2.1829	2.5404	2.9522	3.4259	3.9703	4.595	5.3109	6.1304	7.0673	8.1372	9.3576
17	1.1843	1.4002	1.6528	1.9479	2.292	2.6928	3.1588	3.7	4.3276	5.0545	5.8951	6.866	7.9861	9.2765	10.7613
18	1.1961	1.4282	1.7024	2.0258	2.4066	2.8543	3.3799	3.996	4.7171	5.5599	6.5436	7.69	9.0243	10.5752	12.3755
19	1.2081	1.4568	1.7535	2.1068	2.527	3.0256	3.6165	4.3157	5.1417	6.1159	7.2633	8.6128	10.1974	12.0557	14.2318

期数	1%	2%	3%	4%	5%	6%	7%	8%	9%	10%	11%	12%	13%	14%	15%
20	1.2202	1.4859	1.8061	2.1911	2.6533	3.2071	3.8697	4.661	5.6044	6.7275	8.0623	9.6463	11.5231	13.7435	16.3665
21	1.2324	1.5157	1.8603	2.2788	2.786	3.3996	4.1406	5.0338	6.1088	7.4002	8.9492	10.8038	13.0211	15.6676	18.8215
22	1.2447	1.546	1.9161	2.3699	2.9253	3.6035	4.4304	5.4365	6.6586	8.1403	9.9336	12.1003	14.7138	17.861	21.6447
23	1.2572	1.5769	1.9736	2.4647	3.0715	3.8197	4.7405	5.8715	7.2579	8.9543	11.0263	13.5523	16.6266	20.3616	24.8915
24	1.2697	1.6084	2.0328	2.5633	3.2251	4.0489	5.0724	6.3412	7.9111	9.8497	12.2392	15.1786	18.7881	23.2122	28.6252
25	1.2824	1.6406	2.0938	2.6658	3.3864	4.2919	5.4274	6.8485	8.6231	10.8347	13.5855	17.0001	21.2305	26.4619	32.919
26	1.2953	1.6734	2.1566	2.7725	3.5557	4.5494	5.8074	7.3964	9.3992	11.9182	15.0799	19.0401	23.9905	30.1666	37.8568
27	1.3082	1.7069	2.2213	2.8834	3.7335	4.8223	6.2139	7.9881	10.2451	13.11	16.7387	21.3249	27.1093	34.3899	43.5353
28	1.3213	1.741	2.2879	2.9987	3.9201	5.1117	6.6488	8.6271	11.1671	14.421	18.5799	23.8839	30.6335	39.2045	50.0656
29	1.3345	1.7758	2.3566	3.1187	4.1161	5.4184	7.1143	9.3173	12.1722	15.8631	20.6237	26.7499	34.6158	44.6931	57.5755
30	1.3478	1.8114	2.4273	3.2434	4.3219	5.7435	7.6123	10.0627	13.2677	17.4494	22.8923	29.9599	39.1159	50.9502	66.2118

期数	16%	17%	18%	19%	20%	21%	22%	23%	24%	25%	26%	27%	28%	29%	30%
1	1.16	1.17	1.18	1.19	1.2	1.21	1.22	1.23	1.24	1.25	1.26	1.27	1.28	1.29	1.3
2	1.3456	1.3689	1.3924	1.4161	1.44	1.4641	1.4884	1.5129	1.5376	1.5625	1.5876	1.6129	1.6384	1.6641	1.69
3	1.5609	1.6016	1.643	1.6852	1.728	1.7716	1.8158	1.8609	1.9066	1.9531	2.0004	2.0484	2.0972	2.1467	2.197
4	1.8106	1.8739	1.9388	2.0053	2.0736	2.1436	2.2153	2.2889	2.3642	2.4414	2.5205	2.6014	2.6844	2.7692	2.8561
5	2.1003	2.1924	2.2878	2.3864	2.4883	2.5937	2.7027	2.8153	2.9316	3.0518	3.1758	3.3038	3.436	3.5723	3.7129
6	2.4364	2.5652	2.6996	2.8398	2.986	3.1384	3.2973	3.4628	3.6352	3.8147	4.0015	4.1959	4.398	4.6083	4.8268
7	2.8262	3.0012	3.1855	3.3793	3.5832	3.7975	4.0227	4.2593	4.5077	4.7684	5.0419	5.3288	5.6295	5.9447	6.2749
8	3.2784	3.5115	3.7589	4.0214	4.2998	4.595	4.9077	5.2389	5.5895	5.9605	6.3528	6.7675	7.2058	7.6686	8.1573
9	3.803	4.1084	4.4355	4.7854	5.1598	5.5599	5.9874	6.4439	6.931	7.4506	8.0045	8.5948	9.2234	9.8925	10.6045

期数	16%	17%	18%	19%	20%	21%	22%	23%	24%	25%	26%	27%	28%	29%	30%
10	4.4114	4.8068	5.2338	5.6947	6.1917	6.7275	7.3046	7.9259	8.5944	9.3132	10.0857	10.9153	11.8059	12.7614	13.7858
11	5.1173	5.624	6.1759	6.7767	7.4301	8.1403	8.9117	9.7489	10.6571	11.6415	12.708	13.8625	15.1116	16.4622	17.9216
12	5.936	6.5801	7.2876	8.0642	8.9161	9.8497	10.8722	11.9912	13.2148	14.5519	16.012	17.6053	19.3428	21.2362	23.2981
13	6.8858	7.6987	8.5994	9.5964	10.6993	11.9182	13.2641	14.7491	16.3863	18.1899	20.1752	22.3588	24.7588	27.3947	30.2875
14	7.9875	9.0075	10.1472	11.4198	12.8392	14.421	16.1822	18.1414	20.3191	22.7374	25.4207	28.3957	31.6913	35.3391	39.3738
15	9.2655	10.5387	11.9737	13.5895	15.407	17.4494	19.7423	22.314	25.1956	28.4217	32.0301	36.0625	40.5648	45.5875	51.1859
16	10.748	12.3303	14.129	16.1715	18.4884	21.1138	24.0856	27.4462	31.2426	35.5271	40.3579	45.7994	51.923	58.8079	66.5417
17	12.4677	14.4265	16.6722	19.2441	22.1861	25.5477	29.3844	33.7588	38.7408	44.4089	50.851	58.1652	66.4614	75.8621	86.5042
18	14.4625	16.879	19.6733	22.9005	26.6233	30.9127	35.849	41.5233	48.0386	55.5112	64.0722	73.8698	85.0706	97.8622	112.4554
19	16.7765	19.7484	23.2144	27.2516	31.948	37.4043	43.7358	51.0737	59.5679	69.3889	80.731	93.8147	108.8904	126.2422	146.192
20	19.4608	23.1056	27.393	32.4294	38.3376	45.2593	53.3576	62.8206	73.8641	86.7362	101.7211	119.1446	139.3797	162.8524	190.0496
21	22.5745	27.0336	32.3238	38.591	46.0051	54.7637	65.0963	77.2694	91.5915	108.4202	128.1685	151.3137	178.406	210.0796	247.0645
22	26.1864	31.6293	38.1421	45.9233	55.2061	66.2641	79.4175	95.0413	113.5735	135.5253	161.4924	192.1683	228.3596	271.0027	321.1839
23	30.3762	37.0062	45.0076	54.6487	66.2474	80.1795	96.8894	116.9008	140.8312	169.4066	203.4804	244.0538	292.3003	349.5935	417.5391
24	35.2364	43.2973	53.109	65.032	79.4968	97.0172	118.205	143.788	174.6306	211.7582	256.3853	309.9483	374.1444	450.9756	542.8008
25	40.8742	50.6578	62.6686	77.3881	95.3962	117.3909	144.2101	176.8593	216.542	264.6978	323.0454	393.6344	478.9049	581.7585	705.641
26	47.4141	59.2697	73.949	92.0918	114.4755	142.0429	175.9364	217.5369	268.5121	330.8722	407.0373	499.9157	612.9982	750.4685	917.3333
27	55.0004	69.3455	87.2598	109.5893	137.3706	171.8719	214.6424	267.5704	332.955	413.5903	512.867	634.8929	784.6377	968.1044	1192.5333
28	63.8004	81.1342	102.9666	130.4112	164.8447	207.9651	261.8637	329.1115	412.8642	516.9879	646.2124	806.314	1004.3363	1248.8546	1550.2933
29	74.0085	94.9271	121.5005	155.1893	197.8136	251.6377	319.4737	404.8072	511.9516	646.2349	814.2276	1024.0187	1285.5504	1611.0225	2015.3813
30	85.8499	111.0647	143.3706	184.6753	237.3763	304.4816	389.7579	497.9129	634.8199	807.7936	1025.9267	1300.5038	1645.5046	2078.219	2619.9956

附表 2 复利现值系数 $(P/F, i, n)$ 表

期数	1%	2%	3%	4%	5%	6%	7%	8%	9%	10%	11%	12%	13%	14%	15%
1	0.9901	0.9804	0.9709	0.9615	0.9524	0.9434	0.9346	0.9259	0.9174	0.9091	0.9009	0.8929	0.885	0.8772	0.8696
2	0.9803	0.9612	0.9426	0.9246	0.907	0.89	0.8734	0.8573	0.8417	0.8264	0.8116	0.7972	0.7831	0.7695	0.7561
3	0.9706	0.9423	0.9151	0.889	0.8638	0.8396	0.8163	0.7938	0.7722	0.7513	0.7312	0.7118	0.6931	0.675	0.6575
4	0.961	0.9238	0.8885	0.8548	0.8227	0.7921	0.7629	0.735	0.7084	0.683	0.6587	0.6355	0.6133	0.5921	0.5718
5	0.9515	0.9057	0.8626	0.8219	0.7835	0.7473	0.713	0.6806	0.6499	0.6209	0.5935	0.5674	0.5428	0.5194	0.4972
6	0.942	0.888	0.8375	0.7903	0.7462	0.705	0.6663	0.6302	0.5963	0.5645	0.5346	0.5066	0.4803	0.4556	0.4323
7	0.9327	0.8706	0.8131	0.7599	0.7107	0.6651	0.6227	0.5835	0.547	0.5132	0.4817	0.4523	0.4251	0.3996	0.3759
8	0.9235	0.8535	0.7894	0.7307	0.6768	0.6274	0.582	0.5403	0.5019	0.4665	0.4339	0.4039	0.3762	0.3506	0.3269
9	0.9143	0.8368	0.7664	0.7026	0.6446	0.5919	0.5439	0.5002	0.4604	0.4241	0.3909	0.3606	0.3329	0.3075	0.2843
10	0.9053	0.8203	0.7441	0.6756	0.6139	0.5584	0.5083	0.4632	0.4224	0.3855	0.3522	0.322	0.2946	0.2697	0.2472
11	0.8963	0.8043	0.7224	0.6496	0.5847	0.5268	0.4751	0.4289	0.3875	0.3505	0.3173	0.2875	0.2607	0.2366	0.2149
12	0.8874	0.7885	0.7014	0.6246	0.5568	0.497	0.444	0.3971	0.3555	0.3186	0.2858	0.2567	0.2307	0.2076	0.1869
13	0.8787	0.773	0.681	0.6006	0.5303	0.4688	0.415	0.3677	0.3262	0.2897	0.2575	0.2292	0.2042	0.1821	0.1625
14	0.87	0.7579	0.6611	0.5775	0.5051	0.4423	0.3878	0.3405	0.2992	0.2633	0.232	0.2046	0.1807	0.1597	0.1413
15	0.8613	0.743	0.6419	0.5553	0.481	0.4173	0.3624	0.3152	0.2745	0.2394	0.209	0.1827	0.1599	0.1401	0.1229
16	0.8528	0.7284	0.6232	0.5339	0.4581	0.3936	0.3387	0.2919	0.2519	0.2176	0.1883	0.1631	0.1415	0.1229	0.1069
17	0.8444	0.7142	0.605	0.5134	0.4363	0.3714	0.3166	0.2703	0.2311	0.1978	0.1696	0.1456	0.1252	0.1078	0.0929
18	0.836	0.7002	0.5874	0.4936	0.4155	0.3503	0.2959	0.2502	0.212	0.1799	0.1528	0.13	0.1108	0.0946	0.0808
19	0.8277	0.6864	0.5703	0.4746	0.3957	0.3305	0.2765	0.2317	0.1945	0.1635	0.1377	0.1161	0.0981	0.0829	0.0703
20	0.8195	0.673	0.5537	0.4564	0.3769	0.3118	0.2584	0.2145	0.1784	0.1486	0.124	0.1037	0.0868	0.0728	0.0611
21	0.8114	0.6598	0.5375	0.4388	0.3589	0.2942	0.2415	0.1987	0.1637	0.1351	0.1117	0.0926	0.0768	0.0638	0.0531
22	0.8034	0.6468	0.5219	0.422	0.3418	0.2775	0.2257	0.1839	0.1502	0.1228	0.1007	0.0826	0.068	0.056	0.0462

期数	1%	2%	3%	4%	5%	6%	7%	8%	9%	10%	11%	12%	13%	14%	15%
23	0.7954	0.6342	0.5067	0.4057	0.3256	0.2618	0.2109	0.1703	0.1378	0.1117	0.0907	0.0738	0.0601	0.0491	0.0402
24	0.7876	0.6217	0.4919	0.3901	0.3101	0.247	0.1971	0.1577	0.1264	0.1015	0.0817	0.0659	0.0532	0.0431	0.0349
25	0.7798	0.6095	0.4776	0.3751	0.2953	0.233	0.1842	0.146	0.116	0.0923	0.0736	0.0588	0.0471	0.0378	0.0304
26	0.772	0.5976	0.4637	0.3607	0.2812	0.2198	0.1722	0.1352	0.1064	0.0839	0.0663	0.0525	0.0417	0.0331	0.0264
27	0.7644	0.5859	0.4502	0.3468	0.2678	0.2074	0.1609	0.1252	0.0976	0.0763	0.0597	0.0469	0.0369	0.0291	0.023
28	0.7568	0.5744	0.4371	0.3335	0.2551	0.1956	0.1504	0.1159	0.0895	0.0693	0.0538	0.0419	0.0326	0.0255	0.02
29	0.7493	0.5631	0.4243	0.3207	0.2429	0.1846	0.1406	0.1073	0.0822	0.063	0.0485	0.0374	0.0289	0.0224	0.0174
30	0.7419	0.5521	0.412	0.3083	0.2314	0.1741	0.1314	0.0994	0.0754	0.0573	0.0437	0.0334	0.0256	0.0196	0.0151

期数	16%	17%	18%	19%	20%	21%	22%	23%	24%	25%	26%	27%	28%	29%	30%
1	0.8621	0.8547	0.8475	0.8403	0.8333	0.8264	0.8197	0.813	0.8065	0.8	0.7937	0.7874	0.7813	0.7752	0.7692
2	0.7432	0.7305	0.7182	0.7062	0.6944	0.683	0.6719	0.661	0.6504	0.64	0.6299	0.62	0.6104	0.6009	0.5917
3	0.6407	0.6244	0.6086	0.5934	0.5787	0.5645	0.5507	0.5374	0.5245	0.512	0.4999	0.4882	0.4768	0.4658	0.4552
4	0.5523	0.5337	0.5158	0.4987	0.4823	0.4665	0.4514	0.4369	0.423	0.4096	0.3968	0.3844	0.3725	0.3611	0.3501
5	0.4761	0.4561	0.4371	0.419	0.4019	0.3855	0.37	0.3552	0.3411	0.3277	0.3149	0.3027	0.291	0.2799	0.2693
6	0.4104	0.3898	0.3704	0.3521	0.3349	0.3186	0.3033	0.2888	0.2751	0.2621	0.2499	0.2383	0.2274	0.217	0.2072
7	0.3538	0.3332	0.3139	0.2959	0.2791	0.2633	0.2486	0.2348	0.2218	0.2097	0.1983	0.1877	0.1776	0.1682	0.1594
8	0.305	0.2848	0.266	0.2487	0.2326	0.2176	0.2038	0.1909	0.1789	0.1678	0.1574	0.1478	0.1388	0.1304	0.1226
9	0.263	0.2434	0.2255	0.209	0.1938	0.1799	0.167	0.1552	0.1443	0.1342	0.1249	0.1164	0.1084	0.1011	0.0943
10	0.2267	0.208	0.1911	0.1756	0.1615	0.1486	0.1369	0.1262	0.1164	0.1074	0.0992	0.0916	0.0847	0.0784	0.0725
11	0.1954	0.1778	0.1619	0.1476	0.1346	0.1228	0.1122	0.1026	0.0938	0.0859	0.0787	0.0721	0.0662	0.0607	0.0558
12	0.1685	0.152	0.1372	0.124	0.1122	0.1015	0.092	0.0834	0.0757	0.0687	0.0625	0.0568	0.0517	0.0471	0.0429
13	0.1452	0.1299	0.1163	0.1042	0.0935	0.0839	0.0754	0.0678	0.061	0.055	0.0496	0.0447	0.0404	0.0365	0.033

期数	16%	17%	18%	19%	20%	21%	22%	23%	24%	25%	26%	27%	28%	29%	30%
14	0.1252	0.111	0.0985	0.0876	0.0779	0.0693	0.0618	0.0551	0.0492	0.044	0.0393	0.0352	0.0316	0.0283	0.0254
15	0.1079	0.0949	0.0835	0.0736	0.0649	0.0573	0.0507	0.0448	0.0397	0.0352	0.0312	0.0277	0.0247	0.0219	0.0195
16	0.093	0.0811	0.0708	0.0618	0.0541	0.0474	0.0415	0.0364	0.032	0.0281	0.0248	0.0218	0.0193	0.017	0.015
17	0.0802	0.0693	0.06	0.052	0.0451	0.0391	0.034	0.0296	0.0258	0.0225	0.0197	0.0172	0.015	0.0132	0.0116
18	0.0691	0.0592	0.0508	0.0437	0.0376	0.0323	0.0279	0.0241	0.0208	0.018	0.0156	0.0135	0.0118	0.0102	0.0089
19	0.0596	0.0506	0.0431	0.0367	0.0313	0.0267	0.0229	0.0196	0.0168	0.0144	0.0124	0.0107	0.0092	0.0079	0.0068
20	0.0514	0.0433	0.0365	0.0308	0.0261	0.0221	0.0187	0.0159	0.0135	0.0115	0.0098	0.0084	0.0072	0.0061	0.0053
21	0.0443	0.037	0.0309	0.0259	0.0217	0.0183	0.0154	0.0129	0.0109	0.0092	0.0078	0.0066	0.0056	0.0048	0.004
22	0.0382	0.0316	0.0262	0.0218	0.0181	0.0151	0.0126	0.0105	0.0088	0.0074	0.0062	0.0052	0.0044	0.0037	0.0031
23	0.0329	0.027	0.0222	0.0183	0.0151	0.0125	0.0103	0.0086	0.0071	0.0059	0.0049	0.0041	0.0034	0.0029	0.0024
24	0.0284	0.0231	0.0188	0.0154	0.0126	0.0103	0.0085	0.007	0.0057	0.0047	0.0039	0.0032	0.0027	0.0022	0.0018
25	0.0245	0.0197	0.016	0.0129	0.0105	0.0085	0.0069	0.0057	0.0046	0.0038	0.0031	0.0025	0.0021	0.0017	0.0014
26	0.0211	0.0169	0.0135	0.0109	0.0087	0.007	0.0057	0.0046	0.0037	0.003	0.0025	0.002	0.0016	0.0013	0.0011
27	0.0182	0.0144	0.0115	0.0091	0.0073	0.0058	0.0047	0.0037	0.003	0.0024	0.0019	0.0016	0.0013	0.001	0.0008
28	0.0157	0.0123	0.0097	0.0077	0.0061	0.0048	0.0038	0.003	0.0024	0.0019	0.0015	0.0012	0.001	0.0008	0.0006
29	0.0135	0.0105	0.0082	0.0064	0.0051	0.004	0.0031	0.0025	0.002	0.0015	0.0012	0.001	0.0008	0.0006	0.0005
30	0.0116	0.009	0.007	0.0054	0.0042	0.0033	0.0026	0.002	0.0016	0.0012	0.001	0.0008	0.0006	0.0005	0.0004

附表 3 年金终值系数（$F/A, i, n$）表

期数	1%	2%	3%	4%	5%	6%	7%	8%	9%	10%	11%	12%	13%	14%	15%
1	1	1	1	1	1	1	1	1	1	1	1	1	1	1	1
2	2.01	2.02	2.03	2.04	2.05	2.06	2.07	2.08	2.09	2.1	2.11	2.12	2.13	2.14	2.15
3	3.0301	3.0604	3.0909	3.1216	3.1525	3.1836	3.2149	3.2464	3.2781	3.31	3.3421	3.3744	3.4069	3.4396	3.4725
4	4.0604	4.1216	4.1836	4.2465	4.3101	4.3746	4.4399	4.5061	4.5731	4.641	4.7097	4.7793	4.8498	4.9211	4.9934
5	5.101	5.204	5.3091	5.4163	5.5256	5.6371	5.7507	5.8666	5.9847	6.1051	6.2278	6.3528	6.4803	6.6101	6.7424
6	6.152	6.3081	6.4684	6.633	6.8019	6.9753	7.1533	7.3359	7.5233	7.7156	7.9129	8.1152	8.3227	8.5355	8.7537
7	7.2135	7.4343	7.6625	7.8983	8.142	8.3938	8.654	8.9228	9.2004	9.4872	9.7833	10.089	10.4047	10.7305	11.0668
8	8.2857	8.583	8.8923	9.2142	9.5491	9.8975	10.2598	10.6366	11.0285	11.4359	11.8594	12.2997	12.7573	13.2328	13.7268
9	9.3685	9.7546	10.1591	10.5828	11.0266	11.4913	11.978	12.4876	13.021	13.5795	14.164	14.7757	15.4157	16.0853	16.7858
10	10.4622	10.9497	11.4639	12.0061	12.5779	13.1808	13.8164	14.4866	15.1929	15.9374	16.722	17.5487	18.4197	19.3373	20.3037
11	11.5668	12.1687	12.8078	13.4864	14.2068	14.9716	15.7836	16.6455	17.5603	18.5312	19.5614	20.6546	21.8143	23.0445	24.3493
12	12.6825	13.4121	14.192	15.0258	15.9171	16.8699	17.8885	18.9771	20.1407	21.3843	22.7132	24.1331	25.6502	27.2707	29.0017
13	13.8093	14.6803	15.6178	16.6268	17.713	18.8821	20.1406	21.4953	22.9534	24.5227	26.2116	28.0291	29.9847	32.0887	34.3519
14	14.9474	15.9739	17.0863	18.2919	19.5986	21.0151	22.5505	24.2149	26.0192	27.975	30.0949	32.3926	34.8827	37.5811	40.5047
15	16.0969	17.2934	18.5989	20.0236	21.5786	23.276	25.129	27.1521	29.3609	31.7725	34.4054	37.2797	40.4175	43.8424	47.5804
16	17.2579	18.6393	20.1569	21.8245	23.6575	25.6725	27.8881	30.3243	33.0034	35.9497	39.1899	42.7533	46.6717	50.9804	55.7175
17	18.4304	20.0121	21.7616	23.6975	25.8404	28.2129	30.8402	33.7502	36.9737	40.5447	44.5008	48.8837	53.7391	59.1176	65.0751
18	19.6147	21.4123	23.4144	25.6454	28.1324	30.9057	33.999	37.4502	41.3013	45.5992	50.3959	55.7497	61.7251	68.3941	75.8364
19	20.8109	22.8406	25.1169	27.6712	30.539	33.76	37.379	41.4463	46.0185	51.1591	56.9395	63.4397	70.7494	78.9692	88.2118
20	22.019	24.2974	26.8704	29.7781	33.066	36.7856	40.9955	45.762	51.1601	57.275	64.2028	72.0524	80.9468	91.0249	102.4436
21	23.2392	25.7833	28.6765	31.9692	35.7193	39.9927	44.8652	50.4229	56.7645	64.0025	72.2651	81.6987	92.4699	104.7684	118.8101
22	24.4716	27.299	30.5368	34.248	38.5052	43.3923	49.0057	55.4568	62.8733	71.4027	81.2143	92.5026	105.491	120.436	137.6316

期数	1%	2%	3%	4%	5%	6%	7%	8%	9%	10%	11%	12%	13%	14%	15%
23	25.7163	28.845	32.4529	36.6179	41.4305	46.9958	53.4361	60.8933	69.5319	79.543	91.1479	104.6029	120.2048	138.297	159.2764
24	26.9735	30.4219	34.4265	39.0826	44.502	50.8156	58.1767	66.7648	76.7898	88.4973	102.1742	118.1552	136.8315	158.6586	184.1678
25	28.2432	32.0303	36.4593	41.6459	47.7271	54.8645	63.249	73.1059	84.7009	98.3471	114.4133	133.3339	155.6196	181.8708	212.793
26	29.5256	33.6709	38.553	44.3117	51.1135	59.1564	68.6765	79.9544	93.324	109.1818	127.9988	150.3339	176.8501	208.3327	245.712
27	30.8209	35.3443	40.7096	47.0842	54.6691	63.7058	74.4838	87.3508	102.7231	121.0999	143.0786	169.374	200.8406	238.4993	283.5688
28	32.1291	37.0512	42.9309	49.9676	58.4026	68.5281	80.6977	95.3388	112.9682	134.2099	159.8173	190.6989	227.9499	272.8892	327.1041
29	33.4504	38.7922	45.2189	52.9663	62.3227	73.6398	87.3465	103.9659	124.1354	148.6309	178.3972	214.5828	258.5834	312.0937	377.1697
30	34.7849	40.5681	47.5754	56.0849	66.4388	79.0582	94.4608	113.2832	136.3075	164.494	199.0209	241.3327	293.1992	356.7868	434.7451

期数	16%	17%	18%	19%	20%	21%	22%	23%	24%	25%	26%	27%	28%	29%	30%
1	1	1	1	1	1	1	1	1	1	1	1	1	1	1	1
2	2.16	2.17	2.18	2.19	2.2	2.21	2.22	2.23	2.24	2.25	2.26	2.27	2.28	2.29	2.3
3	3.5056	3.5389	3.5724	3.6061	3.64	3.6741	3.7084	3.7429	3.7776	3.8125	3.8476	3.8829	3.9184	3.9541	3.99
4	5.0665	5.1405	5.2154	5.2913	5.368	5.4457	5.5242	5.6038	5.6842	5.7656	5.848	5.9313	6.0156	6.1008	6.187
5	6.8771	7.0144	7.1542	7.2966	7.4416	7.5892	7.7396	7.8926	8.0484	8.207	8.3684	8.5327	8.6999	8.87	9.0431
6	8.9775	9.2068	9.442	9.683	9.9299	10.183	10.4423	10.7079	10.9801	11.2588	11.5442	11.8366	12.1359	12.4423	12.756
7	11.4139	11.772	12.1415	12.5227	12.9159	13.3214	13.7396	14.1708	14.6153	15.0735	15.5458	16.0324	16.5339	17.0506	17.5828
8	14.2401	14.7733	15.327	15.902	16.4991	17.1189	17.7623	18.43	19.1229	19.8419	20.5876	21.3612	22.1634	22.9953	23.8577
9	17.5185	18.2847	19.0859	19.9234	20.7989	21.7139	22.67	23.669	24.7125	25.8023	26.9404	28.1287	29.3692	30.6639	32.015
10	21.3215	22.3931	23.5213	24.7089	25.9587	27.2738	28.6574	30.1128	31.6434	33.2529	34.9449	36.7235	38.5926	40.5564	42.6195
11	25.7329	27.1999	28.7551	30.4035	32.1504	34.0013	35.962	38.0388	40.2379	42.5661	45.0306	47.6388	50.3985	53.3178	56.4053
12	30.8502	32.8239	34.9311	37.1802	39.5805	42.1416	44.8737	47.7877	50.895	54.2077	57.7386	61.5013	65.51	69.78	74.327
13	36.7862	39.404	42.2187	45.2445	48.4966	51.9913	55.7459	59.7788	64.1097	68.7596	73.7506	79.1066	84.8529	91.0161	97.625

期数	16%	17%	18%	19%	20%	21%	22%	23%	24%	25%	26%	27%	28%	29%	30%
14	43.672	47.1027	50.818	54.8409	59.1959	63.9095	69.01	74.528	80.4961	86.9495	93.9258	101.4654	109.6117	118.4108	127.9125
15	51.6595	56.1101	60.9653	66.2607	72.0351	78.3305	85.1922	92.6694	100.8151	109.6868	119.3465	129.8611	141.3029	153.75	167.2863
16	60.925	66.6488	72.939	79.8502	87.4421	95.7799	104.9345	114.9834	126.0108	138.1085	151.3766	165.9236	181.8677	199.3374	218.4722
17	71.673	78.9792	87.068	96.0218	105.9306	116.8937	129.0201	142.4295	157.2534	173.6357	191.7345	211.723	233.7907	258.1453	285.0139
18	84.1407	93.4056	103.7403	115.2659	128.1167	142.4413	158.4045	176.1883	195.9942	218.0446	242.5855	269.8882	300.2521	334.0074	371.518
19	98.6032	110.2846	123.414	138.1664	154.74	173.354	194.2535	217.7116	244.0328	273.5558	306.6577	343.758	385.3227	431.8696	483.9734
20	115.3797	130.0329	146.628	165.418	186.688	210.7584	237.9893	268.7853	303.6006	342.9447	387.3887	437.5726	494.2131	558.1118	630.1655
21	134.8405	153.1385	174.021	197.8474	225.0256	256.0176	291.3469	331.6059	377.4648	429.6809	489.1098	556.7173	633.5927	720.9642	820.2151
22	157.415	180.1721	206.3448	236.4385	271.0307	310.7813	356.4432	408.8753	469.0563	538.1011	617.2783	708.0309	811.9987	931.0438	1067.2796
23	183.6014	211.8013	244.4868	282.3618	326.2369	377.0454	435.8607	503.9166	582.6298	673.6264	778.7707	900.1993	1040.3583	1202.0465	1388.4635
24	213.9776	248.8076	289.4945	337.0105	392.4842	457.2249	532.7501	620.8174	723.461	843.0329	982.2511	1144.2531	1332.6586	1551.64	1806.0026
25	249.214	292.1049	342.6035	402.0425	471.9811	554.2422	650.9551	764.6054	898.0916	1054.7912	1238.6363	1454.2014	1706.8031	2002.6156	2348.8033
26	290.0883	342.7627	405.2721	479.4306	567.3773	671.633	795.1653	941.4647	1114.6336	1319.489	1561.6818	1847.8358	2185.7079	2584.3741	3054.4443
27	337.5024	402.0323	479.2211	571.5224	681.8528	813.6759	971.1016	1159.0016	1383.1457	1650.3612	1968.7191	2347.7515	2798.7061	3334.8426	3971.7776
28	392.5028	471.3778	566.4809	681.1116	819.2233	985.5479	1185.744	1426.5719	1716.1007	2063.9515	2481.586	2982.6444	3583.3438	4302.947	5164.3109
29	456.3032	552.5121	669.4475	811.5228	984.068	1193.5129	1447.6077	1755.6835	2128.9648	2580.9394	3127.7984	3788.9583	4587.6801	5551.8016	6714.6042
30	530.3117	647.4391	790.948	966.7122	1181.8816	1445.1507	1767.0813	2160.4907	2640.9164	3227.1743	3942.026	4812.9771	5873.2306	7162.8241	8729.9855